Emilia Pardo Bazán

EL ÁNCORA
y otras novelas cortas

edición crítica
María Luisa Pérez Bernardo

- STOCKCERO -

Foreword, bibliography & notes © María Luisa Pérez Bernardo
of this edition © Stockcero 2015
1st. Stockcero edition: 2015

ISBN: 978-1-934768-83-9

Library of Congress Control Number: 2015960835

Set in Linotype Granjon font family typeface
Printed in the United States of America on acid-free paper.

Published by Stockcero, Inc.
3785 N.W. 82nd Avenue
Doral, FL 33166
USA
stockcero@stockcero.com

www.stockcero.com

Emilia Pardo Bazán

EL ÁNCORA

y otras novelas cortas

Índice

Introducción: VII

    Notas a esta edición:

    I. Vida:

    II. La novela corta:

    III. Temática:

Bibliografía: XXV

    I. Obras consultadas

    Obras de Emilia Pardo Bazán

El Áncora

I I

II 7

III 13

IV 19

V 27

VI 33

VII 39

VIII 45

IX 51

X 57

La dama joven 65

Bucólica 111

La gota de sangre

I 165

II 171

III...177

IV..183

V 189

VI..195

VII 201

VIII..205

INTRODUCCIÓN:

Emilia Pardo Bazán (1851-1921) es considerada una de las mejores novelistas de finales del siglo XIX y comienzos del XX. Además de novelas y cuentos, escribió libros de viajes, obras dramáticas, poesías, y numerosas colaboraciones periodísticas, a través de las cuales su presencia fue constante en la España de su tiempo. Destacan, entre las dotes de la escritora, su enorme cultura y su certera visión sobre las modalidades literarias de España y del extranjero. Su contacto con algunas literaturas europeas le sirvió para ser una excelente propagandista de ellas, como lo acreditan tres libros sobre la literatura francesa del XIX (*El romanticismo*, *La transición*, *El naturalismo*) o el titulado *La revolución y la novela en Rusia* (1887).

En este volumen se reunen cuatro novelas cortas de Emilia Pardo Bazán; un género que no ha sido muy estudiado por los críticos de la escritora gallega, pero que tuvo mucha relevancia, ya que publicó un total de veintiuna entre 1884 y 1921. La autora, al igual que sus coetáneos, dio a conocer casi todas sus novelas cortas a través de la prensa periódica o de las publicaciones semanales, y de este modo, contribuyó a fomentar el conocimiento de su figura entre aquellos lectores que no accedían a sus otras obras. Lo cierto es que doña Emilia ya desde el comienzo de su producción literaria escribió novelas cortas como: *Bucólica* (1884) y *La dama joven* (1885), y más tarde publicó: *Los tres arcos de Cirilo*, *Un drama* y *Mujer* en la revista *La España Moderna*. También sacó a la luz una colección titulada *Novelas ejemplares*, escritas en 1895 y publicadas en 1906 para homenajear al ilustre escritor del Siglo de Oro, Miguel de Cervantes. Incluso en 1896 escribió en la revista *La Ilustración Artística* su novela *El áncora*, con ilustraciones del artista José Cabrinety.

La aparición de este volumen resulta de un inestimable valor para los especialistas, y para un grupo de lectores atraídos por una escritora en continua evolución. Desde esta perspectiva, es inexcusable conocer sus novelas cortas, hasta ahora dispersas y de difícil localización. Estos relatos no carecen de interés, y junto a sus otras narrativas, también de carácter realista, son esenciales para recomponer la figura de Emilia Pardo Bazán. Además, a través de éstas, la autora ofrece el microcosmos de la vida contemporánea española de su tiempo, aunque no faltan temas argumentales que todavía son de actualidad.

NOTAS A ESTA EDICIÓN:

Para la edición de *El áncora y otras novelas cortas*, he seguido las *Obras completas* de Emilia Pardo Bazán editadas por Federico Carlos Saínz de Robles en la Editorial Aguilar (1947) y la publicación actual por Darío Villanueva y José Manuel González Herrán de la Fundación José Antonio de Castro, en concreto, los tomos VI y VII. Salvo excepciones realmente mínimas, atribuibles a intención, o bien descuido o error tipográfico, el texto ostenta una ortografía absolutamente correcta y contemporánea, a diferencia de otros nanuscritos más o menos coetáneos en los que a veces se deslizan algunas variantes. He realizado algunas modificaciones en la puntuación en aras de la simplicidad, así como la eliminación de algunos laísmos, la corrección de alguna errata y, en algún caso, de desajuste en la composición. En la selección de las novelas que conforman este volumen, el criterio ha sido el personal: guiada por el deseo de escoger lo más significativo y lo que mejor pueda representar el espíritu de la escritora gallega.

I. VIDA:

Doña Emilia Pardo Bazán nació en La Coruña el 16 de septiembre de 1851 en el seno de una familia aristocrática. Fue hija de don José Pardo Bazán y Mosquera y doña Amalia de la Rúa y Figueroa y Somoza. Su padre le proporciona una educación muy esmerada, a pesar de los prejuicios que existían en la época sobre la instrucción femenina; la joven lee todo lo que encuentra en su biblioteca familiar y asiste a un colegio francés en Madrid. A las posibilidades familiares se une el gran talento de la autora que se muestra dispuesta al aprendizaje, renunciando a la «pseudoformación» habitual de las jóvenes de su época. Ella misma confiesa que en vez de las clases de piano, prefería el estudio del latín, y leyó con esmero: *La Iliada*, *El Quijote* y la *Biblia*. En 1865 aparece en el *Almanaque de la Soberanía Nacional* un relato «Un matrimonio del siglo XIX»; meses después este cuento se publica de nuevo en *El Progreso* de Pontevedra. En este mismo diario sacó a la luz «Aficiones peligrosas». También hay que señalar la composición de varios poemas cortos escritos en espera del nacimiento de su primer hijo, reunidos bajo el título de *Jaime* (1876) y que fueron publicados el mismo año por su eminente amigo, el krausista Francisco Giner de los Ríos[1].

En 1868 contrae matrimonio con José Quiroga. La ceremonia tiene lugar el 10 de julio en la capilla de las Torres o Pazo de Meirás, residencia de la familia Pardo Bazán[2]. Los recién casados se instalan en Santiago de Compostela para que el marido concluya la carrera de Derecho. En 1869, al ser su padre elegido diputado, toda la familia se traslada a Madrid. Las primeras vivencias madrileñas se intensifican en los inviernos posteriores pasados en la capital; entra en relación con las tertulias literarias, las veladas del Ateneo, los salones aristocráticos y las sesiones del Congreso. Tras la entrada de Amadeo de Saboya y la Tercera Guerra Carlista (1872-1876), Emilia viaja acompañada de su familia por Francia, Inglaterra, Italia y Alemania[3]. Perfecciona sus conocimientos del inglés para poder leer a Shakespeare y Byron; y el alemán para comprender mejor a Goethe, Schiller, Bürger y Heine. Tras este viaje escribe *Apuntes de un viaje. De España a Ginebra*; texto que quedó inédito; pero lo conservó cuidadosamente entre sus

---

1   **Francisco Giner de los Ríos** (1839-1915) fue un pedagogo, filósofo y ensayista español. En 1876 fundó en Madrid la Institución Libre de Enseñanza, de carácter privado, que suscitó su actividad intelectual más fecunda. Se hallaba familiarizado con los más innovadores métodos pedagógicos europeos, gracias a sus viajes y contactos con las escuelas modelo de Bruselas y los sistemas educativos de Gran Bretaña, Francia e Italia. Tuvo el mérito de haber transformado la filosofía krausista en una práctica docente, auténticamente revolucionaria. Giner tuvo una influencia decisiva en toda la vida intelectual española de finales del siglo XIX y primer cuarto del XX. Quizás su mayor preocupación residiera en la pedagogía: la formación de un hombre nuevo, moralmente íntegro, intelectualmente cultivado.

2   El Pazo de Meirás fue el refugio cultural de Emilia Pardo Bazán. Por el palacio pasaron algunas de las personalidades más destacadas de la época. Tras la muerte de la escritora en 1921, y el asesinato de su hijo Jaime por el Bando Republicano en la Guerra Civil, quedó en manos de su hija Blanca. Al no dejar descendencia, donó el pazo a la Compañía de Jesús. En 1938, las autoridades franquistas ofrecieron la propiedad a Francisco Franco.

3   Tras la proclamación de la Primera República Española en febrero de 1873, muchos monárquicos isabelinos se pasaron al bando carlista, aumentando con la insurrección cantonista. Por el contrario, el golpe de Pavía en 1874 y el pronunciamiento de Arsenio Martínez Campos el 29 de diciembre de 1874, que condujo a la Restauración de la dinastía caída en 1868, contribuyeron a restar fuerzas a los carlistas, así como el acercamiento al Vaticano del Gobierno español. La familia de doña Emilia tuvo que marchar al exilio en estos años.

papeles, no sólo por razones sentimentales, sino porque deseaba preservarlo para el futuro. José Manuel González Herrán comenta que no fueron los *Apuntes de un viaje* lo único que Emilia escribió con ocasión de su periplo europeo: atendiendo a la llamada de su vocación poética, la joven escritora tradujo sus impresiones en varios poemas dedicados a lugares y personajes relacionados con el viaje: la Cartuja de Miraflores en Burgos; el baile del carnaval en la Ópera de París; el Lago Leman y el Mont Blanc en Suiza; los canales de Venecia; la tumba de Julieta en Verona, el Palacio de Miramar en Trieste; el Museo de Belvedere en Viena[4].

Como ella misma cuenta en sus *Apuntes autobiográficos*, en 1876 nace su primer hijo y, apenas a los cuarenta días del parto decide participar en los «Juegos Florales de Orense», un concurso conmemorativo del segundo centenario del nacimiento de Benito Jerónimo Feijóo y Montenegro[5]. El motivo de esta elección lo da ella cuando explica: «He participado en ese concurso por timidez, lo confieso: al afilar mis primeras armas me parecía más modesto dirigirme a nueve jueces de un jurado que al público, de entidad moral que siempre me ha inspirado gran respeto» (712). No es casualidad que entre las participantes en el certamen estuviera Concepción Arenal, la primera feminista española, y también una periodista y activista social de gran relevancia[6]. Al final, el jurado dio la victoria a Pardo Bazán, porque parecía que el trabajo de Arenal era demasiado tendencioso y deformaba el pensamiento del monje benedictino. Nuestra autora gana también la rosa de oro en la sección de poesía: con una oda dedicada también a Feijóo; venciendo a Valentín Lamas Carvajal, un profesor de la Universidad Central de Madrid.

En este mismo año comienza a publicar en el semanario *La Revista Compostelana* unos artículos de divulgación científica bajo el título «Ciencia amena». Según Ana María Freire, es la primera vez que sus

---

4   Gozález Herrán ha recopilado diez poemas, que forman parte de otro manuscrito; el segundo en importancia, tal vez de los conservados en el Archivo de la Real Academia Gallega. Este segundo consiste en setenta y siete poemas de muy diversa extensión.

5   **Fray Benito Jerónimo Feijóo y Montenegro** (1676-1764) fue uno de los espíritus más universales de su tiempo, exponente del racionalismo ilustrado. Ingresó en la Orden Benedictina y se doctoró en el convento de San Vicente de Oviedo, del que fue abad (1721-1729). A partir de 1726 inició la publicación de sus dos grandes obras enciclopédicas: *Teatro crítico universal* y *Cartas eruditas y curiosas*.

6   **Concepción Arenal** (1820-1893) fue una escritora y una pionera por sus planteamientos sobre la situación de las mujeres en el marco español del siglo XIX. En su obra: *La mujer del porvenir*, Arenal denuncia los defectos de la educación que recibían las mujeres y muestra algunas de las contradicciones en que incurría la frenología del médico Franz Gall.

colaboraciones periodísticas son seriadas, con un carácter de continuidad, que hace esperar a los lectores la presencia asidua de la escritora en las páginas de una publicación periódica (Freire 21). También colabora en el diario *La Ciencia Cristiana*, enviando artículos diversos como «Las epopeyas cristianas» y sus «Estudios críticos sobre el darwinismo». Tras una serie de malentendidos con el director de esta revista, Juan Manuel Ortí y Lara, abandona la publicación. En 1879, inicia su producción novelesca al publicar *Pascual López, autobiografía de un estudiante de medicina*. En el prólogo nos cuenta que desoyó el consejo de ciertos amigos que le indicaron que debía ocultar su nombre y servirse (como antes lo había hecho Cecilia Böhl de Faber) de un pseudónimo masculino[7].

En 1880 vuelve a Francia para recuperarse en el balneario de Vichy. Trae consigo, a su vuelta a España, un conocimiento de primera mano del naturalismo francés, doctrina que va a suscitar en España vivas polémicas entre adictos y contrarios a la nueva corriente literaria. Tras estas impresiones escribe *Un viaje de novios* (1881), que se edita por entregas en el diario *La Época* y que supone un importante estudio sobre el estilo de la nueva novela en el que pide exactitud y concisión en el lenguaje narrativo. Aparece *La cuestión palpitante* (1883), donde rastrea la tradición realista nacional. La resonancia de la obra fue inmediata, y la polémica ardió antes de que terminara la serie de artículos. La cuestión fue considerada por muchos una apología del naturalismo, y por ello un verdadero motivo de escándalo, al ser una mujer quien lo defendía. Un año más tarde prepara su tercera novela, *La Tribuna* (1883), obra que corresponde a una etapa literaria marcada ya claramente por la influencia del naturalismo francés.

En 1885 publica la primera colección de cuentos, *La dama joven,* en la editorial barcelonesa Daniel Cortezo, en la «Biblioteca Arte y Letras». En su prólogo alude a la posible falta de unidad de esta colección, pues en ella hay cuentos realistas y una novela corta. Y explica que algunos son fruto de su experiencia casi deportiva por los campos y montes de su Galicia natal, aún virgen para los turistas, y de interés por todos los saberes de esta tierra. Desde 1886 pasa largas temporadas en París, estudia en la Bibliothèque Nationale y conoce a los literatos

---

7   **Cecilia Böhl de Faber** (1796-1877) fue una escritora española del siglo XIX. Adoptó el pseudónimo de **Fernán Caballero**, porque en la época que le tocó vivir, no era fácil publicar bajo el nombre de una mujer. Dejó impreso un extenso y brillante legado literario y periodístico que la convirtió en una de las pioneras de la narrativa femenina española, y tal vez, la primera mujer en dedicarse profundamente a las letras.

franceses más sobresalientes del momento. Su vida es muy ordenada, madruga mucho para escribir –novelas, cuentos, reseñas, artículos periodísticos –almuerza con su familia a la una, lee la prensa en la sobremesa y dedica dos horas de la tarde a la lectura (González Mejía 15).

Desde 1886 doña Emilia comienza a colaborar en la *Ilustración Artística* de Barcelona bajo el título de «La vida contemporánea», donde hace un ejercicio periodístico muy brillante. Este año publica sus obras más exitosas: *Los Pazos de Ulloa* y *La madre naturaleza*. La dos narraciones vienen a ser un estudio de ambiente, en el que funciona como protagonistas un paisaje bárbaro y violento, el de una tierra gallega presentada como marco de las más elementales y primitivas pasiones. Hombres y naturaleza se explican mutuamente, de manera semejante a lo que ocurre en algunos de los más crueles *Cuentos de la tierra*. En 1887, impresionada por la lectura de *Crimen y castigo* de Dostoievski publica *La revolución y la novela en Rusia*. Este texto es la reunión de tres conferencias sobre la literatura eslava que impartió en el Ateneo de Madrid, como para compensarla en cierta forma, porque sus colegas masculinos no permitían su entrada en la Real Academia Española de la Lengua.

Los escritores catalanes Narcis Oller y José Ixart le presentan en la Exposición Universal de Barcelona (1888) al financiero y abogado José Lázaro Galdiano, ferviente admirador de doña Emilia, y juntos colaboran en *La España Moderna*, revista literaria y cultural que constituye el mayor proyecto editorial de la España del momento[8]. Como bien han reseñado los críticos, la actividad de doña Emilia en la prensa, fue, en verdad, extraordinaria. Aunque ella misma se considerase prioritariamente novelista, su interés por asomarse a aquel mundo llena toda su vida intelectual y se ajusta muy bien a su vocación de periodista. Según Carlos Dorado: «La prolífica articulista ofrecía una importante fuente de ingresos para quien, pese a una excelente posición económica familiar, aspiraba a la autosuficiencia pecuniaria que afianza libertad e independencia» (13). En la década de los noventa empieza a publicar la colección «Biblioteca de la Mujer»,

---

8   **José Lázaro Galdiano** (1862-1947) fue un hombre de fortuna, empresario, intelectual y coleccionista. Lázaro Galdiano se instaló en Madrid en 1888 y comenzó fundando y dirigiendo la revista literaria para personas cultas que llamó *La España Moderna* (1889-1914). En ella colaboraban los intelectuales más destacados del momento: Pardo Bazán, Galdós, Clarín, Valera, Zorrilla, Campoamor, Menéndez Pelayo, Unamuno, entre otros. La revista fue un vehículo fundamental para la introducción de autores y corrientes extranjeras en España.

introduciendo al público español libros escritos por mujeres españolas y extranjeras, biografías y libros de cocina.

Alentada por la gran experiencia de comunicar sus vivencias viajeras, intensifica sus colaboraciones en la prensa, cultivando con más asiduidad la narrativa breve y la crónica costumbrista, que no dejan de guardar cierta relación. Además continúa colaborando en diarios y revistas de gran tirada y sigue con su excelente planificación comercial. Se reserva siempre los derechos de reproducción y envía en ocasiones –si bien con honestidad y responsabilidad muy profesionales, como cuando los reedita en recopilaciones, pues los relee y modifica muchas veces– un mismo artículo a más de un diario (Dorado 16). De esta forma, en 1892 comienza a publicar una serie de ensayos denominados «Instantáneas» en el diario valenciano *Las Provincias*. En estas crónicas hace comentarios sobre situaciones y acontecimientos del momento, dando una vez más muestra de su sorprendente versatilidad.

A partir de los años 90, doña Emilia escribe una serie de obras bajo el «Ciclo de Adán y Eva», con dos novelas: *Doña Milagros* (1894) y *Memorias de un solterón* (1896). Baquero Goyanes ha señalado que la segunda guarda relación con *El buey suelto* de José María de Pereda, en la que, como es sabido, el novelista montañés trató de imitar determinadas páginas de Balzac –en especial la fisiología de un matrimonio y las pequeñas miserias de la vida conyugal– con la historia de las mil desventuras que recaen sobre el egoísta Gedeón (Baquero Goyanes 45). Viaja también de nuevo a París en 1899 y en 1900, con motivo de la Exposición Universal, descrita por Pardo Bazán en las crónicas periodísticas que envia al diario *El Imparcial*, luego recogidas en el libro *Cuarenta días de la exposición* (1900). De este año datan los primeros contactos de la escritora con las nuevas corrientes estéticas que cristalizarían en el modernismo literario. También viaja por Bélgica y Holanda, y saca a la luz *Por la Europa católica* (1901), donde expone cómo un país europeo podía ser dirigido por un gobierno católico, y, al mismo tiempo, ser un modelo de modernidad.

En 1905 escribe *La quimera*, y tres años más tarde, *La sirena negra*. En 1912 publica *Dulce dueño*, novela basada en la leyenda de Catalina de Alejandría, mártir de Diocleciano. Esta obra plantea el tema de la búsqueda de la felicidad, es decir, del objeto que sacie por completo los anhelos de paz espiritual del ser humano y parece ser el testamento novelístico de Pardo Bazán. Nuevos honores recaen sobre nuestra

ilustre escritora. El 16 de febrero de 1914 el rey le concede la Banda
de la Orden de María Luisa y el Papa Benedicto XV, la cruz «Pro Ec-
clesia et Pontifice». También el ministro de Instrucción Pública, don
Julio Borrell, nombra a doña Emilia catedrática de Literaturas Neo-
latinas de la Universidad Central de Madrid. El mismo año, su ciudad
natal, La Coruña, dedica un homenaje a la escritora en forma de mo-
numento, obra de Coullat-Valera.

El 12 de mayo de 1921 fallece doña Emilia Pardo Bazán en su residencia de Madrid, víctima de una congestión cerebral. En aquel instante
se hallaban junto a la autora, su hijo don Jaime, conde de la Torre de la
Cela, y su sobrino, don Jorge Quiroga. Los monarcas y el gobierno estuvieron representados en el entierro, y toda la prensa española hizo eco
de la vida y obra de la ilustre escritora. Reconocida como una gloria de
la literatura española, los diarios consideraron su muerte motivo de
«duelo nacional». Fue sepultada en la iglesia de la Concepción de
Madrid y cinco años después fue erigida en su honor una estatua en la
calle Princesa, muy cerca del domicilio familiar madrileño.

II. La novela corta:

La novela corta es una expresión utilizada en la crítica literaria española para denominar un tipo de relato que, en extensión y estructura
narrativa, se diferencia del cuento y de la novela extensa. La relación
histórica entre cuento y novela, el hecho de su indudable parentesco
y genealogía –el cuento como primera manifestación literaria de lo
que, andando el tiempo, había de crecer hasta convertirse en novela–
ha suscitado ciertas confusiones, no siempre fáciles de evitar. A partir
del Renacimiento empieza a denominarse con el nombre de «novela»
–diminutivo de la palabra italiana «nova»– o cuento a lo que en la
Edad Media se llamaba «fábula», «apólogo» o «exemplo». El término
al incorporarse al español mantuvo inicialmente el sentido que tenía
en su lengua de origen: un relato breve, en contraste con la narración
larga del romanzo (*roman* en francés y en alemán), término que carece
el español. En literatura española a partir de la segunda mitad del siglo
XVI se traducen muchas obras italianas como las *Horas de recreación*
(1586) de Ludovico Guicciardini, o las *Historias trágicas ejemplares*
(1589), que es como se tituló la edición española de algunas de las más

de doscientas *Novelle* de Mateo Bandello (1485-1561)[9]. En Valencia, Joan Timoneda publicó *El patrañuelo* (1567), obra que supone una de las primeras al adaptar en España el modelo de la «novella italiana», y, en concreto, los escritos de Boccaccio[10].

Miguel de Cervantes en su prólogo de *Novelas ejemplares*, señalaba que fue el primero en escribir obras de este tipo al castellano, y «no imitadas ni hurtadas», sino «propias», también recordaba «que las muchas novelas que en ella andan impresas todas son traducidas de lenguas extranjeras». En este caso, Cervantes no tuvo en cuenta las novelas intercaladas del *Guzmán de Alfarache* (1599) de Mateo Alemán, ni tampoco quiso acordarse de las cuatro novelas que se narran en las noches invernales de carnestolendas en la obra de Antonio de Eslava (1609). De hecho, frente a las muchas traducciones de textos de Massucio, Boccaccio, Bandello, etc., Cervantes crea una novela corta, original en sus argumentos, con el dominio del diálogo y la perspectiva múltiple. Como bien señala Baquero Goyanes: «Lo observado en Cervantes parece indicar que éste empleaba la voz cuento para las narraciones orales o populares, y novela para las escritas, aunque las dimensiones de unas y otras fueran casi las mismas» (47).

Las relaciones entre la novela corta y las otras modalidades del relato (el cuento y la novela extensa) han sido objeto de reiterado análisis entre autores y críticos, especialmente a partir de la segunda mitad del siglo XIX. Leopoldo Alas Clarín en un *Palique*, lamentaba que en español no existía la distinción terminológica con la que contaba el francés entre *conte* (cuento), *nouvelle* (correspondiente al italiano *novella*) y *roman* (novela extensa)[11]. En los pocos artículos en que se refiere a las narraciones cortas, se limita a encarecer el valor artístico del cuento y de la novela corta[12]: «No es más difícil un cuento

---

9   **Mateo Bandello** (1485-1561) fue un escritor del renacimiento italiano. Compuso doscientas catorce novelas cortas, publicadas en tres libros en 1554, a las que añadió un cuarto en 1573. Como se dirigían a un público cortesano, no siguió estrictamente el modelo de Giovanni Boccaccio y carecen de una estructura global unificadora.

10   **Giovanni Boccaccio** (1313-1375) fue un escritor y humanista italiano. Es uno de los padres junto con Dante y Petrarca, de la literatura italiana. Su obra el *Decameron* (1351) está constituida por cien cuentos, algunas de ellas novelas cortas, alrededor de tres temas: el amor, la inteligencia humana y la fortuna. El autor italiano emplea una técnica heredada de la tradición oriental: parte de una historia y de un narrador principal que, a lo largo de varias jornadas, va engarzando las cien historias que componen el texto.

11   **Leopoldo Alas «Clarín»** (1852-1901) fue un escritor, periodista, y crítico de literatura. A través de sus artículos, en concreto, de sus paliques, Clarín comenta sobre crítica literaria. El pensamiento de este hombre y de su formación aporta muchas claves para comprender los caminos artísticos por los que circulan sus contemporaneos.

12   Leopoldo Alas Clarín. *El Globo*. I-III-1885.

que una novela, pero tampoco menos; de modo que hay notoria injusticia en considerar inferior el género de las narraciones cortas». A
falta de un segundo término, llega a presentar su obra *Doña Berta*
como «nouvelle» en una carta a Benito Pérez Galdós.

No cabe duda de que en el siglo XIX coexisten estos dos géneros,
haciéndose difícil su diferenciación en algunas ocasiones; distinción
que siempre se apoyará en lo dimensional. Emilia Pardo Bazán, fijándose más que en la extensión, en lo literario y en lo novelesco,
llamaba *nouvelles* –traduciendo novelitas– no sólo a las obras de Di-
derot y Voltaire, sino también a las narraciones de Prosper Merimée,
como *Carmen* (1847)[13]. De esta forma, la escritora española identifica
cuento con *nouvelle*, y también cree que este último género no tiene
equivalente exacto en la literatura castellana. Estudiando la
genealogía de la novela francesa, define así a las *nouvelles* de los siglos
XV y XVI[14]: «Nosotros carecemos de *nouvelles*; la novela ejemplar,
aunque corta, tiene más alcance que la *nouvelle francesa*» (116-117).
Para ella, el cuento no es un derivado menor de la novela, sino algo
distinto, que se erige por sus propias reglas; por eso, asegura, existen
buenos novelistas –como Zola o Balzac– que no alcanzan excelencia
en sus relatos, y escritores como Maupassant, que gracias a su
narrativa breve ocupan un lugar de privilegio.

En el primer tercio del siglo XX, existen normas generalmente
aceptadas y conocidas en el ambiente de las revistas populares para di-
ferenciar los géneros narrativos de la literatura. Son en primer lugar,
definiciones cuantitativas, que se dan a conocer, por ejemplo, con
ocasión de la convocatoria de un concurso literario. Incluso, parece
existir una conciencia clara de las diferencias genéricas en el nivel del
concepto, hecho que se refleja también en la decisión de publicar los
diferentes géneros en distintos medios de comunicación. Según Rita
Catrina Imboden, la novela corta de las colecciones semanales fue una
gran empresa editorial en el primer tercio de siglo: «Los tres géneros
narrativos –novela, cuento y novela corta– de la literatura popular o
menor coexistieron al lado de la literatura mayor, calificativos que suponen un juicio de valor que atribuye más prestigio a los textos publi-

---

13   **Prosper Merimée** (1803-1870) fue un escritor, historiador y arqueólogo francés. Viajó en
      varias ocasiones a España, dejando testimonio en artículos de costumbres y cartas. Publicó
      Carmen (1845), novela corta que se inspira en una historia que le relató la propia condesa
      María Manuela Kirkpatrick, condesa de Montijo, durante una visita del escritor a
      España.

14   Emilia Pardo Bazán. *La cuestión palpitante*. Pag.116-117.

cados en libros» (42). Nombres tan famosos como los de Emilia Pardo Bazán, Vicente Blasco Ibañez o Joaquín Vicenta, y nombres un poco menos conocidos como los de Artemio Precioso, Alfonso Vidal y Planas o Eugenio Noel también participaron en la empresa. Las nuevas colecciones, semanales, estaban exclusivamente dedicadas al género de la novela corta y cada ejemplar presentaba una historia completa de entre dieciseis y treinta y dos páginas de extensión. En la producción, los autores tenían un estatus de empleado, comparable al de los periodistas –de hecho, muchos de entre ellos ejercían ambas profesiones– y seguían las normas que exigía la editorial, encaminadas a un mayor éxito de ventas. El modelo de *El Cuento Semanal* (1907), la primera colección de este tipo, creada por Eduardo Zamacois, tuvo una gran repercusión[15]. Era una publicación semanal, de gran formato, que ofrecía un relato completo firmado por los autores más en boga e ilustrado por los mejores dibujantes (Rivalan Guégo 28). Tras *El Cuento Semanal* se iniciaron otras colecciones que podían comprarse a poco precio y que tuvieron gran éxito popular –con tiradas de hasta 60.000 ejemplares–, por lo que constituyeron un gran incentivo para los narradores de todo tipo: *Los Contemporáneos* (1909), *La Novela Corta* (1915), *La Novela Semanal* (1921), *La Novela de Hoy* (1922) o *La Novela Mundial* (1926). Estas revistas que se vendían en quioscos ganaron enseguida el respeto del público. Según Lina Rodríguez Cacho, este fenómeno de proliferación de la novela corta:

> Se trató de una verdadera revolución editorial y literaria que debe tenerse muy en cuenta, ya que de ella se beneficiaron prácticamente todos los autores del momento, desde los que suelen calificarse injustamente como «rezagados novelistas» hasta los que merecen nombrarse como renovadores de la novela (257).

Dejando aparte la cuestión terminológica, y aun aceptando que es difícil poder deslindar en algunos casos la frontera entre el cuento y novela corta, y entre ésta y la novela extensa, es necesario aquilatar en lo posible los rasgos caracterizadores de cada modalidad y sus mutuas diferencias. Por lo que respecta a las relaciones entre el cuento y la novela corta, ambos presentan ciertos rasgos comunes: predominio del argumento sobre la descripción de tipos y ambientes, ausencia o escasa relevancia de digresiones accesorias y de personajes

---

15 **Eduardo Zamacois** (1873-1971) fue un escritor español y periodista que dirigió la revista *Vida Galante* y también *El Cuento Semanal* y *Los Contemporáneos*. Zamacois promovió la profesionalización de escritores gracias a la revista *El Cuento Semanal*.

secundarios, técnica y tonalidad estética similares, y consistencia, en ambos, de una sola o preponderante vibración emocional. Sin embargo, hay una primera diferencia externa entre los dos tipos de relato: la extensión. Un relato de diez o quince páginas difícilmente podría considerarse novela corta, uno de cuarenta o cincuenta no puede ser un cuento. Basado en este criterio, Baquero Goyanes, recogiendo la denominación de Emilia Pardo Bazán, designa como «cuentos largos» a las novelas cortas. Pero con buen sentido subraya que no es lo mismo «cuento largo» que «cuento dilatado» (éste significaría un aumento injustificado de la narración, al incluir «cosas accesorias»), ya que el primero exigiría una mayor extensión para poder desarrollar adecuadamente la acción y el carácter del personaje. La novela corta implica, en consecuencia, más extensión, más descripción de caracteres y más diálogo que el cuento.

En cuanto a la relación entre «novela corta» y novela, aparte de la mayor extensión (fenómeno externo), la novela constituye un intento de reflejar un «mundo con toda su diversidad y complejidad, la explicación total de un cosmos libremente organizado y de las figuras a él adscritas» (Gullón 152). Además, en la novela corta prevalece la atención al argumento, se evitan las digresiones, adquieren escasa importancia los personajes secundarios y la narración es más rápida. Sus técnicas narrativas responden a unas pautas alejadas de cualquier esquema: el diálogo es el indispensable, usado con precisión y sin mediación de un presentador o elementos subordinantes. Existe una concentración temática, sin divergencias, distinguiéndose de la tendencia a la elaboración minuciosa propia de la novela. Según Marta González Megía: «El asunto de la novela corta debe de ser simple y emocionante a la vez: desde las primeras líneas debe de despertar la curiosidad del lector, sin artificios, con el brío del segmento de algo elegido o imaginado» (20). En cuanto al tiempo se representa de forma lineal, sin desvíos bruscos, acompañando así a la relativa simplicidad de la acción. Por último, el desenlace de estas novelas cortas siempre aparece como un momento de máxima tensión, y se produce un giro decisivo en el desarrollo de la intriga que ilumina el destino del protagonista.

III. TEMÁTICA:

El estudio de los temas de las novelas cortas nos descubre numerosos aspectos de la narrativa de Emilia Pardo Bazán. Interesa señalar que en todas éstas aparecen rasgos autobiográficos, aunque en muy variada proporción. Muchas de las novelas tienen como centro argumental un episodio amoroso, desplegado en múltiples enfoques, dimensiones y matices, y combinado frecuentemente con otros temas. El amor es el único medio para alcanzar la plenitud vital, pero puede encontrarse con un obstáculo en el entorno social; o bien la diferencia de clases sociales, o la falta de fidelidad conyugal de uno de los miembros. De hecho, como bien ha señalado Javier López Quintans, es frecuente la presencia de víctimas inocentes, maltratadas y destruidas, a través de las cuales puede llegar a introducir una crítica evidente a la sociedad de su tiempo, o de forma genérica, a los comportamientos violentos e irracionales del ser humano: «Los actantes pardobazianos sufren a causa del enfrentamiento con su comunidad, su entorno, que dificultan su realización plena y problematizan las iniciativas del personaje» (450).

También hay que indicar que la mayoría de las novelas cortas tiene como protagonista a una mujer, que muchas veces sufre la injusta igualdad y otras es víctima del hombre. Una vez más, doña Emilia nos presenta unos hechos, tomados de la vida real, que no parecen sino desvelar la cara oscura de la realidad de su tiempo. La autora abre un abanico de temperamentos femeninos muy distintos pero con algo común: la voluntad de pintar a la mujer como un ser pleno, lleno de fortaleza y de una gran complejidad. De esta manera, y como bien ha comentado Eva Acosta, la escritora retrata a la mujer desde una perspectiva realista y fidedigna: «La libra del corsé literario que la obligaba a oscilar entre dos polos arquetípicos del ángel o el diablo, de santa o perdida» (18). En sus narrativas, muestra y denuncia las desigualdades inexistentes entre los dos sexos, señalando que éstas no se fundaban en la biología o en la religión, sino en las convenciones sociales. La escritora denuncia a través de estas novelas cortas la lamentable situación de la mujer española, y aborda temas tan candentes como el de la situación social, el matrimonio, la educación y la libertad femenina.

Respecto al estilo, se reproduce muchas veces el diálogo popular;

predomina así el registro coloquial, para adaptarse a la función que desempeñan los personajes: personas de clase baja, mujeres y hombres analfabetos, o bien aquellos que pertenecen a la clase alta, y que se encuentran influenciados por una gran cantidad de neologismos o préstamos extranjeros. En todo caso, ruralismos, vulgarismos, arcaísmos y neologismos dan ese toque característico de la prosa realista. Cuando las novelas se sitúan en Galicia, la escritora establece un contraste entre el castellano hablado por la burguesía y los viejos hidalgos, y el gallego de los campesinos y las clases menos favorecidas. Doña Emilia muestra como la lengua gallega había sido abandonada por las élites sociales, quedando solamente en el ámbito labriego.

El áncora narra la historia de Fernanda, una joven aristócrata que ha recibido una educación muy superficial; únicamente ha aprendido una serie de habilidades necesarias para moverse con éxito en determinados ambientes y adquirir el prestigio necesario en ciertas reuniones sociales. Tras un corto noviazgo, se casa con Ginés Tavera, quien ya desde el inicio de la luna de miel, le es infiel con Ángeles, una mujer de clase alta. Fernanda es consciente de su desdicha y lucha por atraer a su marido, e incluso, por mantener su amor por él. Tras el fracaso matrimonial, la joven conoce a Gonzalo Calderón, un hombre apuesto, sensible y comprensible. La relación entre los dos se lleva a cabo dentro de las normativas de la época, siempre acompañada por otra persona, su amiga, María Pimentel. Pero Fernanda, tras una inesperada visita médica, es informada de que está embarazada y que espera un hijo de su marido. La joven esposa decide renunciar al amor de Gonzalo y dedicarse con exclusividad al pequeño. Después de dos años, Gonzalo se entera de todas las desgracias sufridas por Fernanda, tras el abandono de su esposo y el cuidado del niño con discapacidad mental.

Emilia Pardo Bazán al igual que Leopoldo Alas Clarín y Benito Pérez Galdós, revela en *El áncora* la personalidad de una mujer fundamentalmente buena y honesta, romántica y soñadora, pero justamente frustrada e insatisfecha. La escritora defiende el matrimonio por amor frente a la autoridad de los familiares que imponen a sus hijas un marido por conveniencia, «un buen partido». También aboga por una educación integral en la mujer, que le permita prepararla mejor para su independencia, y que le facilite la apertura a nuevos horizontes. Por último, muestra el doble estándar de moralidad que existía en la época; mientras que al hombre se le permitía tener relaciones fuera del matrimonio, la mujer era severamente criticada por el sólo hecho de mantener una amistad con un soltero. Emilia Pardo Bazán denuncia la estricta normativa que encuadra la vida femenina privándola de libertad, no sólo en el ámbito político, sino en el de la vida cotidiana. De esta manera, y como bien ha señalado Guadalupe Gómez Ferrer: «Critica doña Emilia la doble moral sexual, rígida e inflexible en las mujeres y bien laxa con los varones; e insiste y subraya la minoría permanente de edad a la que la sociedad la condena» (32). Ahora bien, la escritora defiende la reciedumbre y fortaleza de Fernanda, que a pesar de estar enamorada de Gonzalo, nunca se une a él, sino que se dedica con abnegación al cuidado de su hijo. De este modo, *El áncora*, como bien indica el nombre, es un símbolo cristiano que representa la fortaleza, el modelo y paradigma de la mujer católica, guardando reminiscencias temáticas con la novela *Una cristiana* (1890).

La dama joven narra la historia de dos hermanas huérfanas, Dolores y Concha, que se dedican a trabajar honestamente como modistas en la ciudad de Marineda[16]. La hermana mayor es seducida y abandonada, mientras que Concha lucha por alcanzar una posición más elevada socialmente; pasar de costurera a artista de teatro. De hecho, tras una magistral interpretación en el Casino de Industriales, recibe una oferta de trabajo como actriz en una importante compañía teatral. En un principio, Concha no está de acuerdo con una práctica que encamina a la mujer irremisiblemente al matrimonio y que hace de los deberes caseros su único horizonte. Pero, a pesar de los esfuerzos de esta mujer por lograr el éxito profesional, nunca consigue su objetivo, porque las convenciones de la época y el recelo de su propio novio, le prohíben que se dedique al teatro. El propio título del texto enfatiza su fracaso ya que nos presenta aquello a lo que ella aspira pero termina rechazando. La dama joven representa el estatus teatral que podría haber ocupado, aunque nunca llega a hacerlo; una posición que supondría su plena emancipación.

En lugar de un brillante porvenir en el escenario, contrae matrimonio con su novio, el joven ebanista, renunciando así a su gran sueño. En todo caso, Pardo Bazán nos muestra aquí las barreras que recluyen a Concha en el marco del hogar, sin poder acceder a un

---

16   Marineda es el nombre fictio para la ciudad de La Coruña.

puesto de trabajo. En este caso, se reitera lo que Julia Biggane afirma sobre el destino de la protagonista: «Concha stays literally and figuratively inside female domestic space, whilst the acting world, with its possibilities for independence and emancipation, remains outside» (28). Incluso, en el desenlace se nos revela el destino trágico de la joven, cuando de forma irónica uno de los actores dice: «¿Ése? —Exclamó Estrella cortando con los dientes la punta del puro—. Lo que le dará ese bárbaro será un chiquillo por año... y si se descuida, un pie de paliza» (107).

En *Bucólica* se revela el contraste entre el mundo gallego marcado por un ambiente rural y degenerado, y el de la capital madrileña. Como ya lo hizo en sus anteriores ficciones, Pardo Bazán se inspiró en la realidad circundante para crear la atmósfera y describir las costumbres de la sociedad que nos pinta. Se establece en esta novela corta un paralelismo temático con *Los pazos de Ulloa* (1886), pues en ambas la escritura presenta la historia más sombría de una aristocracia que ha sobrevivido a su cometido social y conserva sólo características negativas: ociosidad, violencia e irresponsabilidad. Por medio del estilo epistolar, es decir, de las cartas que envía Joaquín Rojas, un joven madrileño de clase alta, a su amigo Camilo Jiménez, se nos va desvelando la historia. De acuerdo con el planteamiento de López Quintans, el hecho de que sea una narrativa epistolar, implica que se presenten unos textos con una visión parcial y personal del protagonista: «El personaje nos cuenta lo que nos quiere contar, y no siempre lo que debería, con lo que no sería ilógico pensar que incluso deforme algunos hechos, según su especial percepción de los mismos» (172).

Para descansar y curarse de una enfermedad, el señorito Rojas se instala en la finca «La Fontela», un pazo que se encuentra casi en ruinas en una zona aislada entre las provincias de Orense y Pontevedra. Rojas recibe el cuidado de Maripepa, una muchacha aldeana, pobre y analfabeta —que ni siquiera habla castellano—. El joven se enamora locamente de ella, pero las convenciones sociales, y la disparidad de educación entre ellos, impide el enlace entre los dos. En todo caso, Emilia Pardo Bazán muestra una visión falsamente idílica de la vida campesina gallega, mas bien refleja una naturaleza agreste y unos personajes en decadencia. Tanto el notario como el hidalgo de Limioso se aprovechan de las jóvenes aldeanas, a las que hacen víctimas de sus propios deseos; las hostigan y persiguen de forma indecorosa. La escritora en esta novela corta condena la hipocresía y la mentira social, en concreto, denuncia el estado de decaimiento en el que se encontraban muchas aldeas de Galicia, y sobre todo, la cerrada mentalidad de las personas que habitaban en estas tierras, representadas bajo los personajes del notario, el cura y el hidalgo.

La gota de sangre es una novela policial, donde el protagonista, que no es un detective, basándose en la indagación y la observación, así como usando su propia intuición, decide resolver un caso de asesinato. Doña Emilia, siempre muy atenta a todo lo que ocurría en el extranjero y a la proliferación de género policial, mostró siempre una actitud ambivalente hacia la novela policiaca, de hecho, denunció la deficiencias del género: la carencia de desarrollo psicológico y el excesivo rigor formal. Aunque eso sí, la escritora siempre se mostró interesada por los aspectos sociales del crimen como lo demuestran la publicación de la novela *La piedra angular* (1891), y los cuentos «El indulto», «En el presidio», «El aljófar» , «Nube de paso», y «La cana», o los numerosos artículos periodísticos publicados en *La Ilustración Artística* y más tarde editados en la colección *De siglo a siglo* (1896-1901).

El esquema de *La gota de sangre* sigue como modelo el de otras novelas de este mismo tipo. Está contada en primera persona por el protagonista, Selva, que consigue establecer los móviles, el plan y el desarrollo del asesinato guiándose por su intuición, haciendo su interpretación personal de los datos objetivos. En este sentido, José Colmeiro ha señalado que: «En Selva se transparenta esa paradoja, desarrollando en él, aún más ese trazo de ambigüedad, que llega casi a representar la actitud contraria, en su deseo de novelar un mundo excesivamente racional y compartimentalizado» (117). La investigación sigue el desarrollo típico del método según el patrón tradicional: descubrimiento de un crimen, inspección del lugar del delito, seguimiento de pistas y de sospechosos, mal papel de la policía oficial, demostración de la superioridad intelectual del investigador privado, formulación de una hipótesis y comprobación de la misma.

En el desenlace, Selva piensa que uno de los asesinos fue Julia Fernandina, conocida como Chulita, representante de la *femme fatale*, una joven que lleva una vida descarriada y que configura el lujo, el vicio y la decadencia. En los últimos capítulos de la novela, es cuando el narrador asume así la función de cómplice, y al mismo tiempo, la del redentor, ya que una vez que Chulita le confiesa toda la verdad, la deja escapar a Francia, saltándose todas las normas legales y éticas, diciendo: «Soy un torpe con estos retrasos y preparativos. Lo primero que se mandaba antaño, era prender los cuerpos y asegurar las personas de los sospechosos. Con mis romanticismos, a la una he librado de la justicia, y al otro probablemente también»(205).

BIBLIOGRAFÍA:

I. OBRAS CONSULTADAS

Baquero Goyanes, Mariano. *El cuento español: del romanticismo al realismo*. Madrid: Consejo Superior de Investigaciones Científicas, 1992.

_____. *Emilia Pardo Bazán*. Madrid: Publicaciones Españolas,1971.

_____. *Qué es la novela. Qué es el cuento*. Murcia: Secretario de Publicaciones de la Universidad de Murcia, 1988.

Biggane, Julia. *In a Liminal Space: The Novellas of Emilia Pardo Bazán*. Durham: Durham Modern Languages Series, 2000.

Clèmessy, Nelly. *Emilia Pardo Bazán como novelista: De la teoría a la práctica*. Madrid: Fundación Universitaria Española, 1981.

Colmeiro, José. *La novela policiaca española: teoría e historia crítica*. Barcelona: Anthropos, 1994.

Dorado, Carlos. *Emilia Pardo Bazán. Periodista de hoy*. Asociación de la Prensa de Madrid, Madrid: 2006.

Estébanez Calderón. *Diccionario de términos literarios*. Madrid: Alianza Editorial, 2008.

Faus, Pilar. *Emilia Pardo Bazán: su época, su vida, su obra*. A Coruña: Fundación Pedro Barrié de la Maza, 2003.

García Barragán, María Guadalupe. «Emilia Pardo Bazán. Algo más en torno a su naturalismo y feminismo». *Cuadernos Americanos*. 222 (1979): 187-98.

Gómez-Ferrer, Guadalupe. *Historia de las mujeres en España. Siglos XIX y XX*. Madrid: Arco Libros, 2011.

Gullón, Ricardo. «Las novelas cortas de Clarín». *Ínsula*. 76 (1952): 3.

Hemingway, Maurice. *The Making of a Novelist*. New York: Cambridge UP, 1983.

Imboden, Rita Catrina. *Carmen de Burgos «Colombine» y la novela corta*. New York: Peter Lang, 2001.

Íñiguez Barrena, María Lourdes. *El Cuento Semanal 1907-1912*. Madrid: Grupo Editorial Universitario, 2005.

López Quintans, Javier. *El fracaso existencial en los personajes de la narrativa de Emilia Pardo Bazán*. Madrid: Fundación Universitaria Española, 2008.

Osborne, Robert E. *Emilia Pardo Bazán: Su vida y sus obras*. México: Ediciones Andrea, 1964.

Pardo Bazán, Emilia. *Bucólica y otras novelas*. Ed. Marta González Mejía. Madrid: Lengua de Trapo, 2007.

_____. *Cuentos*. Ed. Eva Acosta. Barcelona: Penguin Random House Grupo Editorial, 2007.

_____. *Obras completas VI: Novelas cortas*. Ed. Darío Villanueva y José Manuel González Herrán. Madrid: Fundación José Antonio de Castro, 2002.

_____. *Obras completas VII: Cuentos. La dama joven*. Ed. Darío Villanueva y José Manuel González Herrán. Madrid: Fundación José Antonio de Castro, 2002.

_____. *Obras completas*. Tomo I. Ed. Federico Carlos Sainz de Roble. Madrid: Aguilar, 1947.

_____. *Obras completas*. Tomo III. Ed. Harry Kirby. Madrid: Aguilar, 1973.

Pattison, Walter T. *Emilia Pardo Bazán*. NY: Twayne Publishers, 1971.

Pozuelo Yvancos, José María. *Historia de la literatura española. Las ideas literarias*. Madrid: Crítica, 2011.

Reis, Carlos. *Diccionario de narratología*. Salamanca: Ediciones Almar, 2002.

Rodríguez Cacho, Lina. *Manual de historia de la literatura española. Siglos XVIII al XX*. Madrid: Castalia, 2009.

Rivalan Guégo, Christine. *Fruición-ficción. Novelas y novelas cortas en España (1894-1936)*. Madrid: Ediciones Trea, 2008.

Varela Jácome, Benito. *Estructuras novelísticas de Emilia Pardo Bazán*. Madrid: Consejo Superior de Investigaciones Científicas, 1973.

VV. AA. *Estudios sobre la obra de Emilia Pardo Bazán. Actas de las jornadas conmemorativas de los 150 años de su nacimiento*. Ed. Ana María Freire. La Coruña: Fundación Pedro Barrié de la Maza, 2003.

Obras de Emilia Pardo Bazán

Novelas:

Pascual López: Autobiografía de un estudiante de Medicina (1879).
Un viaje de novios (1883).
La Tribuna (1883).
El cisne de Villamorta (1885).
La dama joven (1885).
Bucólica (1885).
Los pazos de Ulloa (1886-1887).
La madre naturaleza (1886-1887).
De mi tierra (1888).
Insolación (1889).
Morriña (1889).
Una cristiana (1890).
La prueba (1890).
La piedra angular (1891).
Memorias de un solterón (1891).
Doña Milagros (1894).
El tesoro de Gastón (1897).
El encaje roto (1897).
La rosa (1899).
El saludo de las brujas (1899).
El niño de Guzmán (1900).
Misterio (1902).
La quimera (1905).
La sirena negra (1908).
Dulce dueño (1911).
La gota de sangre (1911).
Belcebú (1911).
La sierpe (1912)
La última fada (1912).
Selva (1912).

Cuentos:

Cuentos escogidos (1891).
Cuentos de Marineda (1892).
Cuentos nuevos (1894).
Cuentos de amor (1899).
Cuentos sacroprofanos (1899).

Ensayos:

Estudio crítico de las obras del padre Feijoo (1876).
Los poetas épicos cristianos (1895).
La cuestión palpitante (1883).
La revolución y la novela en Rusia (1887).
Los pedagogos del Renacimiento (1889).
La literatura francesa moderna (1910-1911).
Porvenir de la literatura después de las guerra (1917).
La mujer española y otros escritos (1916).
El lirismo en la poesía francesa (Obra póstuma), (1926).

Libros de viajes:

Mi romería (1887).
Al pie de la torre Eiffel (1889).
Por Francia y por Alemania (1889).
Por la España pintoresca (1895).
Cuarenta días en la exposición (1900).
Por la Europa católica (1902).

Teatro:

El vestido de boda. Monólogo (1899)
La suerte (1904).
Verdad (1906).
Cuesta abajo (1906).

Las raíces (1906).
El becerro de metal (1908).
Juventud (1909).

Biografías:

San Francisco de Asís (1882).
Hernán Cortés y sus hazañas (1914).
Francisco Pizarro (1917).

Lírica:

Jaime (1976).

Traducciones:

Russia. Chicago: McClurg (1890).
Homesickness. New York: Cassell Publishing Company (1891).
A Christian Woman. New York: Cassell Publishing Company (1891).
The Swan of Vilamorta. New York: Cassell Publishing Company (1891).
Der Grundstein. Stuttgart, (1895)
A Wedding Trip. Chicago: The Henneberry Co. (1910).
The Angular Stone. New York: Cassell Publishing Company (1912).
The House of Ulloa. Athens: University of Georgia Press (1992)
The White Horse and other Stories: Lewisburg: Bucknell University Press (1993).
Mother Nature. Lewisburg: Bucknell University Press (2010).

III. Biografías y Estudios sobre Emilia Pardo Bazán

Acosta, Eva. *Emilia Pardo Bazán. La luz en la batalla*. Madrid: Lumen, 2007.

Baquero Goyanes. *Emilia Pardo Bazán*. Madrid: Publicaciones Españolas, 1971.

Barroso, Fernando J. *El naturalismo en la Pardo Bazán*. Madrid: Playor, 1973.

Bravo Villasante, Carmen. *Vida y obra de Emilia Pardo Bazán*. Madrid: Novelas y cuentos, 1962.

Clémessy, Nelly. *Emilia Pardo Bazán como novelista: De la teoría a la práctica*. Madrid: Fundación Universitaria Española, 1981.

Charques Gámez, Rocío. *Emilia Pardo Bazán y su Nuevo Teatro Crítico*. Madrid: Fundación Universitaria Española, 2011.

Correa Calderón, Evaristo. *El centenario de doña Emilia Pardo Bazán*. Madrid: Ediciones Jura, 1952.

Faus, Pilar. *Emilia Pardo Bazán: su época, su vida, su obra*. A Coruña: Fundación Pedro Barrié de la Maza, 2003.

Fernández Cubas, Cristina. *Emilia Pardo Bazán*. Madrid: Ediciones Omega, 2001.

Osborne, Robert. *Emilia Pardo Bazán. Su vida y sus obras*. México: Ediciones Andrea, 1964.

Pattison, Walter Thomas. *Emilia Pardo Bazán*. New York: Twayne Publishers, 1971.

Rubio Cremades, Enrique. *Panorama crítico de la novela realista-naturalista española*. Madrid: Editorial Castalia, 2001.

Thion Soriano-Molla, Dolores. *Pardo Bazán y Lázaro. Del lance de amor a la aventura cultural (1888-1919)*. Madrid: Fundación Lázaro Galdiano, 2003.

VV.AA. *Estudios sobre Emilia Pardo Bazán. In memoriam Maurice Hemingway*. Ed. José Manuel González Herrán. Santiago de Compostela: Servicio de Publicaciones de la Universidad de Santiago de Compostela, 1997.

VV. AA. *Estudios sobre la obra de Emilia Pardo Bazán. Actas de las jornadas conmemorativas de los 150 años de su nacimiento*. Ed. Ana María Freire. La Coruña: Fundación Pedro Barrié de la Maza, 2003.

EL ÁNCORA

I

Fernanda, en un capricho de descoser ella misma los famosos encajes, tomó el manojo de llaves y abrió la bien ajustada puerta del ropero. Un olorcillo a vetiver y alcanfor salió de las profundidades del armario, y la dama, guiada por la forma de la caja que conocía tan bien, acertó inmediatamente con su traje de boda.

Antes de levantar la tapa de la caja barnizada y fina, se detuvo, movida por un sentimiento que no podía definir, mezcla de respeto y de tristeza tediosa —la tristeza que nos infunde la vista de las cosas en que pusimos lo mejor del alma y que sólo nos dieron, en cambio, amarguras y decepciones—. Cuando, alzada ya la cubierta, apareció la nube de blancura un tanto rancia, el raso velado por el tul, las flores de azahar misteriosamente recatadas entre la sutil red del encaje, allá en una esquina las cajas de terciopelo blanco del misal y el abanico, en la opuesta los zapatitos diminutos con su lazo bordado de perlas..., Fernanda sintió una especie de vértigo y buscó el sostén de una silla, donde se sentó, sin resolverse todavía a tocar las nupciales galas.

Un objeto cualquiera —menos aún: un perfume, un sonido, un color—, nos hacen a veces revivir la juventud, recobrar las horas ya desvanecidas por el tiempo. Fernanda, abismada, con la mano izquierda delante de los ojos y la derecha crispada sobre la rodilla, evocaba —por virtud de aquellos blancos atavíos— la visión no menos blanca de sus amores y noviazgo.

¿Qué sabía ella del mundo cuando, a los dieciocho años, la había cortejado y solicitado en matrimonio Ginés Talavera? Educada por la condesa de Maravillas, su madrastra —que la trató y atendió y cuidó de su hacienda como verdadera madre, pero la sujetó al melancólico retiro y a la estrecha devoción que ella misma observaba desde una temprana viudez—, Fernanda era una chiquilla algún tanto arisca, a quien la presencia de la gente contrariaba. Indócil y secatona, la condesa solía decir de ella, en confianza a su confesor: «¡Vaya por

Dios, padre Herrero! Mi hijastra parece un erizo[17]». Y no adivinaba la excelente señora que Fernanda guardaba en el corazón, bajo apariencias de aspereza, un foco de dolor y de ternura, el sitio de su madre, muerta al darla a luz. No podía desconocer Fernanda que su madrastra era buena; no podía negar que miraba por ella con celo extremado; no podía olvidar que en sus enfermedades de niña la había asistido, no apartándose de su cabecera...; pero –sin precisar el análisis– Fernanda sentía, por instinto, que faltaba en todo esto el calor de entrañas la efusión delirante con que una madre natural acaricia a su progenitura... El tibio beso en la frente que todas las noches recibía de la condesa de Maravillas había llegado a causarla un estremecimiento de repulsión. Como pudiese, hurtaba el cuerpo a aquella caricia. Se representaba a su madre toda labios, y labios de miel y de fuego, que la envolvían en un halago de infinita dulzura. Fernanda ofrecía una particularidad, rara en las chicuelas de sus años: no lloraba, no había llorado jamás. Sus murrias[18], sus enojos, eran secos. Una noche que le dolía la cabeza, se puso de pechos en la ventana de su dormitorio, y un ciego se detuvo al pie de ella, cantando, para pedir limosna, la conocida copla flamenca:

> Dos besos tengo en el alma
> que no se apartan de mí
> el último de mi madre
> y el primero que te di...

Y la niña, después de un momento de eso que se llama ausencia, sintió que rodaba por su mejilla fría una gota de algo que quemaba mucho. La sacó rabiosamente, y cerró de golpe las maderas. Apenas vio a su hijastra hecha una mujer, la condesa de Maravillas deseó casarla, no sólo por no ver si así se modificaba su desapacible carácter, sino a fin de quedar libre de cuidados de tutela y poder entregarse mejor a sus rezos y a sus caridades. Creía de buena fe la condesa que, buscando a Fernanda un marido de su clase, quedaba cumplido su deber. Eligió a Ginés Tavera porque reunía condiciones que sin duda hacían ventajosísimo el enlace: familia tan antigua, que procedía en línea recta nada menos que de los Taveras sevillanos; caudal considerable, algo comprometido por hipotecas, pero fácil de salvar con una acertada administración; en perspectiva el marquesado de Benalí y

---

17   *Erizo*: Fría e insensible.
18   *Murria*: Tristeza o melancolía.

una grandeza de segunda; pero, sobre todo –¡sobre todo! –, una educación cristiana, lejos del padre disipador y calavera, bajo la inspección
de una abuela rígida, una marquesa viuda de Benalí que había tenido
al muchacho como un doctrino, sometido a la estrecha custodia del
capellán, hasta los veintidós o veintitrés años. Lo que no podía comprender la condesa Maravillas era que semejante tirantez sólo hubiese
servido para meterle a Ginés en el cuerpo unas ganas curiosas de des-
quitarse, así que se lo permitiesen las circunstancias. Conocía Ginés
el carácter de hierro de su abuela, y sabía que no le permitiría disfrutar
a sus anchas su patrimonio, hasta verle casado. Decidió, pues, tomar
mujer; y cuando su abuela le propuso a la *Maravillitas*, aceptó de buen
grado, y se prestó a unos meses de empalagoso tortoleo, en el Real y
en las cuatro o seis tertulias circunspectas donde se deslizaba a con-
currir la madre Fernanda.

La cual, sin embargo, conservaba de aquellos meses una impresión
deliciosa... Cierto que su novio le parecía algo frío, algo aficionado a
llegar tarde y marcharse temprano, algo demasiadamente equitativo
en repartir sus atenciones entre ella y las demás muchachas del grupo.
Fernanda le desearía más pegado, más tierno..., pero se hubiese dejado
morir antes que decirlo, que indicarlo siquiera. Como toda alma exal-
tadamente sensible bajo apariencias de sequedad, quería ser adivinada,
violentada dulcemente. Y cuando ya se acercaba el día de la boda;
cuando Ginés entraba más libremente y más a menudo en casa de su
futura; cuando las discusiones sobre mobiliario y arreglo del nido eran
frecuentes y las cabezas de los novios se tocaban a veces al inclinarse
sobre un paquete de muestras o al hojear un álbum de tapicero, hubo
momentos muy gratos para Fernanda, porque Ginés estaba en su
papel...

Se casaron de noche, aplazando la salida para el viaje de novios
hasta dos días después, a fin de velarse. Fernanda podría relatar uno
por uno los más mínimos incidentes de aquellas horas: todo se había
grabado en su memoria con relieve solemne y profundo, hasta la caída
del ramo de azahar natural que llevaba cogido y que dos veces había
resbalado de sus manos trémulas, arrancando a la supersticiosa doncella una «¡mala señal!» que heló la sangre, por un segundo, en las
venas de la novia... Lo que hizo tan señalado para Fernanda el día de
su casamiento no fue el principio de la intimidad conyugal, ni la sorpresa de la inocencia que desgarra su velo. No, Fernanda, que tenía

del matrimonio una idea muy alta y muy hermosa, hubiese tachado de sacrílego a quien le dijese que, para la mayor parte de los hombres, todo el contenido del matrimonio está en esas horas primeras. Fernanda creía –soñaba, mejor dicho– que aquello era el prefacio; que la novela, la poesía, lo santo y lo inefable, vendrían después, y muy completos, y con duración de muchos años, trayendo cada edad de la vida su forma diferente de amor; unas más bellas que otras, cada cual divina a su manera, hasta la que mezcla dos cabelleras canas y dos áridas mejillas sobre la cuna de los nietos, al borde mismo de la fosa... Y en cambio Ginés pensaba que un poco de jalea al principio y una correcta indiferencia luego pagaban bien la deuda contraída ante el altar, a la faz de una sociedad que le amparaba con sus leyes, y de un corazón que se entregaba embriagado...

Salieron hacia París los jóvenes marqueses de Benalí. Ginés nunca se había visto libre y con barro a mano en la capital francesa. Corrían los últimos días del otoño, y en los bulevares, restaurantes y teatros sólo se escuchaba hablar español. Encontró Ginés amigos de Madrid, unos solteros y otros con sus familias, y desde luego se combinó una vida en que Fernanda tenía por compañeras, en paseos y diversiones, a las señoras, y Ginés se iba con los caballeros por su lado. Fernanda sintió una contrariedad indecible: había soñado que no se apartaría de su marido y que andarían del brazo como enamorados; pero su orgullo le cerró la boca, y sin objeción alguna rodó por almacenes y casas de modistos, mientras Ginés estudiaba otras formas de la industria parisiense. Fernanda calló: por un lado, su altivez le cerraba la boca; por otro temía que se riesen de ella las damas a quienes la había entregado Ginés, y que todas parecían encontrar muy natural la división por sexos y el pasarse todo el día de Dios sin ver a sus esposos, ya que, al fin, de noche –¡que remedio!– se los encontrarían... ¡Vaya si se los encontrarían!

Pues ¿quién sabe?... Una noche, Fernanda, en su saloncito del Grand Hotel du Louvre, aguardó en balde, sin que Ginés apareciese... Inquieta primero, azorada después, en angustia cruel por último, vio amanecer un día brumoso y glacial de París, y transida de frío y muerta de susto, iba ya a salir, a llamar, a alborotar, para que se buscase a su esposo, cuando sintió que se abría la puerta y le vio entrar, con el cuello del gabán[19] subido hasta las orejas, el sombrero ladeado,

---

19   *Gabán*: Prenda gruesa de vestir de manga larga; es una vestimenta masculina.

cantando entre dientes... Con impulso vehemente se le echó a los brazos, y por primera vez Ginés tuvo una palabra áspera y un movimiento casi descortés.

—Hija... ¡Pues tiene gracia! ¿Qué haces a pie esperándome? ¿Te has figurado que así me sujetas?

Retrocedió Fernanda, palideciendo, y se quedó inmóvil ante su esposo. Hay cosas tan enormes que el corazón no las admite; y la recién casada de diecinueve años no podía interpretar en toda su significación aquella noche pasada fuera, ni las arrugas de la pechera blanca que le entrevió al desabrocharse el gabán, ni la corbata blanca, torcida y manchada de vino, ni el equívoco y violento perfume que se desprendía del pelo y de las manos de Ginés. ¡Ah! Si lo hubiese podido interpretar de golpe entonces, acaso abre el balcón y se precipita por él a la pulida acera recién lavada, donde en aquel momento se instalaba una ramilletera su graciosa mercancía... No, Fernanda no interpretó aquello; sólo vio la repulsa, la dureza, la acogida hecha a su demostración de ternura..., y silenciosa volvió la espalda.

Ahora –a la vuelta de cinco años de matrimonio– sí que entendía bien Fernanda el sentido de la cruel escena de París. Cada día un nuevo pormenor, una nueva señal, la convencían de que su felicidad había nacido muerta. En expectativa al principio; desconsolada luego; revolviéndose después hacia todos lados, como quien busca un clavo a que agarrarse, Fernanda estaba ya en ese período de desorientación en que todo se intenta.

Bastaba de encierro y de vida monástica; bastaba de horas de soledad y de abandono... Fernanda había resuelto asistir a aquel baile rosa, y a todos, y a donde danzase un mico[20]... Haría como las demás. Divertirse, reírse, lucir, ser un astro, y ahogar el amor y la juventud en un mar de frivolidades...

Y para adornar el traje color rosa de China, que había encargado a Redfern, es para lo que quitaba los soberbios encajes hereditarios de su traje nupcial, arrancando de la ligera caja a tirones, echado al suelo y descosido a iracundos tijeretazos, que parecían puñaladas destinadas a asesinar las ilusiones de ayer, blancas y suaves como el crujiente raso de la espléndida y luenga falda.

---

20 *Mico*: Niño pequeño.

II

Si alguna mujer dijese que, al volver al mundo después de una temporada de retiro, y volver alzando un rumor halagüeño, que susurra a su alrededor requiebros que parecen himnos, no ha sentido grandísimo gozo y no ha sonreído disimuladamente, allá para sus adentros –que también hay sonrisas interiores–, no la creáis. Mentirá por conveniencia y modestia, se mentirá a sí misma; pero miente de seguro.

Ahora bien: si esa misma mujer afirma que, al retirarse de la fiesta, no ha notado que todo homenaje y todo triunfo es vano y vacío cuando no hay a quien ofrecérselo ni quien se envanezca de él, decid que esa mujer es un amasijo de vanidad y tontería, y que merece pasar su vida entre dos cosas igualmente tristes: el ruido y la soledad.

Regresó Fernanda del baile rosa con algo de fiebre. Su primer movimiento fue mirarse al espejo, y en el limpio cristal que cercaba una guirnalda de flores de frágil Sajonia y que inundaban de luz seis transparentes bujías, vio un rostro que casi la pareció desconocido, una Fernanda nueva. La fiebre encendía sus mejillas y hacía brillar sus ojos, y su pelo encrespado y peinado con arte, que iluminaban joyeles[21] de brillantes y rubíes; sus hombros desnudos, que transpiraban ligeramente y recibían como rosados reflejos de terciopelo de corpiño; su boca roja, sus pupilas sombrías y dilatadas, la hicieron sorprenderse, porque contrastaban con la Fernanda de todos los días, descolorida y encerrada en su continua pena. Siguió mirándose; pero aquel espejito de tocador, tan mono, no permitía ver sino la cara y parte del busto. Se volvió hacia la alta luna del armario y dio vuelta a la llave de los dos tulipanes de luz eléctrica que la coronaban. La gentil figura que se copió en el espejo hubiese satisfecho al más exigente artista. Y en realidad, dos artistas de muy diverso orden habían colaborado en ella: Dios... y el modisto.

No hay razón para que se hable de los modistos con desprecio. Lo que otros con el lápiz o con el pincel o los palillos, hacen ellos con los

---

21   *Joyel*: Joya pequeña.

dedos combinando telas y colores. Su inspiración (que a veces se les puede calificar de inspirados) suele hallar un obstáculo: el de no poder acomodar la ropa al carácter o expresión de la fisonomía o del tipo a quien la destinan. Rostros vulgares y sin distinción exigen del modisto que las convierta en *Anas de Austria*; mujeres morenas y coloradotas piden los voluptuosos y lánguidos trajes de la época Pompadour, que las sientan después como a un Cristo un par de pistolas. El modisto verdadero –artista de raza al fin– se regocija cuando puede colocar una de sus creaciones sobre un buen maniquí humano. La fotografía de Fernanda y el recuerdo de su figura habrán hecho exclamar al francés: «*Dieu merci*», y asir con súbito movimiento sus tijeras de oro, mientras sus manos largas y secas arrugaban en el aire –con el movimiento peculiar del magnetizador, que despide fluido– sedas y encajes, cintas y pieles.

De todo esto entraba en la incomparable toilette que había valido a Fernanda una noche triunfal. Era el traje –algo complicado de líneas, pero calculado tan bien que parecía sencillo– una hábil mezcla de dos estaciones: la seda suave y blanda como un pedazo de epidermis, y el encaje, maravilla labrada en Venecia hace dos siglos, se armonizaban atrevida y divinamente con el suntuoso terciopelo y las pieles de zorro azul entre las cuales resaltaba el peto bordado de perlas y rubíes balajes color de rosa. Con atrevida innovación, el modisto, que tenía estudiado el talle de Fernanda, había encotillado el corpiño, dando así a la figura de la dama un gracioso aire de retrato antiguo: las ballenas hacían plano y largo el talle y despedían audazmente el seno hacia lo alto, combinación encantadora cuando la favorece la juventud y la intacta pureza de formas de una mujer. Al mismo tiempo, y por especial encargo de la marquesa de Benalí, la honestidad nada había sufrido con el traje, caprichoso y novísimo. La armonía del colorido era incomparable, a pesar de los vivos tonos del rosa.

Fernanda había notado, desde el momento en que entró, que eran su presencia, su atavío y su hermosura con él, el acontecimiento de la noche; y un natural regocijo duplicaba su hermosura en aquellas horas fugaces. Cuando estaba en lo mejor de su triunfo vio venir como un torbellino a María Pimentel, la bien nombrada, la de aguda y sajadora lengua y picantísima charla. Fernanda estrechó con gusto la mano que la tendían, porque gustaba más del desenfado y graciosa franqueza de la Pimentel que de otras hipocritonas mordaces. Y

María, después de reiteradas felicitaciones sinceras, de elogios bruscos y de un ¡Gracias a Dios que el caracolito éste se resuelve a salir de su concha! ¡Ya iba a enviarte *lanolina*[22] para que no te apolillases!, que hizo soltar la risa a Fernanda, se la llevó a un rincón, y en voz baja, pero cristalina y aguda, dirigió a Fernanda este discurso:

—Bendita seas por haber venido y por haberte presentado tan magnífica y tan retrechera. Ya supondrás que no te he encerrado aquí para decirte piropos. Valiente desaborición[23]: pan con pan... No hija; es que me encanta que rabie ese jamoncito con triquina[24] de Ángeles... *peores*. ¿No la ves? Mírala qué ojirris[25] te echa... ¡Parece el lagarto de las cuatro virtudes..., digo, de los cuatro vicios! No, no mires tú ahora; no la des ese gustazo... ¿Para qué se han inventado los abanicos? Anda, ahora puedes enterarte... ¿No notas?

En efecto, pudo Fernanda convencerse de que la señora baronesa de Lepanto no la quitaba ojos desde el sofá donde sostenía animado diálogo con Ginés. Parecía como si la dama insistiese en pretender algo que el marqués de Benalí rehusaba débilmente. Venció al fin el obstinado empeño de la que la Pimentel llamaba *Ángeles peores*, y cogiéndose del brazo de Ginés se dirigió a Fernanda, que se levantó maquinalmente. La Lepanto tendió los brazos como si se le despertasen, a la vista de Fernanda, profundos sentimientos de cariño, muy súbitos y muy extraños ciertamente, ya que en toda la vida de las dos señoras –corta aún la de Fernanda, no breve la de Ángeles– se habrían hablado cosa de media docena de veces, y siempre en el mundo, y siempre sin confianza.

Y después de apoyar los labios en la mejilla de la joven marquesa, la Lepanto dijo con voz de azúcar envenenado:

—¡Monísima!... ¡Ay, gracias a Dios que nos permite usted que la admiremos! No hay que preguntar cómo lo pasa usted; basta verla... ¡Qué *toilette*! ¡Digo! Es usted la reina de la noche... ¿Querría usted hacerme un favor, ser buena amiga? Dígame usted quien es su modisto... ¡El cuerpo es una idealidad! ¡Qué nuevo! ¡Qué hechura tan rara!

—No crea usted que es el sastre, baronesa; es el molde –exclamó con su frescura habitual la Pimentel, que arrastró consigo a Fernanda,

---

22   *Lanolina*: cera natural.
23   *Desaborición*: Disgusto.
24   *Triquina*: Enfermedad de los cerdos que se transmite a los humanos.
25   *Ojirris*: Miradas.

haciéndola dar media vuelta y dejar con la adulación en la boca a la interlocutora.

Y así que se vieron entre el gentío, se inclinó la Pimentel hacia Fernanda y con viveza la dijo:

—Ese pañolito, límpiate volando... ¡Quítate la baba de Judas!

Cuando Fernanda se disponía a que su amiga le explicase todo el alcance de la frasecilla, las detuvo el dueño de la casa, que quería presentar a Fernanda al secretario de la Embajada inglesa. Poco después Fernanda bailaba con el diplomático, y ya en toda la noche no hubo medio de que tuviese otro aparte con la Pimentel. Sin embargo, la expresión de aquellas palabras se le había quedado clavada en el alma de un modo singular. La Pimentel tenía inflexiones de voz que decían más que las palabras mismas, retintines extraños que grababan lo más difícil de decir con el buril[26] de la ironía y lo realzaban con caracteres de fuego.

Ciertamente que no podía sorprender a Fernanda ningún indicio de despego de su marido. En cinco años había recorrido todas las etapas del recelo, de la desconfianza, de la duda, del desengaño, de la esperanza y del desconsuelo... Sin embargo, aquella pena, como casi todas, tenía aún muchos aspectos para Fernanda desconocidos. Creía ella que la infidelidad del esposo no pasaba de cierta esfera baja y casi anónima de la sociedad, y nunca había pensado en la contingencia de que Ginés la injuriase con mujeres de su misma clase, y haciendo alarde de ello ante el círculo burlón y despiadado del mundo. Las faltas de Ginés con mujeres despreciables le habían parecido hasta entonces a Fernanda vicios y locuras de la mocedad; pero la falta con una señora era, sin duda, la traición, el robo, el despojo total, las sustracción de lo único que hasta entonces había conservado la esposa, y que le quitaban con inaudito descaro... El agudo dolor que sintió Fernanda vino a demostrarle cómo siempre el amor se resiste a morir y escoge un rincón donde defender lo que le resta de la vida...

¿Sería verdad? ¿Habría en las palabras de la Pimentel todo lo que Fernanda creía haber visto? ¿Significaría algo la actitud de Ginés cuando daba el brazo a Ángeles y se quedaba como envarado, molestado por el diálogo, con un imperceptible movimiento del cuerpo, que quiere tomar otra dirección, abreviar una situación embarazosa?

Volvía Fernanda a mirarse al espejo, y sin que pudiese achacar a vanidad lo que se le ocurría, extrañaba cada vez más que su marido

---

26 *Buril*: Instrumento de acero que sirve para grabar metales.

pudiese darle rival semejante. Una mujer entrada en años, y años malversados en continuas liviandades y escabrosas aventuras; una mujer barnizada y retocada, marchita, despreciable..., ¿sería preferible para Ginés a la fresca juventud de la casta esposa, enamorada todavía, dispuesta aún a olvidar y perdonar y reanudar la vida? Como todas las almas generosas y bien puestas, Fernanda buscaba su tanto de culpa, y hasta deseaba aumentarla en aquella hora: se imputaba como delitos el silencio, el orgullo, el retraimiento, la falta de coquetería y de artimañas que atrajesen al marido tornadizo y joven... Era preciso cambiar de sistema, lisonjearle, atraerle, quitarle las telarañas de los ojos y que viese y sintiese cerca de sí y con todas las ventajas y apacibles satisfacciones de lo legítimo y justo la ventura de ser dueño de un bien codiciado y codiciable... Fernanda se trataba a sí misma de soberbia, de insensible, de altanera, de mala, y se acusaba de poco humilde, de pronta en volver las espaldas y en echar la soga tras el caldero. ¡Si con un buen movimiento, con unas lágrimas de aquellos ojos suyos que no sabían llorar, pudiese reconquistar a su Ginés! ¡Si de ella, de su voluntad, de su iniciativa, de su energía, de su ímpetu amante, dependiese conseguir lo que más anhelaba! ¿Y por qué no? ¿No era hermosa, no acababa de oírlo repetir, no lo había oído el mismo Ginés hacía un momento? Volvió Fernanda a mirarse..., y, de pronto, la alta luna del espejo reflejó algo que la dejó inmóvil de sorpresa. Ginés entraba, sonriendo, expresando con los ojos algo tan conforme a lo que estaba pensando su esposa, que ésta, paralizada por el exceso de la emoción, ni acertó a volverse, y sólo cuando ya el que entraba estuvo tan cerca que le sintió respirar; se volvió Fernanda automáticamente, sin darse cuenta de que se volvía, y dejó caer la cabeza sobre el hombro de Ginés.

III

En el fondo del palco, entre el mosconeo de las conversaciones y los suaves efluvios de las violetas naturales que guarnecían el corpiño de Fernanda, dialogaban ella y María Pimentel, primero en voz alta, y después bajando el diapasón[27] poco a poco, en completo misterio, lo que se llama un cuchicheo íntimo.

—Mira, paloma con hiel –decía la confidente–, todo eso lo adiviné yo, sin necesidad de que me lo garlases tú. Que después de la función y de verter tan reguapa vendría con pamemas[28] el Caifás de tu marido..., de ene, hija de ene. Que pasados quince días... ¿No?, ¿una semana? ¡Válgame Dios, pobrecita!, ¡como en el *Tenorio*![29], daría vuelta a la veleta..., también de cajón. ¡Que en seguida volvería con más furia a las andadas... mírale!, ¡allí le tienes peleando la pava vieja!, de clavo pasado. Que esa pindonga se vengaría de su corta *privanza*, haciendo ahora ostentación de su poca vergüenza... ¡Cómo no!, que dices los chiquitos. ¡Ay hija! ¡Si estas historias no se recomiendan por su variedad! *Plus ça change, plus c'est la même chose*[30]... Lo que te pasa a ti les ha pasado a millones de mujeres tan lindas y tan buenas como tú... ¡Dirás que mal de muchos, consuelo de tontos! Tendrás razón... Pero *così va il mondo*. Digo, el *mondo* no; los remonísimos serpentones de los hombres. ¡Para la tonta que los adquiera a censo perpetuo! Yo me casé una vez, y creo que si no enviudo a los tres meses, cometo un parricidio.

—¡Dichosa tú –exclamó con melancolía Fernanda, estrechando las manos de su amiga en las suyas calenturientas– que puedes convertir en risa y en bromas las penas! Oye, María..., ¡yo no sé qué me pasa contigo, que siendo reservadísima, capaz de morirme por no abrir el corazón, te lo abro sin recelo y te dio, como me lo diría así misma, cuanto siento y

---

27 *Diapasón*: Tono de voz.
28 *Pamemas*: Tonterías.
29 *Tenorio*: Se refiere al personaje Don Juan Tenorio de *El burlador de Sevilla*. Tenorio es un hombre seductor.
30 Significa: «Cuanto más cambia algo, más se parece a lo mismo».

lo que sufro! No es porque, en medio de tu charla, sabes callar; ni es porque eres tan buena amiga como enemiga temible... No es por eso, sino porque... ¡vas a reírte mucho!... porque me pareces..., así, como un amigo..., no..., como un confesor... ¡Qué disparate! Confesor; tampoco...

—En fin, te parezco un marimacho incapaz de envidia –respondió la Pimentel, apretando vigorosamente las manitas temblorosas–. ¡Lo aciertas criatura! Soy así. No envidio a nadie...; ¡a nadie!, pero detesto a mucha gentuza. ¡Y si pudiese retorcer media docena de pescuezos de gallina! –añadió, mirando insolentemente a la platea de la que había llamado *Ángeles peores*, y donde, sin duda con propósito de pasar el segundo acto de *Carmen*, que pronto empezaría, se arrellanaba tranquilo el marqués de Benalí.

—Mira, yo me he confesado... –murmuró Fernanda en voz quebrantada y sorda–. El confesor me manda que perdone a mis enemigos y que tenga paciencia y resignación y que ponga en Dios toda mi esperanza. Yo conozco que dice bien; que así conviene preceder..., pero no tengo fuerzas. ¡Resignarme! ¡A los veinticinco años; en lo mejor de mi vida; con sangre en las venas! No. Y esto es lo que me volverá loca, María; el no poderme resignar. Esa cuerda de la resignación, yo no la tengo; y lo que me sucede es que, lejos de resignarme, me exalto más cada día, y se me pasan cosas por la cabeza cosas que..., que no te las diré nunca. ¡Cosas horribles!

—¡Buena falta hace el que me las diga! También eso es de ene, y no vayas a volverte tarumba imaginando que sólo te sucede a ti en el globo terráqueo... Lo que te ocurre es que todos somos de Dios, que amor con amor se paga; que la ley del Talión no la hizo ningún bobo, y que donde las dan, las toman, y que lo que no quieras para ti, no lo hagas a los demás.

—¡Qué horror! –exclamó Fernanda, con un estremecimiento de todo su cuerpo, que era una repulsa y una protesta–. ¡Ay María! Lo que me espanta precisamente, ahí lo tienes tú. Lo que me espanta es que se me llegue a incrustar esa idea y ese deseo en el magín[31]. No somos de bronce, y el amor propio es mal consejero. Hasta hace poco me defendía el cariño..., un resto vivo de aquel cariño tan hermoso que le tuve en los primeros tiempos de nuestra unión; pero ahora conozco que el tal cariño se borra y se desvanece, y en el vacío de mi alma no sé qué poner para llenarla. Las diversiones de las cuales se

---

31   *Magín*: Ingenio, inteligencia.

habla tan mal por ahí, son muy útiles a muchas mujeres de poco fundamento y frívolas, en el torbellino, y sin hacer nada malo, van entreteniendo los días y no se acuerdan de que tienen corazón. Yo, por mi desgracia, lo siento y lo padezco. ¿Será verdad lo que me ha dicho el padre Alorda, que es mi director?

—¡Bah! Alguna inocentada te habrá dicho... ¡Como esos señores no viven en el mundo, sino que están en Belén con los pastores la mitad del tiempo!...

—No, no; tenía su filosofía la frase. Me dijo que no me puedo resignar aún, porque no he sufrido lo bastante todavía, y que sólo cuando Dios me pruebe con un verdadero golpe aprenderé a bajar la cabeza y se me abrirá la fuente de las lágrimas.

—¡Eso es! Sentencia de Salomón. Yo quisiera saber a que llama sufrir el bendito padre. Convéncete de que esos señores son excelentes y todo lo que tú quieras, pero a imposibles no les gana nadie. ¿Le parece poco a él —claro, como que eres tú el que le aguantas— el que con esa cara y esos años y esa conducta que te traes, tu costilla esté como ahora está?

Y la incorregible confidente, obligando a Fernanda a que mirase, poniéndose de pie, a la platea de la señora de Rojas —porque no siempre la hemos de llamar como la Pimentel la llamaba—, eligió tan bien el momento, que fue aquel mismo en que Ginés se inclinaba hacia la dama jugando familiarmente con su abanico, y hablándola en voz baja, sonriendo los dos. Una nube pasó por los ojos de la esposa, que acababa de observar que el traje de la señora de Rojas, aunque en colores diferentes, era en hechura parecidísimo al que ella había lucido en el baile. Como la de Rojas se teñía el pelo de color caoba, había elegido tonos azules, y bordado el peto de turquesas.

—No me gusta —dijo la Pimentel— hacer el papel de los que sólo dan malas noticias, pero ese traje ya sé yo quién lo paga... Y ahora, que venga el padre Alorda con sus lecciones seráficas.

—María —respondió Fernanda, dejándose caer en el banco de terciopelo—, lo que te aseguro es que me ahogo y que me voy a marchar del teatro ahora mismo. No son celos, porque ya sabes que murió el amor; es asco, es vergüenza, es repugnancia, es que necesito estar sola y que la cabeza se me abre de jaqueca ya. Palabra de honor; me siento enferma.

—Pero ¿y el coche, hija? Lo habrás pedido a la hora de salir, como de costumbre...

—Iremos en un simoncillo. Por Dios, no te opongas. Vente a tomar conmigo una taza de té. Ya le enviaré luego el coche... a Ginés. Pero ir con él esta noche, reunidos en una berlina estrecha..., ¡me sería imposible!

A tiempo que decía estas palabras en voz sorda la angustiada Fernanda, en las butacas sucedía algo que podría tener influencia en su destino. Era que un hombre, un caballero, fatigado de la representación y de lo que estaban degollando a *Carmen*, y tal vez de algo más, se levantaba impaciente, enfundaba los gemelos y salía en demanda de su abrigo, con propósito de recogerse a su casa, donde le aguardaba hermosa estufa de leña y los periódicos y libros predilectos. Se llamaba este caballero Gonzalo Calderón y Talavera, y era primo en segundo grado del marqués de Benalí, con el cual tenía semejanza fisonómica, pero ninguna moral; antes al contrario, no existía en Madrid quien tuviese del marqués de Benalí más pobre idea que su deudo Calderón, ni quien censurase más acerbamente su comportamiento y la necia disipación y escándalo de su vida. Soltero y joven, pues no contaría más de treinta y dos años, no rehuía la sociedad ni tenía horror a las distracciones; pero la crápula[32], el descoco[33] y el alarde de inmoralidad repugnaban profundamente a su alma delicada y llena de rectitud, y solía decir que si hubiese un código con sentido moral, el hombre que se conduce con una mujer como Ginés con la suya, debía de estar en presidio. La franqueza con que Gonzalo había manifestado su disgusto y su antipatía hacia Ginés tenían tan entibiada la relación de los dos primos, que bien pudiese decirse que Gonzalo no visitaba a los Benalís sino para darles las Pascuas del Año Nuevo. Sin embargo, las madres de Gonzalo y Ginés habían sido amigas íntimas y tiernas.

Aquella noche, Gonzalo, al pasar la inevitable revista de palcos, había visto encuadrarse en el ocular de sus gemelos el grupo ilícito y descocado de Ginés y *Ángeles peores*. El asombro le inmovilizó un momento, pues no creía que, a pesar de ciertos antecedentes y de no pocas exterioridades, llegase el marqués de Benalí a tal extremo hallándose presente su mujer. Por natural e impremeditado movimiento pasó los gemelos del palco de la Rojas al de la esposa ofendida, y aunque ésta se encontraba un poco retirada al fondo, desde el sitio que ocupaba Gonzalo pudo verla y sorprender, en el expresivo juego de su fisonomía, la amarga crisis sentimental que en aquellos momentos se pro-

---

32   *Crápula*: Hombre que lleva mala vida y tiene costumbres poco morales.
33   *Descoco*: Descaro.

ducía en el alma de la señora. Sin darse cuenta del porqué, sintió Gonzalo algo que pudiera llamarse pena, como si la cuestión le interesase mucho más de lo que razonablemente le podía interesar, lo cual atribuyó al mismo hecho del parentesco, que entraña cierta solidaridad y así como hace partícipes de la gloria y los honores a los de la misma sangre, les envuelve también, cuando delinquen, en la misma deshonra. Sintió Gonzalo ira y se propuso cortar toda relación con su primo, aun las de la mera cortesía que iba aguardando y conservando hasta entonces. «No tengo –pensó– otro medio de protestar... Protesto en la forma que puedo contra ese badulaque[34]. Y en acabándose el acto me voy, porque entre lo mal que cantan y el espectáculo que da Ginés, me siento estomagado».

Cuando, subiendo bien la chalina[35] de seda para tapar la boca, cruzaba Gonzalo el pasillo que conduce a la salida de la gente de a pie, se detuvo admirado: por el mismo camino salían la marquesa de Benalí, acompañada de la Pimentel, que parecía darla el brazo y sostenerla. En la cara, en la actitud de la dama, se revelaban tan inequívocas señales de congoja y desfallecimiento, que Gonzalo se precipitó a ofrecerse, a preguntar, a prodigar un auxilio que parecía indispensable, y fue tan oportuno, que en el mismo instante de emparejar con las dos señoras el primo de Benalí, Fernanda, vencida por sus nervios e incapaz de desahogarlos con la benéfica explosión del llanto, caía pálida y rígida en brazos de Pimentel y era sostenida por Gonzalo con energía poderosa.

—No grite usted, no pida aquí auxilio –exclamó él, sin perder la sangre fría–. No le dé usted a... ciertas personas... el gusto de que se enteren. Déjeme usted a Fernanda y venga detrás...

Y cogiendo por la cintura a la dama, sin dar tiempo a que ni los acomodadores ni el empleado de la taquilla –únicas personas que andaban por allí– se enterasen del asunto, Gonzalo corrió hasta depositar a Fernanda dentro del primer coche de alquiler que esperaba a la puerta. Entró la Pimentel detrás, y Gonzalo escaló el pescante, dando al cochero unas señas y espoleándolo con el ofrecimiento de tal propina, que el desvencijado alquilón salió echando venablos y desempedrando las calles, ni más ni menos que si lo arrastrasen dos *pur sang*[36] llenos de brío.

---

34   *Badulaque*: Persona que es informal.
35   *Chalina*: Pañuelo.
36   *Pur sang*: Pura sangre.

IV

Impetuosa fue la carrera, pero corta, casi momentánea, pues tal vez no tardó tres minutos en detenerse bruscamente a la puerta de una casa de buena apariencia, en la plaza de la Encarnación. Abierto y alumbrado se encontraba el portal, y Gonzalo, abriendo la portezuela, dijo a la Pimentel, que se encontraba entre curiosa y confusa:

—¿Ha recobrado el sentido? ¿Puede bajarse, o la bajamos como se pueda?

—Está mejor... Creo que puede bajarse.

—Si, puedo –respondió una debilitada voz.

Y Fernanda descendió del coche, mirando con sorpresa alrededor suyo. Le ofreció Gonzalo el brazo, y en él descansó la dama, para franquear los dos peldaños de mármol, tapizados de terciopelo verde oscuro, que conducían al piso bajo o *garçonnière*, cuya puerta abrió respetuosamente un lacayito. Gonzalo hizo entrar a las dos señoras a la sala, que abrigaba el suave calor de la chimenea, y encarándose con Fernanda, a la cual acababa de instalar en un sofá, dijo:

—Si te sientes mejor, descansarás y tomarás una taza de tila con antihistérica, y te retirarás cuando no quieras seguir honrando mi casa; si estás lo mismo o peor, dilo francamente, para que llame al médico, que vendrá en un santiamén.

—Gracias, Gonzalo, estoy mucho mejor; acepto la tila, que acabará de reponerme –contestó Fernanda sonriendo, y algo menos desencajada y pálida ya–. No sé qué ha sido lo que me ha dado, ni acostumbro desvanecerme así. Me parece ridículo, y me alegraré de que no se haya enterado nadie.

—¿Te sentías mal cuando te retiraste del palco? –preguntó Calderón con mal reprimida y aguda curiosidad.

—No, el síncope me acometió al salir. Sin duda el frío...

—Desazonada estabas ya, no lo niegues –intervino la Pimentel, indiscreta y vehemente como de costumbre–. Un color se te iba y otro se te venía.

—Lo noté –dijo sin reflexionar Gonzalo.

—Pues yo no notaba cosa ninguna –replicó Fernanda, acentuando su negación, como para prevenir frases que no quería escuchar, y que tampoco hubiese pronunciado Gonzalo.

—Y diga usted, salvador nuestro –exclamó la Pimentel festivamente– : ¿éste es su palacio?

—Mi choza –respondió él en el mismo tono.

—¿Chocitas con sofás de Aubusson y alfombras persas? No andan mal alojados los pastorcillos del día. A ver; enséñenos usted el rebaño y las ovejuelas... Lo que me parece es que hemos sido algo incorrectas –*very shocking*[37]– en dejarnos raptar por este Melibeo[38]. *¿Qué dirán pues los lores, luego, de nosotras?*

—Las he traído a ustedes aquí–respondió el joven dirigiendo la disculpa exclusivamente a Fernanda– porque vivo a dos pasos de la Real, y mi prima vive nada menos que en el barrio, y para llegar a su casa tendría que tardar media hora. Además, tal vez sea preferible que en su casa *nadie* se entere de que se indispuso. De todos modos, ella me juzgará, y si fui culpado, me condenará. Sentiría muy de veras haber andado torpe, y si Fernanda cree que aquí no está en donde más se la venera, o si sólo cree que su presencia aquí es por cualquier motivo inadecuada, que me retire inmediatamente la satisfacción y la honra que está haciéndome, y a las cuales viviré siempre tan agradecido.

Fernanda fijó en Gonzalo los serenos ojos, y respondió con graciosa dignidad, ciñéndose más al cuello la estola[39] de chinchilla que completaba su rica salida de teatro:

—Por Dios, Gonzalo, si sólo tengo atenciones que agradecerte... Estoy muy bien aquí, y a nadie le parecerá otra cosa; me autoriza María, y a falta de María, nuestro parentesco y... *nosotros mismos*. En prueba de que estoy contenta, tomaré con mucha calma la tila. No tengas miedo, *nadie* me echará de menos.

Salió Gonzalo a dar órdenes, y se quedaron las dos señoras examinando curiosamente la salita, en la cual los estantes con libros y las repisas con antiguos bronces formaban la mejor decoración. En un ángulo, cubierto por ancha y bordada tela antigua hallábase el largo piano Erard, uno de esos pianos de aficionado tan distintos del vulgar

---

37   Se muestra el gusto de las clases altas por los anglicismos.

38   *Melibeo*: Es famoso por ser el pastor de las *Églobas* de Virgilio. También se refiere a Calixto, el amante de Melibea en *La Celestina*.

39   *Estola*: Prenda femenina de piel que se coloca al cuello.

y mesocrático vertical, que atruena a diario los oídos. Se comprendía
que aquel piano era un amigo, un confidente, un compañero del que
lo tenía en su habitación, y que cuando los dedos del dueño recorrían
el teclado, debían de transmitir algo de su alma al marfil de las teclas.
Algo parecido a esto le ocurrió a Fernanda, y como se le ocurrió lo dijo,
en tono confidencial, a María, oyéndolo Gonzalo que volvía a entrar
a la sazón, y que en el acto, sin remilgos de virtuoso, alzó la tela y tapa,
y se sentó, empezando una suave y enseñadora divagación sobre motivos de Beethoven. Se había sentado Fernanda vivamente en un sillón
al lado del piano, y cerrando los ojos, recostando la cabeza en el
respaldo mullido, se dejaba llevar en alas de la música, advirtiendo en
sus nervios una deliciosa impresión de calma y como si todas sus fibras
se relajasen y distendiesen, en una paz y un olvido profundo de todas
las luchas y los dolores pasados. No era la música que Fernanda oía
ningún prodigio de ejecución; no era Gonzalo ningún maestro de esos
que dominan las dificultades; era sólo un corazón que guiaba una
mano y que a veces gemía y se quejaba por medio de ella, y otras, por
el mismo camino, ascendía al cielo de las ilusiones, entre rosadas nubes.
Nota por nota iban cayendo en el espíritu de Fernanda como un refri-
gerio, tanto más dulce cuanto más inesperado y repentino, y una inexplicable sensación de ventura, una ola de juventud, corría por sus
venas, llenando su pecho... Cuando Gonzalo, después de una vibrante
serie de acordes matizados en firme crescendo, dejaba apagarse poco
a poco la melodía y morir con una blandura quejosa que se parecía al
gotear de lágrimas, Fernanda sintió, como había sentido antaño al oír
una copla popular, que se humedecían sus ojos, y avergonzada sin
saber por qué, volvió la cara hacia la sombra.

Hay situaciones cuyo encanto consiste en que nadie las advierta, las
defina ni las profane con una palabra o una observación indiscreta. Se
diría que el alma tiene el mismo instinto de pudor que el cuerpo, y que
no quiere ser sorprendida. Fernanda atónita de sentir que lloraba, hizo
lo posible por esconder el llanto y porque nadie observase aquel enter-
necimiento inexplicable y repentino. Pero la incorregible Pimentel,
capaz de cualquier sacrificio menos de frenar la lengua, se encargó de
exclamar a voces:

—¡Calle! Ha puesto usted una pica en Flandes, Calderón... Es la
primera vez que veo conmovida a Fernanda.

En ciertos momentos y ante ciertas indiscreciones, el que sepa

tomar nota del proceder de un hombre puede decir que le conoce tan
a fondo como si viviese en su compañía algunos años. Fernanda, a
quien sus precoces desilusiones habían enseñado a desconfiar, temió
instintivamente que Gonzalo, al oír a la Pimentel, fijase en ella una
de las miradas que cuando no son inconvenientes son ridículas; y es
indecible el bienestar que experimentó al ver que Gonzalo tan confuso
como un niño volvía el rostro también, y se levantaba para rehuir
mejor el impensado triunfo... Fueron todas esas impresiones fugaces
instantáneamente que Gonzalo, al oír a la Pimentel, fijase en ella una
de las miradas que cuando no son convenientes son ridículas; y es indecible el bienestar que experimentó al ver que Gonzalo tan confuso
como un niño volvía el rostro también, y se levantaba para rehuir
mejor el impensado triunfo...

Fueron todas esas impresiones fugaces instantáneamente recogidas
al fondo del alma por el sentimiento de las conveniencias; y cuando,
un cuarto de hora después, Fernanda llevaba a sus labios la taza de
tila y absorbía el primer sorbo, alabando el gracioso decorado del
ejemplar de porcelana del Retiro, nadie hubiese sospechado que se
había producido entre aquella señora tan correcta en su amable familiaridad y gratitud y aquel caballero tan rendida y respetuosamente
cortés. Las almas, un momento asomadas a los ojos, habían vuelto a
cerrarse y replegarse; ya no rizaba el más ligero estremecimiento la
superficie del rostro. Fernanda achacaba al malestar del síncope la
emoción causada por la música, y Gonzalo se apresuraba a aceptar
esta explicación y a corroborarla con observaciones propias. El auxilio
de la desahogada María Pimentel fue eficaz para dar a la conversación
un tono menos embarazoso y completamente libre de preocupaciones
internas. Sin embargo, como la maldita charlatana era imposible que
no llevase la entrevista a un terreno resbaladizo, la dio por alabar hi-
perbólicamente el orden y el *confort* de la casa de Gonzalo, y por re-
lacionar este orden con su soltería.

—¡Claro! ¿Cómo ha de sentir usted la necesidad de una mujercita,
si lo tiene usted todo hecho una tacita de plata? ¡Esta sala no podría
estar más coquetona, aunque la arreglase la hada de las Perlas! ¡Digo!
¡Que cortinajes, qué estufa, que *bibelós*; hasta tiene flores frescas!

—Me alegro –dijo Gonzalo– que me lo recuerde usted, porque así
podré ofrecer a ustedes algo que las agrade... Ya pondremos en el
coche la canastilla –añadió–. Pero, mi discreta amiga, me permitía

usted que proteste enérgicamente contra ese criterio que usted acaba de manifestar. Soltero estoy, y mi casa no huele mal ni tiene telarañas; sin embargo, conste que ni tengo el mal gusto de jactarme de mi soltería, ni creo que los hombres deban casarse para que les barran bien el piso. ¿Qué tiene que ver; señora, dígamelo usted, por su vida, el más o menos *confort* que todo el mundo puede conseguir si tiene un criado bien enseñado, con la felicidad que sólo da la unión... como hay bien pocas? ¡Ah! ¡Si viese usted qué fatigado está uno de oír recomendar la vida conyugal como se recomienda la ropa de franela o el salicilato![40] Hasta se me figura que esas recomendaciones son, en parte, las que le tiene a uno soltero...

Oía a Fernanda con toda su voluntad, pero callaba, pareciéndole quizás por lo mismo que la conversación la interesaba tanto que casi la tenía suspensa, que el terciar en ella la causaría cierto rubor; como el que causa cometer una indiscreta demasía. Gonzalo prosiguió...

—Una de las cosas más hermosas y más grandes que existen es el matrimonio; pero pocas habrá más echadas a perder en general, por las costumbres y por esa ligereza casi brutal que todo lo gasta y lo bastardea, que todo lo arrostra y lo deprime. Créalo usted señora de Pimentel: yo soy soltero... por culpa de ese medio ambiente deletéreo[41] y malo en que se respira. Soy un hombre sin valor y sin convicciones, porque a tenerlas, me formaría mi mundo propio y daría un puntapié a ese mundo cuya vanidad conozco...; en fin, la conozco hasta el extremo de que me hace sufrir. Veo la verdad, la hermosura, lo santo, lo augusto, lo incomparable de ciertos lazos... y no lo sé realizar, no ser dar cuerpo a mi sueño. Imagino que podrá existir por ahí, por el mundo, por alguna parte, una mujer capaz de sentir como yo y de tener igual concepto de la vida... y no me resuelvo a buscarla, porque el dolor de no encontrarla me asusta y me horroriza casi. El miedo al desengaño me impide agenciarme la dicha, y ahí tiene usted como soy un infeliz Tántalo, que ni aun se resuelve a buscar el agua con la boca...

—¡Ay hijo mío! —exclamó la Pimentel con fervor— ¡Si me parece usted un santo y le voy a encender dos velas ahora mismo! Viuda estoy por lo mismo que usted soltero: por creer que todos los hombres (por lo visto excepto usted) son unos pillos que merecen la horca.

—Señora. Mire usted que yo... murmuró Gonzalo riendo a su pesar.

---

40   *Salicilato*: Sal que se usa para el tratamiento del reumatismo.
41   *Deletéreo*: Venenoso.

—No, no, que usted lo dice con palabritas muy bordadas y por todo lo alto, y yo lo expreso con más lisura[42], pero que creemos lo propio: que ni hay mujeres para usted ni hombres para mí... Y que el buey suelto se lame tan ricamente.

—No es eso. Si yo... Me haces reír... señora... Si yo..., yo me lamo detestablemente. Hay días en que me encuentro tan inútil, me siento tan triste y tan solo... Pero dejemos de estas tonterías –exclamó Gonzalo, comprendiendo que a poco más la conversación tomaría un triste ridículo.

—He bebido la tila; me siento muy bien... Vámonos, María, después de darle a mi primo las gracias. Adiós, Gonzalo; no puedes figurarte lo que te agradezco tu amabilidad –murmuró la señora, incorporándose y buscando con la vista su abrigo, que Gonzalo se apresuró a traer y colocarla en los hombros.

—Perdóname si no he sabido recibirte bien –dijo respetuosamente Calderón al ofrecerla el brazo–. Os acompañaré hasta tu casa en el pescante del coche...

—Te pido por favor que no... Prefiero que nadie sepa que... que me he puesto mala.

—Tienes razón. Nadie lo sabrá por mí –respondió Gonzalo en voz baja, con significativa vehemencia.

—Gracias –respondió ella en voz que, involuntariamente, hizo de miel la turbación y la simpatía.

Dentro ya del coche, la Pimentel dio a Fernanda al codo.

—¡Qué lástima, hija! Sin salir de la familia pudiste elegir mejor que tu maridito... ¿Sabes que este anacoreta que tiene su casa llena de flores parece cortado para tu genio?

—María –respondió Fernanda, ciñendo a su amiga los brazos al cuello–, si me tienes lástima, no aludas si quiera a ciertas cosas. Bien sabe Dios que siempre he mirado con horror a las mujeres livianas[43]; que siempre la traición y el engaño me han parecido lo que son, un asco... Pero en este momento, ya ves, en este momento se me figura que antes de imitar a los que se revuelcan en su infamia..., óyelo bien, María, óyelo, ¡me arrojaría de una ventana del quinto piso! No es virtud, no es que me la eche de santa; es que creo que aun cuando me rodeasen ahora todas las seducciones del infierno y del cielo juntos...,

---

42   *Lisura*: Atrevimiento.
43   *Liviana*: Fácil, inconstante.

no habrá quien me aparte de mi camino... ¡Caigan todos, menos yo!

— ¡Ay pobrecita! –exclamó la Pimentel–. ¡Que mala señal! Estás más enferma de lo que parece...

V

Nada transpiró de la escapatoria, porque los de las personas en ella interesadas la callaban, quizás por recordarla excesivamente, y la tercera, la bulliciosa y provocativa María Pimentel, también supo callarla por amistad, por pasión, por el fanatismo afectuoso que la inspiraba la poco feliz marquesa de Benalí. Es de las cosas más difíciles, en la siempre ardua investigación de los móviles de los actos humanos, el saber si muchas acciones reprobadas no se inspiran tal vez en generosos móviles, y si a su vez ciertas acciones buenas en sí las dicta un motivo acaso censurable si lo depurásemos detenidamente. Sin duda que entre los sentimientos de Pimentel –sentimientos que ella no se había cuidado de pasar por tamiz ni encauzar rectamente, sino que los había dejado crecer como crecen lozanos e indisciplinados brotes del árbol, echando ya frutos, ya espinas y nudosos ramos–, uno de los mejores y más nobles era el de la amistad; pero esta amistad revestía algunas veces formas egoístas: la Pimentel no quería ver sufrir a sus amigos, y por quitarles el frío una noche era capaz de prender fuego a Madrid por los cuatro costados.

Impetuosa en su cariño, la desenfadada viuda, aunque no profesaba abiertamente principios de relajación y de inmoralidad, ni mucho menos, olvidaba completamente la existencia de otros principios cuando se trataba de no ver padecer a los que quería. Para la Pimentel, que conservaba, como sucede a muchos, bajo la corteza del elevado trato social el sentir fogoso y sin freno de las clases populares, ninguna clase de principios existía, no había nada abstracto, nada que dependa de la ley moral; y sólo el hecho concreto, inmediato, de relieve, con sus accidentes sensibles, tenía valor y fuerza. Hay más: como toda persona dominada por el sentimiento la Pimentel no sabía calcular la serie de consecuencias y el reato de dolor y de infamia que lleva consigo muchas veces la satisfacción de un anhelo sentimental. Aunque la experiencia y la observación debieran haberla adoctrinado, jamás perdía la Pimentel las ilusiones del candor que todo lo ignora, y su mano no temblaba al combinar atrevidamente circunstancias y sucesos que podían causar terribles explosiones. Si alguna vez pensaba la Pimentel en los resultados posibles de su química insensata, lo hacía a la manera fatalista, confiando en la suerte y poniendo a «Dios sobre todo».

Hasta tal punto desoía la viuda los consejos de la experiencia, que, por ejemplo, al tratarse de Fernanda Benalí, se creyó completamente autorizada para intentar buscar algún consuelo a su amiga, fundándose en las palabras que ésta había pronunciado en el coche, y que, según la impresionable María, eran prenda segura de que en ningún error censurable podía incurrir Fernanda. Después de tales protestas, de tal explosión de honradez, ¿qué temer ni qué recelar? ¿No era justo, en cambio, proporcionar a la sacrificada víctima algo de inefable y delicado consuelo?

Repito que tales cosas no las reflexionaba la Pimentel ni las formulaba así para su sayo. *Las sentía*, que es muy diferente. Cuando raciocinamos, puede el raciocinio echar abajo lo que el mismo raciocinio levantó sobre mezquinos fundamentos; pero lo que el sentimiento fabrica de un solo golpe, con el valor increíble de su potencia plástica, no se destruye ni el ariete de mayor empuje. Ya hemos dicho que era difícil censurar o condenar, al menos en su origen, los móviles que a la Pimentel guiaban. En efecto, eran desinteresados y hasta tenían de algo de hermoso en este caso concreto. Viuda intachable (ella decía que por conocer bien a los serpentones de los hombres), la Pimentel era capaz de creer que sólo un hombre merecía que en su favor se hiciese una excepción... y en este hombre había de ser el que pudiese aliviar las penas de Fernanda.

Un incidente de esos que parecen no abrir huella, pero que marcan una transformación en un espíritu, vino a empeñar más a la Pimentel en ciertos planes que ya acariciaba. Cierto día, al entrarla el chocolate, la dieron con él un billetito, en cuyo sobre reconoció la letra de la marquesa de Benalí. El billete, muy lacónico, sólo decía: «Ven esta noche, a las once menos cuarto. Si te dicen que he salido, vuélvete a tu casa. Si no, entra. La explicación de este enigma ya te la daré de palabra, si es que esta noche no nos vemos».

Otra menos viva y exaltada que la Pimentel se hubiese sentido picada de la curiosidad al leer semejante epístola. Daba vueltas a su contenido, y cada vez lo encontraba más misterioso y extraño. Las vueltas que dio María a la carta no son para ser descritas. Forjó dos o tres novelas cada cinco segundos. Ganas la dieron de adelantar la explicación, pero tenía distribuido el día entero: almorzaba en casa de los Alcántaras, salía al paseo y tiendas con Conchita Miglán, tenía que no faltar al té de la Legación de Dinamarca, y comía después en casa de unos primos muy puntillosos y exigentes, los señores de Cardoné. Imposible desgajar, de día tan atareado, la hora necesaria para salir de dudas. Estuvo en todas partes distraída y preocupada, y antes de las diez y media pidió en casa de Cardoné que le trajesen un cochecillo, y salió en volandas hacia el hotel de los Benalís. «Sólo faltará –pensaba– que no me reciba, y que tenga yo que quedarme hasta mañana con el bollo sin cocer en el cuerpo».

Respiró cuando el criado, saludándola de la manera entre respetuosa y familiar con que acogen a las personas gratas los domésticos bien amaestraditos, alzó el portier pronunciando el sacramental: «Suba la señora. La señora marquesa está en sus habitaciones».

María devoró la escalera, cruzó antesalas y salitas, y entró como un rehilete en la pieza donde hemos visto a Fernanda, de vuelta del baile rosa, contemplar su hermosura con algo de fiebre y de vanidosa satisfacción inocente, amargada por otras consideraciones de desdicha. ¡Fernanda, Fernanda!, gritaba la Pimentel, pero no recibió respuesta; y no encontró a su amiga, hasta que la tropezó con el pie... Fernanda estaba allí, pero caída, inerte sobre la alfombra. Temblando, precipitándose, loca de emoción, la Pimentel alzó a Fernanda y la arrastró al diván semicircular que rodeaba en parte el tocadorcito. Al pronto la creyó desmayada, pero luego hubo de convencerse de que no había síncope ni ninguna privación de sentido, sino una especie de estupidez, un estado de esos en que el alma se niega a toda espontaneidad y no ejerce, por lo tanto, acción sobre el cuerpo, que queda como abandonado, semicadáver. La cabeza de Fernanda rodaba sobre el respaldo del diván; sus brazos caían a lo largo del cuerpo, y las manos frías y pálidas, se abrían como para soltarse y desasirse del todo. Lo que más extrañó María fue ver a Fernanda vestida con primor y coquetería suma, arrugando aquel traje del baile rosa, aquella obra maestra del gran modisto, que sin duda la oprimía el talle y ayudaba a su malestar. La Pimentel, con presteza de mujer que conoce las artimañas del tocador, aflojó a su amiga, mientras las preguntas de rúbrica acudían a sus labios.

—Pero ¿qué es esto? Fernanda, ¿no tienes juicio? Hija, ¿quieres matarte? Infeliz, mira que lo primero eres tú... A ver, ahora mismo te pido el té... ¿Te llevo a la cama? ¿Llamo al médico por teléfono enseguida? Monina, pobre, paloma... A ver. Di, ¿qué es esto?

—Gracias, María –dijo al cabo la Benalí, arrancándose el elegante corpiño y arrojándolo lejos de sí con tedio–. Tráeme la bata de franela, por Dios... y déjame que me rehaga un poco... Tu voz y tu presencia me hacen bien. Por favor, no llames a nadie.

Trajo la Pimentel la abrigada bata, y después de vestírsela a su afligida amiga, la calentó las ateridas manos llegándolas al pecho, y la besó cariñosamente la frente.

—Ya sabía yo, María –dijo Fernanda por fin–, que esta noche no tendría más compañía que la tuya, ni más consuelo que el de tu amistad. Lo sabía, pero somos incorregibles..., y yo he querido que no me quedase ningún recurso por agotar, ni ningún remordimiento de no haber intentado todo lo que intentarse puede. Me han acusado de mi altanería, mi reserva glacial, mi indiferencia, podrían ser la causa de que mi esposo...

—Ñoñerías del padre Alorda –exclamó furiosa la Pimentel–. Después de que tu marido te trate a puntapiés, quiere que le des confites. No he visto cosa más tonta que los santos, hija mía del alma.

—María –dijo Fernanda alzando la cabeza–, no juzguemos así a los que pueden darnos lecciones... La culpa habrá sido mía también esta vez; no habré sabido implorar, ni agradar, ni retener, ni decirle a mi marido todo lo que debe decirse para cautivar una voluntad y ablandar un alma. ¿Y sabes por qué no supe? ¡Lo dice quien conoce las almas mejor que tú y que yo! No supe... porque... ya no quiero a mi marido.

—¡Mira tú que fenómeno! Pues es raro, porque un sujeto que tanto lo merece... Vamos, tranquilízate, anímate, cuéntame eso...

—No le quiero ya, María. Y mira, esto es mucho más horroroso que lo otro: que la convicción que él no me quiere... ¡Y cuidado que, cuando adquirí esta certidumbre, te aseguro que me pareció que se acababa el mundo! Pues mayor, más terrible ha sido la impresión de hoy; ¡convencerme de que ya no le quiero ya, de que ni un resto de aquel cariño sobrevive al desprecio y a la antipatía! Por eso he caído al suelo y me he revolcado en él; ¡porque esto es peor de lo que yo temía!

—Pero ¿qué ha pasado, mujer? En resumidas cuentas, ¿qué ha pasado? Porque algo pasó muy gordo, hijita... A ver, entérame... ¡Si es que te sientes con fuerzas!

—Sí –respondió Fernanda, rehaciéndose con esfuerzo heroico–. Lo que ha pasado es bien sencillo. Historia de todos los días. Hoy era el aniversario de mis bodas. Siempre lo festejaba Ginés. Había regalito de joya, y *soirée* íntima. En tal noche siempre me sonreía la esperanza. Elegí en tal noche para obedecer a los buenos consejos, para intentar algo, para mostrar mi herida y que me la curasen, Ginés, después de comer, mostró intención de salir. Hablé, rogué, agoté los medios todos..., algunos hasta indignos..., porque..., ya lo ves..., me puse así... este traje... ¡Qué vergüenza!

Hubo un instante de silencio; porque la Pimentel misma, ante el tristes caso, sentía agotada su facundia[44].

—Hablé de esta fecha..., recordé otras..., todo lo hice, todo... Era mi marido, mi dueño legítimo, el único hombre a quien sin rubor puedo querer... Todo en balde; repulsa, frialdad, indiferencia... Y yo también, por dentro, indiferente, alegrándome casi de que se frustrasen mis esfuerzos... Y cuando ya le vi salir y comprendí que iba a casa de *ésa*, y conocí que no sólo no me afligía, sino que casi me regocijaba, ¡sí me regocijaba con amargo regocijo!, porque tampoco yo..., también yo..., entonces..., María..., entonces..., ¡ay de mí!, me aborrecí a mí propia, y no dejé caer en el suelo, y así estuve, deseando morir, hasta el momento en que tú entraste.

Seguía callando la Pimentel. Sin duda buscaba en los repliegues de su viva imaginación una fórmula que resumiese del modo más expresivo aquella situación extraña, inverosímil y, sin embargo, tan verdadera y tan profunda. Y como no la encontrase, salió del apuro con una de sus rabotadas[45], ora donosas, ora cínicas y hasta una miaja chulescas. Se cruzó de brazos ante Fernanda; la miró hasta dentro el alma; sonrió picarescamente, y meneando la cabeza exclamó:

—Ya sé de que mal se va a morir el marqués de Benalí, don Ginés Tavera, muy señor mío y de todo mi aprecio. Se le van a pegar los escrúpulos de su cara mitad, y como es enfermedad que no perdona, enterrarán juntos a los dos amantes esposos... Digo, a él le enterrarán con los *ángeles*.

---

44   *Facundia*: Locuacidad, facilidad para hablar.
45   *Rabotadas*: Expresiones groseras.

VI

Y resolvió para su moño —bastante alborotado por más señas— La Pimentel que aquella situación era insostenible, y que a ella la competía tomar cartas en el asunto, buscando un medio de que la pobrecita Fernanda la fuese más llevadera su espantosa soledad.

No pensaba en nada concretamente malo la Pimentel. Deseaba, sí, que su amiga se reconciliase con la vida, asiéndose a una de esas briznas de felicidad que crecen en el país de los sueños. Era poética a ratos la Pimentel, y hasta sabía perderse en los laberintos de las sutilezas más vaporosas. A pesar de su lenguaje crudo y pintoresco, de su malicia y de su trastienda mundana —que a veces remedaba conocimiento del corazón—, había un rinconcito para el culto del ideal en aquel espíritu que alguien creerá generosamente altruista.

Es más: al pensar Pimentel en la buena obra a que se arrojaba, la sucedía enternecerse consigo misma y encontrarse bondadosa, semi-santa...

Gonzalo Calderón había tenido la delicadeza de no enviar ni un recado a casa de la marquesa de Benalí. Su instinto de rectitud y la firmeza de su carácter le sirvieron para proceder, en esta ocasión, precisamente de la manera que más podía halagar los sentimientos de Fernanda. Cualquier oficiosidad, cualquier recado o pregunta, la hubiesen predispuesto mal. La reserva y el silencio dieron pasto a su imaginación. Hasta parecía que Gonzalo se había suprimido: en ninguna parte se le encontraba ni se le veía, lo cual, hecho sin intención, equivalía a la táctica más hábil. No oyó Fernanda por ninguna parte su nombre, excepto un día en que, a la hora del almuerzo, Perico Gonzalvo, convidado por Ginés, nombró por casualidad a Calderón, y el esposo de Fernanda, a quien sin duda tenía resentido y lastimado el alejamiento de su pariente, le puso de oro y de azul, tachándole de raro, de hipócrita, de extravagante, de *tiniebla*, y de cobarde por último. Acostumbrada estaba Fernanda a oír estas despellejaduras entre varones, que se desuellan entre sí más cruelmente que las damas: pero el calificativo de cobarde, sin saber por qué, la hizo dar un salto en la silla, y el vaso en que bebía chocó contra sus labios, descoloridos repentinamente. Iba a protestar o a decir no sabía que, cuando Gonzalvo, que solía ser franco y sincero en sus apariciones, sobre todo cuando no hablaba de sus enemigos ni de gente con quien hubiese sentido herido su amor propio, saltó diciendo:

—¿Cobarde Calderón? ¡Hombre, hombre! ¿De dónde sacas eso? Pues si es mozo muy terne, muy terne[46]. Yo podría contarte...

Y Gonzalo emprendió la relación de algunos hechos que dejaron bien puesta la fama del primo del marqués en lo tocante a la virtud más estimada en el varón. Cortó el elogio Ginés con impertinente grosería, insistiendo en sus cargos, sin fundarlos en dato alguno. La disputa se engarzó, pues lo mismo Gonzalvo que Benalí eran porfiados y tenían la mala costumbre de aferrarse a cualquier afirmación gratuita y baldía, y sostenerla con empeño como si les fuese la vida en ella. Dos o tres veces Fernanda, contrariada por las expresiones de su marido, dejó caer nerviosamente el cuchillo sobre el plato. Y en el momento en que el convidado se despidió, le sorprendió notar que la marquesa de Benalí, de ordinario tan reservada y grave, le estrechaba la mano con una especie de efusión violenta.

El mismo día en que señaló la hora del almuerzo este episodio, Fernanda, sabiendo que su marido comía fuera, avisó a María Pimentel para que a la hora de comer la acompañase. A los postres, pelando una mandarina, la Pimentel, sin más circunloquios[47], se dejó caer preguntando:

—¿Has vuelto a ver a Calderón, hija?

—No; ¿y tú? –respondió Fernanda, sintiendo que ardía el rostro.

—¿Yo? Que si quieres. ¡Si parece un capuchino! Pero tú, en el teatro...

—No ha vuelto al teatro –advirtió aturdidamente Fernanda.

—He oído decir –exclamó artera la Pimentel– que está enfermo, y que se marcha a no sé dónde de extranjis, si a Alemania o a Suiza.

¡Oh numen de la santa verdad, no le tomes en cuenta a la buena señora el calculado embuste! Tan certero fue su efecto, que Fernanda se vio desfallecer.

---

46   *Terne*: Persistente, obstinado.
47   *Circunloquios*: Rodeos a la hora de hablar.

—¿Enfermo dices?

—Creo que sí.

—¡Dios mío! Pues yo debo preguntar, debo enterarme...

—Acaso ya no esté en Madrid –objetó la Pimentel con redoblada perfidia.

—¡Qué disparate! No se marcha así la gente, sin despedirse y sin que los periódicos lo digan –replicó Fernanda, rehaciéndose ya.

—En cuanto a lo de su enfermedad –repuso la Pimentel–. No tardaremos en saber a qué atenernos. Voy a preguntar en seguida. Ahora mismo podemos tener noticias ciertas. En el acto.

—¿Y cómo? –exclamó algo sorprendida Fernanda.

—¿Cómo? Por milagro. ¿Cómo? Un serafín nos la traerá. ¡Inocentona! Con dar veinte pasos y arrimarme al teléfono.

—¿Tiene teléfono Calderón?

—¡Anda! ¿No lo sabías? Lo he mirado en el catálogo esta mañana. El doscientos cuarenta y siete.

Fernanda hizo un movimiento de sorpresa. No reparó en que era extraño que estuviese tan bien informada su amiga, sino sólo en que la pareció, por el hecho de tener teléfono Calderón que había estado todos aquellos días viviendo muy cerca de él sin notarlo y sin saberlo.

Corrieron las dos amigas al gabinete y no tardaron en oír resonar el timbre estridente que les anunciaba que estaban al habla con el primo de Benalí. Fernanda sentía latir su corazón con pueril gozo. Oír una voz y no ver la cara del que la emite es quitar la mitad del empacho y de la turbación que ciertas situaciones llevan consigo. El teléfono, que aleja, también aproxima, con misteriosa corriente de intimidad, causada por aquellas palabras que suenan tan cerca de la boca, y que tienen algo de incorpóreo y de bajado del cielo. La imaginación puede en esto poner mucho de su inagotable caudal, y sin duda lo pone cuando median antecedentes como los que mediaban en el caso especialísimo de la marquesa de Benalí. Apoyados los dos auditores en ambos oídos, inclinada sobre la placa, ya vibrante, Fernanda tenía la voz empeñada y conmovida cuando murmuró:

—¿Eres tú, Gonzalo?

—Yo soy, Fernanda –respondió una acento lleno y grave que no alternaba ni empequeñecía la transmisión por los hilos.

—¿Cómo estás? Me han contado que no andas bien de salud.

—Es cierto; pero no vale nada lo que tuve.

—¿Se puede saber qué fue? Habla más alto..., no te oigo ahora.

No se oía ni se podía oír, porque Gonzalo callaba, buscando una fórmula discreta. Al fin la placa tembló y Calderón dijo precipitándose:

—Cosa de los nervios... Un poco de neurastenia[48], dice el doctor. Nada entre dos platos. ¡Cuánto te agradezco tu bondad!

—Es una bondad por fuerza –contestó Fernanda afectando reírse–. Como no te has dignado dejarte ver...

—Temía molestarte, Fernanda; pero si me das tu permiso y me señalas una no hora importuna...

Vaciló Fernanda: sin saber por qué, tan sencillo y previsto ruego le parecía difícil de otorgar, extraño, embarazoso.

—¿Qué pregunta? –intervino la Pimentel–. ¿A qué pide hora y tú no sabes dársela? Yo contestaré.

Y arrebatando los auditores, lanzó como una bomba un «¡Buenos días. Amigo Calderón! Yo soy, María Pimentel... Lo digo porque a mí no me conocerá usted por el habla...».

—Pues sí que la hubiese conocido. ¡Cuánto gusto..., aunque sea gusto incompleto pues no la veo!

—¿Galantería? ¡Ay, qué gracia! Si en efecto quiere usted vernos, lo que se llama ver, dice Fernanda que no tiene más que venir cualquier noche que no sea de turno primero... A las diez empieza nuestro raout[49]... Lo malo es que, de tan concurrido, faltan sillas.

—No, si hay mucha gente..., entonces...

—¡Miren el erizo! Estaremos Fernanda y yo, yo y Fernanda...

Y la empecatada señora repitió más de veinte veces el «yo y Fernanda», riéndose al suponer la cara que pondría Calderón. Cuando se apaciguó la explosión de risa, la voz de Gonzalo dijo con cierta timidez:

—No importa; entérese usted de si a Fernanda le parece buen día el miércoles próximo...

—Que excelente. A las diez o diez y media... En vez de tila, se le dará buen té de la caravana[50].

—Pues adiós, señora.

—Hasta el miércoles ermitaño.

---

48   *Neurastenia*: Enfermedad del sistema nervioso.
49   *Raout*: (galicismo arcaico) Fiesta nocturna.
50   *Té de la caravana*: Los primeros años luego de la apertura del canal de Suez estaba de moda creer que si las hojas de té eran trasladadas por caravanas atravesando Siberia la infusión tenía mejor sabor.

El más rígido censor y el observador más minucioso no encontrarían en aquella velada del miércoles nada que pudiese despertar su suspicacia ni justificar sus recelos. La natural reserva y la delicada modestia de Fernanda, la cortesía y el respeto de Calderón, neutralizaron lo que tenía la Pimentel de arriesgada y de confianzuda. Se habló de mil cosas agradables, entre las cuales el arte ocupó preferente sitio; se preparó allí mismo, sobre la mesilla de ébano incrustada de lozas de Wedgwood[51] y traída de Londres para tal fin, un exquisito té, hecho en tetera de barro japonés —debidamente abrigada con el acolchado gorro de seda que reconcentra el aroma y almacena el calor para la segunda taza—. Servido de tacillas de porcelana *cáscara de huevo*, que casi no se sienten entre los labios, y para mayor atractivo, presentado y ofrecido por Fernanda misma.

Se contaba Calderón en el número de los pocos hombres que pueden sentir el encanto y la dulce intimidad de una velada pasada así. La noche que había tenido en su casa a las dos señoras —noche, sin embargo, de tan imborrables recuerdos para él—, el azoramiento, lo tasado de la hora, la evidente contrariedad de Fernanda, no le habían permitido saborear la imprevista y delicada sorpresa. Pero aquella primer noche en que Fernanda le recibía demostrándole impensada confianza y agradecimiento; aquel gran silencio del hotel, apenas turbado por el lejano rodar de algún coche; aquella habitación templada y cerrada, con sus muebles de tonos pasados y finos, alumbrada suavemente por bien colocadas lámparas; y sobre todo la silueta de Fernanda, su figura realzada por el traje de terciopelo gris y la gorguerilla de pluma que realzaba la garganta; el vaivén del brazo saliendo de una manga floja, el presentar la taza del té o el diminuto vaso tallado con asa, lleno de exótico licor, eran otros pormenores que Calderón no debía olvidar jamás. A la inmensa mayoría de los hombres de la edad de Calderón —que ya es edad de malicia perversa—, tal vez les sugiriese la agradable velada pensamientos o planes de esos que, si se formulasen concretamente al exterior, harían huir abochornada a la mujer de menos decoro; pero Calderón, sin haber presumido nunca de santo, era lo bastante refinado y tenía suficiente buen gusto y acaso discernimiento para no echar a perder un goce del alma encenagándolo interiormente. Así es que, sin esfuerzo, sin tener

---

51   La vajilla de Wedgwood era utilizada por las clases aristócratas y burguesas de la sociedad española del siglo XIX. Con estas tazas, se tomaba el apreciado té británico, que estaba compitiendo con la bebida nacional, el chocolate.

que recurrir a ardides de disimulo[52], su actitud durante la velada fue de tal respeto, de tan evidente corrección y a la vez de tan sincera complacencia, que Fernanda perdió poco a poco el miedo y la alarma que en ella había producido el paso de admitir por primera vez a un soltero en su trato no estando su marido presente, y a su vez se mostró más abierta, más franca, más desprevenida, lo cual contribuyó a aumentar el encanto de la velada íntima. Calderón recorrió el teclado del Pleyel, no tan largo tiempo que cansase, ni tan poco que no detallase dos o tres de las más elegantes y caballerescas mazurcas de Chopin; celebraron las picantes ocurrencias de la Pimentel; comentaron algunos sucesos mundanos recientes, encontrándose con esa conformidad de opiniones que ratifica la simpatía (cuando no engendra el aburrimiento); y al separarse a las doce, ni Calderón ni Fernanda creían que se pudiese disfrutar tanto ni con tanta inocencia, en una noche y en una sosa velada casera. La que no alimentaba esta peligrosa confianza era la Pimentel; pero si alguien le preguntase cómo había transcurrido la noche, era segurísimo que la Pimentel diría que «como los santos».

---

52 *Ardides*: Medio que se utiliza con astucia para conseguir algo.

VII

De la confianza y el descuido vino la reincidencia. Fernanda no tuvo reparo en que las veladas en que recibía a Calderón fuesen, primero, semanales; después más frecuentes. Se estableció la costumbre de un modo insensible, fomentada por las oficiosidades de María y por la inclinación de los dos que aún no sé si llamar culpables. Se estableció la costumbre, sin que ninguno de los tres que la plantearon pudiese decir hasta dónde llegaba su parte de responsabilidad, ni menos hubiese calculado la dirección en que lógicamente tal costumbre había de arrastrarles. Pocas personas se dan cuenta de que al franquear el umbral de una casa se puede pasar el Rubicón del destino, y que una acción en apariencia indiferente decide a veces del porvenir. Quizás Calderón, que a fuer de hombre conocía la vida mejor que Fernanda, vio más claro que ella desde el primer instante; pero aún siendo Calderón lo que se conoce por *hombre de honor*, no encontraba, ni en sus vacilantes creencias ni en el ambiente de la sociedad en que vivía, nada a que asirse para resistir a una corriente que le arrastraba con tal encanto. Era Calderón uno de esos muchos seres —entre los más escogidos, sin duda, que en nuestro siglo alientan— que no por falta de cualidades, sino por falta de un ideal a que aplicarlas, pueden decir con lágrimas interiores que no han encontrado su camino, y que marchan en tinieblas y en incertidumbre. Sus gustos selectos de su noble orientación moral, su horror por todo lo vulgar, bajo y vil, su repugnancia a la traición y al dolo[53], y la piedad lírica de su alma, todos estos elementos dispersos —que coordinados por una fuerte idea ética o religiosa le hubiesen llevado a una vida moral, digna y ejemplar para los demás hombres— le impulsaban, por el estado anárquico en que existían en él, a la irregularidad, a la mentira y al desorden de una pasión ilícita por Fernanda.

El caso de Calderón, si sobre él reflexionamos, prueba que los mejores

---

53   *Dolo*: Engaño.

y más hermosos sentimientos no hacen bien, sino daño, si no los regula una ley superior y más desinteresada que la conciencia individual.

Calderón empezó a interesarse por Fernanda por motivos que le honran: la vio abandonada y vendida, y se indignó contra el traidor que escarnecía la santidad del matrimonio; la vio reservada y honesta, y entonces la encontró hermosa; la vio infeliz, y sintió compasión y deseo de acorrerla en su desdicha. La respetó interiormente, y tuvo a raya a sus ojos y pensamiento para no amancillarla y no mancillarse; pero esta delicada labor psicológica no era sino la base de otros sentimientos que tenían que nacer y surgir y estallar derribando cuanto se les opusiese.

En cuanto a Fernanda, también fueron las mejores cualidades de su sensibilidad y las más nobles direcciones de su espíritu las que en esta ocasión la ponían en inminente riesgo. A haber sido Fernanda como la mayor parte de las mujeres, la disipación, la ociosidad de la vanidad y acaso una superficial galantería serían suficientes para consolarla del naufragio de su amor conyugal. Pero Fernanda ni sabía, ni podía, ni quería renovar el ensayo de vida mundana. A cada instante comprendía mejor que era nacida para el cariño leal y sólido, para la efusión no interrumpida de un alma en otra alma, para la verdad y la firmeza, para la renovación constante de los afectos y para el horror a toda desviación de los dulces deberes que crean. Y por lo mismo tenía que atraer a Fernanda con magnético poderío el hombre que pudo haberla ofrecido todo eso, porque también él sentía y entendía lo mismo que ella la vida y la felicidad. Y si Fernanda hubiese sido de esas mujeres que arden como yesca, su propia alteración la serviría de aviso para cautelar; pero en los primeros tiempos su complacencia en el trato de Calderón fue tan inocente, tan serena, tan limpia y armoniosa, que jamás pensó que pudiese variar de naturaleza, ni que aquella alegría pura y sencilla perdiese su eficacia. Y con aquella alegría bastó, en efecto, a Fernanda al pronto para ser feliz. La semana transcurría en espera del día señalado para la venida de Gonzalo: todas las ocupaciones y los planes se modificaban en expectativa de aquellas breves horas. Por tácito instinto de delicadeza, Fernanda aplazaba o adelantaba el día, según la posibilidad que de acompañarla tuviese María Pimentel, y si ésta no podía venir, se dilataba la reunión todo lo que fuese preciso, pues sin testigos no consentía Fernanda recibir a Gonzalo. Tácitamente también, las dos amigas hacían de manera que la encargada de transmitir a Gonzalo los avisos por teléfono fuese la Pimentel; y al dar aquellas inocentes citas, María empleaba fórmulas misteriosas que luego las hacía reír, y diciendo, verbigracia: «Mañana hay carreras» o «No falte usted al estreno del viernes». Ya era cosa convenida entre la solícita amiga y Calderón que el nombre sagrado de Fernanda no se expusiese a los malévolos comentarios de la Central. «A mí, que me despellejen cuanto quieran —añadía la viuda—: y murmuraciones de pícaro hacen echar buen pelo». Y estos arreglos y combinaciones creaban entre los tres interesados en el silencioso drama de la naciente pasión un lazo como de complicidad, sin que realmente tuviesen nada que ocultar, al menos en lo que cae por fuera.

Algunas veces había manifestado Fernanda a Gonzalo temores de que la costumbre de fijar ella el día de las íntimas veladas pareciese algo como imposición, y de que Gonzalo, al someterse a ella, rompiese o modificase planes anteriores. En la respuesta de Gonzalo, ardorosa y explícita, iba encerrada la más vehemente protesta: Gonzalo no tenía ningún plan, ocupación alguna, que le importase lo bastante para impedirle asistir a casa de su prima el día que ella quisiese. «Ya ves tú si tendré yo ocupaciones que me importen —añadió—, que cuando vine aquí por primera vez había resuelto salir a viajar». Y Fernanda, al oír esta frase, volvió la cabeza y sintió una llamarada de fuego que pasaba por sus ojos y sus mejillas.

Sin proponérselo y sin artificio alguno; rehuyéndolo, al contrario, porque estaba en su manera de ser el rehuirlo, Calderón procedía como hubiese procedido el más refinado seductor. Su actitud llena de respeto, su cuidado exquisito en no traspasar los límites de la confianza que se le concedía, su manera de pronunciar aquel tú autorizado por el parentesco de afinidad y que en sus labios sonaba como reverente, y más que todo, la melancolía y la soledad de la vida, que Fernanda adivinaba, causaban en ella esa emoción de la lástima que tanto se parece a la emoción sexual, y que tan a menudo la origina. La presencia de María Pimentel, impidiendo la posibilidad de toda expansión peligrosa, hacía a Fernanda entregarse sin recelo a la involuntaria exaltación que la producían aquellas noches tan excepcionales en su árido vivir. Con mantener el firme propósito de no recibir nunca a solas a Gonzalo; con advertir que tampoco Gonzalo trataba de quebrantar esta consigna, se creía Fernanda en terreno firme y segura de todo temor y de todo reproche.

¿Podrá darse menos reprensible que las veladas aquellas? La conversación era general, animada por la charla de María. Calderón no pecaba de locuaz ni de verboso, pero cuando hablaba lo hacía con discreta oportunidad, demostrando más que mediano entendimiento y apreciando las cosas de un modo ajustado y elevado siempre. Mientras las señoras trabajaban en matizar un tapiz heráldico destinado al comedor, y los dedos ágiles y largos de Fernanda escogían los sueltos estambres de vivos colores y enhebraban la gruesa aguja, Calderón dejaba correr las manos por el teclado, o leía las noticias y los telegramas en el número de *La Época*, acabada de traer. La hora del té llegaba pronto, y ya había en el té una nota más íntima, pues Fernanda hervía el agua en un *kettel* de plata traído de Hamburgo, allí en la misma chimenea, sin permitir que en la cocina interviniesen para nada en los preparativos. Cada día se esmeraba en descubrir alguna golosina nueva para ese té: ya una galleta inédita, ya un rosco castizo y sabroso, ya algún *plum*[54] raro y genuino, recibido directamente de Londres la mañana misma.

Como toda mujer que no es feliz, Fernanda no había perfeccionado sus aptitudes de ama de casa atenta y solícita, ni cultivado esa poesía del bienestar interior que tanto puede atraer al hombre; pero al contacto con aquella amistad, de aquel interés que hasta entonces no disfrutado, sentía Fernanda desenvolverse ese talento tan propio de su sexo, y una ojeada a la salita, tan graciosamente adornada con flores siempre frescas, revelando en los menores detalles el cuidado que da a cualquier cosa un interés del corazón, bastará para indicar al experto que la mujer que así arreglaba su cuarto esperaba a alguien que para ella representaba la ventura.

De las tres personas que allí se reunían y que tanto estimaban el goce de reunirse, una había menos conforme con la situación, y el lector menos perspicaz adivinará que era María Pimentel. La confesión que estaba al borde de los labios sin querer salir, la Pimentel creía que ahogaba a Fernanda y a Calderón; la soledad que no deseaban, la Pimentel creía que era su mayor anhelo; la ocasión temida y rehuida, la Pimentel se imaginó que debía ella ser el duendecillo que la proporcionase... ¡No, sin malicia!; porque la Pimentel no tenía ánimos de que nada malo ocurriese. ¿Malo? ¡Si con Fernanda lo malo era imposible! «Pero entre la maldad y no poder cruzar dos palabras

---

54   *Plum*: Pastel o dulce británico.

sin que haya quien las oiga..., va muchísima diferencia, reconozcá-
moslo». ¡También es terrible la tensión de no encontrarse jamás en
libertad dos que se... aprecian! Y María se calificaba a sí propia de estorbo, de impertinente, de espantajo...

Dado este modo de pensar, a nadie debe parecer extraño que un día
de los señalados, habiendo convenido en estar a las nueve y media en
punto en la casa de Fernanda, María se retrasase hasta las once. A las
diez llegó Calderón –hora acostumbrada–, y al encontrar sola a la
marquesa de Benalí le causó tal impresión de sorpresa, que se quedó
en la puerta, indeciso acerca de si debía o no debía pasar. Y casi en el
mismo momento se avergonzó de su perplejidad, pues envolvía algo
de ofensivo para él y para la misma Fernanda. Ésta, al ruido de los
pasos que conocía: al comprobar, aun antes de que se alzase la cortina,
que quien entraba era Gonzalo y no la Pimentel, se había puesto en
pie como para despedirle con la actitud; pero al verle detenido en la
puerta, un movimiento involuntario la hizo exclamar: «Adelante,
Gonzalo, buenas noches». Entonces él se precipitó, tropezando en la
piel de oso polar que señalaba el sitio del costurero y en la cual apoyaba
la señora los pies.

Las manos tendidas encontraron las de Fernanda, y las cogieron y
no las soltaron ya. Confusos, silenciosos, trémulos, sin mirarse, per-
manecieron así un minuto, durante el cual Fernanda vio clarísima-
mente su corazón, a la luz de una emoción tan violenta, que cortaba
en su garganta la voz y casi nublaba la luz en sus ojos. El sueño del
cariño inocente, del idilio sin culpa ni mancha de la comunicación
amistosa sin consecuencias, se evaporó al calor de las palmas de
Gonzalo. Y lo que más espantó a Fernanda fue notar que, lejos de
sentir indignación contra sí misma, de encontrar en sí aquella energía
ante el mal, que no sólo precave, sino que le aplica su verdadero
nombre, sentía sólo el ciego impulso del ansia de dicha, la tensión de
la voluntad hacia el objeto secretamente codiciado. La frase más
vulgar; pero infalible en tales casos, acudió a su boca, y con que-
brantado acento gimió:

—Gonzalo, vete.

—No me iré, porque lo extrañarían: acabo de entrar –respondió
Gonzalo, a quien no abandonaba ni en tan crítico momento el instinto
de proteger a Fernanda–. Vete tú... Yo aquí aguardo a María Pimentel.

Una sonrisa de inefable agradecimiento iluminó la cara descolorida y algo desencajada de Fernanda; serena ya, alzó la vista y la reposó en el semblante de Gonzalo. Nunca había notado tanto como entonces el parecido de Gonzalo con el marqués de Benalí, pero la diferencia de expresión y del alma tampoco eran evidentes. Gonzalo sonreía enajenado también porque no hay hombre alguno, a no ser un ridículo fatuo, que esté seguro de los sentimientos de una mujer mientras no los comprueba. De pronto Fernanda arrancó sus manos, las apretó sobre el corazón, y salió de la estancia. En vano aguardó Gonzalo a que llegase la Pimentel. Ésta creyéndose muy diplomática, no vino hasta las once; pero a las diez y media, Calderón no creyó prudente dilatar más su espera, y se retiró.

VIII

Mientras Gonzalo se había quedado solo en el saloncito y lo medía con paso febril, Fernanda, a oscuras en su tocador; desplomaba sobre su diván, prestando oído a pesar suyo a los ruidos que del interior de la casa venían, se encontraba en uno de esos estados de anonadamiento que suprimen de tal manera las energías morales, que nos impulsan a entregarnos a la fatalidad.

Y es que reconocía con espanto aquella mujer, sincera y leal hasta cuando la dominaba la pasión, que dentro, en su propia alma, se habían roto todas las vallas y todos los diques que podían sostenerla, y que no tenía ya a qué asirse, por lo cual la caída era segura en plazo más o menos corto; y sobre todo, la caída *interior*, que a fuer de espiritualista tenía más importancia para Fernanda, era ya evidente. En aquella oscuridad que casi siempre presta claridad a la conciencia, Fernanda veía que no quedaba en pie ni uno solo de los apoyos en que podría sostenerse para llegar a *no querer* la caída que ahora deseaba con toda su alma; y al desearla así era lo que no soportaba su espíritu, lo que le hacía tenerse un poco a sí propia y sufrir la más dolorosa humillación que sufrir puede un ser delicado, una selecta organización moral. «Estoy a la altura de Ginés –pensaba–, a su nivel, a su propio nivel, pues no siento horror ante la posibilidad de la degradación, ni encuentro nada que me estorbe cometerla. Siento en mí vivo y firme el deseo de lo que ya ni casi me parece delito; a tal estado ha llegado mi conciencia, embotada quizás por seis años de penas y de humillaciones. Así como el que se siente atraído por una gran altura con el hormigueo del vértigo conoce que va a despeñarse y sin embargo prosigue andando, yo sé que andaré, y aprisa, y quien no hay quien pueda salvarme de esta impulsión. ¡Salvarme! ¿Y a quién le importa que yo me salve? ¿Hay en el mundo alguna persona que se interese por mí, que se mire en mi honra como en un espejo, que se goce en mi bien, que me estime lo bastante para querer estimarme siempre? ¡Sólo sé de *una*, y es precisamente el que, por fatal anomalía, no puede darme honra y puede quitármela!»

Parecerá extraño, sin duda, a lo que no han estudiado bien el estado de la mujer moderna, tal cual la forma el ambiente de nuestro siglo, que Fernanda no encontrase, en aquella hora crítica de su vida interior, ningún asidero, nada en qué sostener su personalidad para conservar alta y firme. La mujer moderna sufre, aunque a distancia, la misma crisis que el hombre: sus creencias religiosas están debilitadas y carecen de vigor; quizás no lo sabe ella misma ni se da cuenta de ello; quizás se enojaría y protestaría si se lo afirmasen; mas no por eso es menos cierto que padece esa funesta enervación, esa parálisis progresiva del sentimiento más noble y más racional de todos, que es el que nos enlaza con la causa suprema de las cosas. No ha sido atacada la religiosidad en la mujer (salvas contadísimas y bien raras excepciones) por el racionalismo, por la lectura y por el análisis; no ha combatido la duda; pero la ha contagiado la indiferencia. Al ver que el hombre se desvía la mujer, si no se desvía precisamente, al menos no siente la necesidad de acercarse a la gran fuente de la vida y de verdad, al gran consuelo, a la única tierra prometida del espíritu.

Apagado el fervor religioso, no tiene tampoco la mujer abiertos los caminos por donde el hombre puede emplear noblemente su actividad y combatir esas enfermedades morales que se llaman *pasiones*. ¿Qué podría hacer Fernanda de sus horas sobrantes? ¿A qué dedicarlas que la interesase y absorbiese lo suficiente para sacarla de sí misma y llevar en otra dirección su pensamiento? Encerrada en su casa y exaltada por ese encierro la imaginación, Fernanda comprendía que si la mujer vive para los afectos de la familia, el día en que esos afectos vienen a faltarla, su vida carece de objeto y finalidad, y va como el barco a merced de las olas. De esta convicción nació la desdichada marquesa de Benalí una resolución extrañísima, que probará al que reflexione bien sobre ella que las contrariedades y las penas pueden alterar momentáneamente la razón y sugerir las más singulares ideas y hasta delirios. Como si la hubiese presentado en un calidoscopio, Fernanda repasó su vida futura y comprendió que iba a ser lo mismo que la de tantas y tantas mujeres, ocupadas en labrarse una felicidad culpable y secreta que no eche por tierra su situación ante el público. La dama sentía que en su conciencia estaba vivo y fuerte, a falta de otras cosas, el amor a la verdad y la repugnancia más profunda

e invencible al disimulo y a la duplicidad infame; y lo único que no se
sentía con fuerzas para aceptar era la vida enmascarada de la mujer
que aparece de una manera y es de otra, que pertenece ante la ley y la
sociedad de un hombre y ocultamente a otro, que oye en un salón co-
mentar las faltas ajenas y tiene para ellas obligadas frases de censura,
pero que palidecería y hasta caería desmayada si alguien refiriese allí
su propia historia. No; Fernanda no quería ser esa mujer, ni vivir así,
ni someterse a una situación general de las mujeres que caen. Unido
este inquebrantable propósito a la no menos fulminante e indestruc-
tible convicción de que pagaba la pasión de Gonzalo en la misma
moneda, y que no podía amputarse el corazón, Fernanda sólo vio una
solución posible en el porvenir. Era la solución tan terrible, en cierto
modo tan trágica, y de seguro tan inusitada y poco común, que al
pronto la misma Fernanda pensó en ella con terror y tuvo horas de
fiebre y de extravío. Los combates de aquellos días fueron de esos que
el mundo no ve, que no salen a la superficie, que se anegan en una
taza de tila, que se disimulan detrás de un pañuelo de encaje y con el
pretexto de una jaqueca insufrible o de unos vaporcillos que no
alarman, pero que causan un estrago interior equivalente al paso de
diez años sobre la cabeza de una mujer. Fernanda miró a su alrededor
y se vio sola, sola, inútil; nadie la necesitaba, ningún vacío dejaría su
desaparición en aquel mundo insustancial e indiferente: se hablaría
del asunto quince días, ocho, quizás menos; se ensañarían un poco con
ella, pero al punto las olas se cerrarían sobre el cuerpo caído a la mar,
y ni señal quedaría en la superficie de la no observada desaparición.

Se clavó tan adentro la fatal idea en la mente de Fernanda, que ya,
en vez de rehuir verse a solas con Gonzalo, deseó –como se desea todo
lo que nos saca de la indecisión y resuelve de una vez el porvenir–
verle nuevamente, y en circunstancias en que pudiesen hablarse con
alguna libertad y detenimiento. No cabía en el modo de ser de Fernanda, sin embargo, buscar ocasión propicia pero para algo están en
el mundo las Pimenteles. María pensaba que la primera ocasioncilla
había ido fructificado; atribuía la palidez y el decaimiento visible de
Fernanda a la lucha del honor con el deber; y creía que el mejor medio
de aliviar los padecimientos de su amiga era repetir la habilidad de
aquella memorable noche; anunciarse, pero no presentarse. Así lo
hizo, sólo que Calderón, invariable en su respetuosa línea de
conducta, no quiso entrar cuando no había nadie aún. Ideó entonces

María otra cosa, y fue, mientras duraba la velada, salir con cualquier pretexto y permitir así a los dos enamorados –pues tal nombre se les puede dar ya– que conversasen libremente algunos minutos. Era, sin embargo, tan embarazoso y difícil lo que ambos tendrían que decirse, que fue preciso que las ausencias de María se repitiesen para que surgiesen las palabras en los labios de los dos. Fue cabalmente un arranque de dignidad de Fernanda lo que dio a pie a que la situación se aclarase.

—¡Cuánto agradezco que nos dejen solos un momento! –murmuró Gonzalo–. Así puedo preguntarte por qué estás... enferma. ¿Qué tienes Fernanda? ¿Cómo tan desmejorada y triste? – María está tonta –respondió Fernanda colérica–. Estas salidas me desagradan, me repugnan.

—Ya ves que no he de abusar de ellas –respondió Calderón en voz opaca, dando vueltas a los estambres con que matizaba la señora su labor–. Ya sabes, Fernanda, que yo no he darte ningún disgusto. Por ahorrarte el más pequeño, no te quiero decir de lo que soy capaz, porque tal vez no lo creyeses. Fernanda, si es culpa mía el que estés tan triste, tan abatida, con ese color y ese semblante, me iré, no vendré más. A nadie quiero disputar el privilegio de hacerte infeliz. El de hacerte dichosa sí que se lo disputaría al universo. ¿Entiendes, Fernanda? Mándame, échame, pídeme lo que se te antoje..., pero no estés así.

Fernanda callaba, no por confusión ni porque no tuviese qué responder, sino por una impresión tan fuerte que hacía temblar levemente sus manos al revolver las blandas y sueltas lanas en el ligero canastillo. Las palabras que pronunciaba aquel hombre eran tan exactamente idénticas a las que Fernanda suponía de antemano que debía pronunciar; correspondían tan bien a la nota de abnegación, desinterés y protección que esperaba de él, que una onda de deliciosa beatitud caía como bálsamo sobre su corazón dolorido y aceleraba su movimiento, mientras un suave calor circulaba por sus venas.

—¿No respondes, Fernanda? –insistió Gonzalo, equivocándose respecto a la naturaleza de la emoción de la señora–. ¿Quieres que no vuelva más por aquí? —No es eso –respondió ella haciendo un esfuerzo visiblemente trabajoso, y hablando ya con resolución y energía–. No es eso, Gonzalo.

—¿Pues qué es? Por Dios..., ¡háblame con toda sinceridad!

—No es posible. No sé hablar así, con la angustia y el recelo de que nos oigan. María vuelve cuando menos se piensa; me encuentra alterada, y piensa o malicia cualquier desatino... Necesito hablarte con tranquilidad.

Una alegría repentina y profunda cambió el rostro de Gonzalo, que balbuceó:

—¡Cuando quieras..., como quieras! Pero ¿dónde..., dónde?

—Aquí –respondió Fernanda con dignidad–. ¿Dónde había de ser? Ven... por la tarde..., a las cinco..., mañana... No; mañana no; el viernes.

La dicha inesperada causa un vértigo de ideas y de sensaciones que al pronto suprime la razón. En este estado siéntese vacilar las piernas y pasar lucecitas delante de los ojos. Esto sucedió a Calderón al recibir aquella prueba tan clara y tan evidente de que Fernanda admitía la inteligencia entre los dos, que ya no la despedía, que quería conversar con él, una conversación decisiva, sin duda, algo que puede decidir de dos destinos... Gonzalo Calderón recibía este acontecimiento con mayor sensibilidad que otro hombre, porque si bien no era enteramente novicio, como no lo es nunca el hombre de más de treinta años, al menos no había experimentado nunca lo que puede llamarse pasión hasta conocer a la marquesa de Benalí, hacia la cual le atraían como hemos dicho, esos sentimientos nobles que son el peor cebo de las pasiones profundas.

—El viernes vendré... y no te arrepentirás nunca, Fernanda...

¡No, por la memoria de mi madre..., no te arrepentirás!

—¡Quién sabe! –respondió Fernanda tan bajo como si se hablase a sí propia.

—Yo lo sé.

—Sólo Dios –contestó ella, levantándose y buscando como pretexto de ocultar el rostro el prender el fuego de la estufilla del *kettel*.

IX

Cuando Gonzalo entró de día en la salita donde sólo había estado de noche, Fernanda, que le esperaba de pie, le tendió las dos manos, y Calderón notó más que nunca, con duplicada piedad, el estrago que sin duda las contrariedades habían causado en el rostro de la dama, y receló, con recelo generoso, que jamás conseguiría devolver a aquel hermoso semblante la alegría y la frescura, ni el sosiego a aquel atormentado espíritu. Y no sabiendo qué decir, se contentó con apretar vigorosamente, en rápida demostración amistosa, aquellas manos frías, casi inertes.

—Gonzalo –dijo la señora apenas se sentaron, muy cerca el uno del otro, ella en el sofá, él en el sitial de cuero–, ahórrame el trabajo de explicarme y de decirte lo que tengo que decir; hazme el favor de adivinarlo... Esta conversación que vamos a tener será difícil y penosa para mí, si tú no me ayudas y si me he equivocado al suponer que eres capaz de interpretar mis pensamientos..., en el fondo de ellos, lo más íntimo.

Gonzalo reflexionó un instante. Era de esos hombres de extremada aunque reprimida sensibilidad, a quienes exalta y enloquece la soledad y la distancia, pero que en presencia de la persona querida recobran la lucidez y el dominio de sí mismos, junto con la noción de la realidad estricta. La noche anterior, entre los embriagadores sueños de la cita ansiada y tan próxima, entre los desvaríos del que todo lo espera sin dejar de tenerlo todo, Gonzalo Calderón había comprendido que fecha muy grave tenía que señalar en su vida y en la de Fernanda aquel día, y que al pasar el umbral de la casa de Benalí caminaba hacia su destino. Todas las formas, todas las contingencias de ese destino, desfilaron por su imaginación acalorada; en pocas horas devoró el porvenir y aceptó con altivez y energía las contingencias de todo cuanto sobrevenir pudiese. En tal disposición de espíritu le cogió la interrogación de la marquesa, y sólo por eso no le cogió desprevenido, aunque le obligó a recogerse y meditar antes de responder.

—Creo que sí, Fernanda; creo que puedo interpretar lo que deseas que interprete –dijo sin acercarse más ni tomar la mano de la dama–. Tú y yo... nos queremos... ¿Me equivoco?

—Hizo Fernanda con la cabeza un movimiento negativo, como diciendo a Gonzalo que no se equivocaba, y al hacerlo, su mirada resplandeció con un destello de ternura.

—Esta... inclinación –tartamudeó Gonzalo– en mí ya había nacido antes, en ti tal vez nació la noche que te pusiste mala en la Real... ¿Es cierto?

Asentimiento de Fernanda, que al notar la turbación de Gonzalo también bajó los ojos.

—Los dos hemos querido combatirla. ¡Hagámonos esta justicia, Fernanda! –continuó Fernando en voz sorda.

—En eso te engañas. Yo apenas la he combatido... Cien veces más que yo –respondió él, apoderándose de una mano de la señora, que soltó en seguida al sentirla helada y al notar un instintivo movimiento de resistencia–. Lo que pasa es que tú, cuando me encontraste, tenías el alma ulcerada y herida, mientras yo sólo padecía una especie de tedio misantrópico, que me abrumaba desde la muerte de mi madre y que se curó así que empecé a quererte. Tu situación explica perfectamente que pudieses dominarte menos que yo. Los hombres tenemos más recursos contra estos... males del alma.

—La interpretación no será fiel, pero es lisonjera para mí –respondió Fernanda velando sus impresiones con una sonrisa.

—De mí a ti no hay lisonja –repuso Calderón con vehemencia, y sintiendo que ya le afluían las palabras a los labios–. Nos hemos querido porque los dos somos leales y entendemos del mismo modo la felicidad y hasta el deber. Nos hemos encontrado tarde para poder conciliarnos, y tenemos que elegir entre los dos.

Ni tú ni yo, Fernanda, servimos para organizar una dicha clandestina y vergonzosa, para engañar al mundo, ni siquiera a... a ese hombre, a quien despreciaba ya antes de saber hasta qué punto te hace infeliz y hasta que extremo se envilece. Se me ha ocurrido matarle; pero entonces, Fernanda, no podrías casarte conmigo, ni acaso querrías, aunque pudieses. Ya no somos dos chiquillos; si continuamos viéndonos así... llegará día en que, a pesar de nuestra repugnancia por ese sistema cómodo que aquí emplean tantos, apelemos también a la mentira y a la sombra para intimar, para unir nuestra existencia algunas horas por lo menos. Esto, que sé que llegaríamos a hacer, te abochorna sólo de pensarlo. ¿Voy traduciendo bien?

—Perfectamente –advirtió con expansión la señora.

—Desechado ese camino, que es trillado y el que se aconseja la moral acomodaticia, aún quedan otros dos caminos. ¿Quieres saber cuáles?

—Ya los sé, pero quiero oírlos de tu boca –respondió ella con energía creciente, apoyándose, por decirlo así, en el espíritu del hombre que tan bien penetraba en su conciencia y en su mente.

—Uno es el de no vernos más. Fernanda, soy desinteresado por lo mismo que..., por lo mismo que te quiero como ni quiero ni volveré a querer a mujer alguna. Este camino es el mejor; el mejor para ti: yo no importo; yo salgo de Madrid cuando lo ordenes, a ver mis fincas de la Mancha y Toledo..., y de las fincas al extranjero, a cualquier parte..., y te dejo con tu corona de honra y de martirio en la frente inmaculada, y con el recuerdo... Porque algo te acordarás..., ¿verdad?, algo te acordarás del que supo dejarte...

Y la voz de Gonzalo se humedeció como si llorase por dentro.

Fernanda, a hurtadillas, le contemplaba apasionadamente.

—El otro camino; el otro... –murmuró con pueril empeño.

—¡El otro...! Fernanda, antes de venir hoy aquí, ¿sabes lo que hice? –balbuceó Calderón, volviéndose y recobrando la mano que apretó con una especie de delirio–. Verifiqué mis cuentas, arreglé mis papeles, puse en orden mis más urgentes negocios, y hasta me enteré de las horas de salida de los trenes. Ningún lazo me sujeta a España, ni siquiera a Europa. Tengo hacienda fácil de realizar, algún dinero ahorrado...

La mano de Fernanda estrechó la que la tenía cautiva.

Fue la única respuesta de la señora, y con ella demostró a Gonzalo que había esta vez traducido maravillosamente.

Y entonces, con este instinto caballeresco del verdadero amor; que quiere la más absoluta espontaneidad en el sacrificio, Calderón se levantó vivamente, y absteniéndose de la menor demostración, enfrenando la alegría casi salvaje que a su pesar le inundaba, venciéndose con sobrehumano esfuerzo, dijo sencillamente:

—Ya sabes los caminos. El que prefieras, prefiero. Elige..., pero con calma, con mucha calma... Si decides algo..., dos letras, un aviso... ¿Avisarás? –añadió involuntariamente.

—Avisaré, Gonzalo... –contestó ella en voz tan dulce, que Calderón salió tropezando con los muebles, ebrio, insensato, porque sabía de antemano cual era la versión que aceptaría Fernanda, a cuál de los dos caminos daría la preferencia.

Media hora o tres cuartos de hora después de marcharse Calderón, la marquesa de Benalí se volvió sorprendida al oír que anunciaban a Sánchez de Abrojo, su médico, al cual ella no recordaba haber avisado.

Ciertamente, en aquel momento no deseaba Fernanda la conversación de nadie, pero al doctor no se le niega la entrada, y la marquesa ordenó que le hiciesen pasar a su gabinete.

No se necesitaba gran perspicacia para suponer que el atareadísimo sabio, el que había erigido en aforismo que el día en Madrid no tiene nunca veinticuatro horas, no venía a humo de pajas a visitar a su cliente.

—Sea usted franco, doctor –dijo la señora–. A usted le han dicho que yo estoy muy mal. Si no, no me proporcionaría la satisfacción de verle, y menos a estas horas. Vendría usted a honrar mi mesa, o iría al palco a oír un actito de Wagner...,

¡pero lo que es aquí!

—A una señora tan inteligente es inútil venirle con tapujos –respondió el doctor fijando en Fernanda los perspicaces ojos grises–. No me han dicho que usted está muy mal, ni creo yo que si usted estuviese sólo un poquito mala dejase de llamarme, porque si no –añadió bromeando–, ¿cuál sería mi misión en la tierra? Lo que pasa es que me encontré en la calle a su amiga de usted..., la señora de Pimentel..., esa viuda tan jaranera[55] y tan chistosa...

—¡Ah, sí!..., María...

—Pues la encontré, y me dijo lo mismo que le voy a repetir:

«Doctor, ¿por qué no da usted una vuelta por casa de Fernanda? La noto de algún tiempo acá de este modo, y del otro, y así, y con tales y tales síntomas...». Y la cosa me alegró tanto, marquesa, que la quise comprobar inmediatamente...

—Qué..., ¿dice usted que le alegró? –exclamó Fernanda, atónita sin comprender.

La respuesta del doctor se formuló en preguntas reiteradas, muy diestras, muy reposadas, muy bien dirigidas por el doctor, y contestadas por la enfermera con asombro creciente, con una emoción de tal

---

55 *Jaranera*: Persona que le gusta la diversión.

naturaleza, que su cuerpo se estremecía todo. Y hubo, después del in-
terrogatorio más completo, observaciones prácticas, la lenta y firme
investigación del hombre de ciencia que compara fenómenos y rela-
ciona datos para sacar una conclusión decisiva. Cerca de una hora
duró la entrevista de la dama con el médico, y a tiempo que éste ponía
el pie en el estribillo de su estrecha berlina y daba al cochero orden de
apurar, porque se le había hecho muy tarde, la marquesa de Benalí,
invocando casi en voz alta el nombre de Dios, se dejaba caer de bruces
sobre el diván, y por primera vez en su vida, lágrimas, aquellas lágrimas rebeldes que jamás refrescaran completamente sus ojos ni di-
lataran su corazón, fluían apresuradas y dulces, arrancadas por una
alegría sin fondo, un de esas alegrías que asustan, y que desde el
primer momento, por su intensidad, tocan en los límites del dolor.

Aquella misma noche, a eso de las diez, hallándose ocupado
Gonzalo en romper papeles y en acabar de ordenar los más necesarios
para que su ausencia no embarazase la marcha de sus asuntos ni la
gestión de su hacienda, oyó llamar a la campanilla, y un vuelco de la
sangre le dijo que era un mensaje de Fernanda el que llegaba a tal
hora. Se reprimió para no salir a abrir él mismo, y se lanzó sobre el
lacayito que presentaba en una bandejita la carta. Sintió ese ridículo
temor que nos acomete antes de romper un sobre que encierra tal vez
parte de nuestra vida, y cuando, recobrada la respiración, pudo dele-
trear la misiva, vio que decía así:

> «Gonzalo, de los dos caminos, escojo el primero, y te suplico que,
> si puedes te marches lo antes posible, y lo más lejos que puedas, sin
> perjudicar tus intereses.
> Te escribo la verdad; esta tarde no sabía que dentro de seis meses,
> si Dios quiere, tendré un hijo. El doctor acaba de marcharse y me
> ha dado la noticia. Me creí sola, sin obligaciones, y sin que a nadie
> le importase de mí, y ya ves como me equivocaba. Quema esta carta.
> He de pensar en ti siempre. Adiós.
> Fernanda».

Como buen atleta, Gonzalo recibió el golpe en mitad del pecho, sin
titubear. Echó la chimenea la carta, y continuó arreglando sus papeles
hasta la media noche.

X

Dos años pasan sin sentir, en dos años se olvida en Madrid al ausente más conocido y notable, y mucho más si ese ausente es, como Gonzalo Calderón, un «excelente chico», algo oscuro, y cuya desaparición no deja «ningún vacío». Así es que fue muy grande, muy explícita, muy ruidosa, la sorpresa de María Pimentel cuando una mañana de mayo –de esas alegres mañanitas madrileñas en que el aire parece elástico, el sol es una patena de oro, las lilas embalsaman y las mujeres cosechan en las aceras una lluvia de piropos y de sandeces joviales– se encontró de manos a boca, al principio de la calle de Arenal, con Gonzalo Calderón.

En poco estuvo que la expansiva viuda no le abrazase al aparecido.

—Hombre de Dios..., pero ¿qué es esto? ¿Usted por aquí? ¿De dónde sale usted? ¡Si ya creí que se le había tragado la tierra, o el mar, o el diablo que cargue con usted!

—El diablo y la tierra, por último, nos han de tragar a todos.

–respondió, sonriendo el primo de Benalí.

—¡Pero si viene usted muy bien! Es decir..., tiene usted el cutis tostadillo..., y veo ahí en esa barba tan negra unos hilos blancos... Se me figura que ha debido usted de pasar sus correspondientes saudades..., ¿eh? ¡Y qué majo, qué aire extranjerizado, qué ropa tan *intachable*, como suele decir *Marrón Glacé* en sus crónicas! Y siempre tan discreto, tan caballerote, tan Amadís[56]... ¿Viene usted por mucho tiempo? ¿Se quedará usted aquí ya?

—No, señora –respondió él–. Hice falta en Madrid unos días, y vine porque era necesario, pero la semana que viene salgo para Andalucía.

—¡Qué oso! ¿Es que ya tiene usted madroñito? ¿Se nos ha casado por las tierras gringas?

—Mi blanca mano se encuentra aún a disposición de usted –replicó

---

56 *Amadís*: Se refiere a la novela *Amadís de Gaula*, es decir, a la caballerosidad del personaje.

él tendiéndola, lo cual proporcionó a la Pimentel el gusto de darle en ella una palmadas.

—¡Qué llamamos la atención! —exclamó chorreando risa la viuda—. ¡Ah, si los hombres fuesen como usted todos! Ninguno merece que yo sacrifique mi entorchado. ¿Y... qué tal? ¿Ha visto usted ya a Fernanda?

La pregunta, aunque tan natural, inmutó un poco a Gonzalo, que tardó en decir con voz no muy segura:

—No, no sé si podré, porque traigo los días tan contados... Sin embargo, haré por ir; me alegraría de dar un beso a su niño.

—¡A su niño! —respondió con asombro irónico la Pimentel.

—Qué, ¿no ha tenido... un niño... Fernanda?

—Sí... tuvo un chico...; pero acérquese usted a este escaparate de ahí... ese de la tienda de juguetes... Mire usted esa fila de bebés... ésos, los vestidos y los desnudos... ¿Los ve usted? Bueno; pues cualquiera de ellos que usted vea..., ya tiene usted el chico de Fernanda. Es decir..., no..., prefiero esos de loza y de cartón. Son más bonitos..., y alma tienen la misma.

—Pero... ¡cómo! María..., no entiendo bien lo que usted dice...

¿Qué le sucede a Fernanda con su hijo?

—¿Qué quiere usted que le suceda, criatura? Que hay padres que merecerían la horca, y que un niño engendrado y concebido cuando la madre tiene cada día una pataleta y cada noche un insomnio y a cada hora un tósigo y a cada minuto una pena ¡qué quiere usted que sea ese niño! ¡O loco de atar o lo que es el de Fernanda, que no sé si diga que es peor!

—Pues ¿qué es?

—¡Un pelele![57] —exclamó la viuda, dando a esta castiza expresión todas las inflexiones de la lástima y de un indefinible desprecio.

—¡Un pelele! —repitió Gonzalo, como si comprendiese mal.

—O si quiere usted, un animal, menos que un perro, una especie de gusano..., come, bebe, pero no ve, ni entiende, ni nada... Es sordomudo, y además lelo[58]. A veces gruñe, un sonido muy raro, como una *e* ronca. Y es bonito el condenado: tiene el pelo rizado y rubio, fino como seda, y el color precioso, blanco, fresquísimo... Nada, nada: igualito a esos bebés que ve usted ahí, y que de niños sólo tiene el color y la forma.

---

57   *Pelele:* Deficiente.
58   *Lelo:* Tonto.

Gonzalo Calderón, al escuchar estas horribles noticias, se sentía palidecer. Veía a Fernanda, a la que llamaba su Fernanda siempre, a la que por nacimiento de aquella criatura se había creído salvada ya, la veía más infeliz que nunca, herida en sus fibras maternales y en lo íntimo de sus afectos más sagrados, y casi puede decirse que sentía en su boca y en su espíritu el sabor a hiel de las amarguras que sufría Fernanda, y en los hombros el peso de la cruz.

—¿Y... no hay esperanza? —preguntó ansiosamente—. ¿No podrá ese niño curarse?

—¡Ay Dios! ¡Pues apenas si ha revuelto cielo y tierra su madre! El año pasado fue a París sólo con el objeto de consultar a su pelelín... Cuando pasó por aquí Charcot, loco le volvió con el empeño de que al tal bollo de carne me le convirtiese en hombre... Sí, cualquiera hace ese milagro... Pero ella, erre que erre, y dale con que el año próximo se va a Berlín, a que el protomedicato vea a ese fenómeno de estupidez...

—¡Pobre madre! —exclamó Calderón con acento tan patético y tan salido del fondo de su ser, que la Pimentel tuvo un arranque de los suyos, y exclamó:

—Eso lo ha dicho usted de perlas... ¿Sabe usted que se pone usted hasta guapo cuando habla así? ¡Y que razón tiene usted! ¡Pobre madre, sí, que ningún consuelo espera en este mundo ni en el otro! A bien que a veces las ilusiones sostienen y confortan... Fernanda asegura que el niño la conoce, que se ríe para ella... Por poco nos dice que ha echado más talento que Cánovas.

—¿Y... Ginés? —preguntó Calderón fingiendo indiferencia.

—¿Ginés? ¡De remate! La tal *Ángeles peores* le tiene más loco que una cabra. Le saca dinero a todas horas, porque el idiota de Rojas se metió en operaciones de Bolsa y anda arrancadísimo, y los moños y los trapos y la bucólica y las patas ajenas, y todo, salen de la bolsa del señor marqués de Benalí... A poco que se descuide Dios en arreglar este cotarro remitiendo una pulmonía bien precintada a esa víbora de Ángeles, Fernanda, además de todo, acabará pidiendo un céntimo, con el fenómeno en brazos, a la puerta de cualquier parroquia.

La expresiva fisonomía de Calderón se descompuso y alteró visiblemente. Se diría que, como en el fondo del volcán dormido vuelve a hervir la lava y los metales, anunciando que la erupción se acerca, así en el alma del tanto tiempo ausente renacía el pasado, más violento, más tenaz que nunca. Echaban fuego los ojos de Gonzalo, y sus labios lívidos se contraían... Al fin, dominándose trabajosamente, murmuró:

—A bien que Fernanda está a la altura de su destino.

—¡Que si está! Hombre, ¡pues si la hemos de ver en los altares! ¿Sabe usted lo que dice? Que antes no se resignaba a otras desgracias menores porque no había sufrido bastante aún; pero que ahora ya sabe dónde está la resignación y cuánto vale... En fin, que esta mujer edifica.

—Tiene razón, María –afirmó Gonzalo–. Los que se quejan es porque sufren poco. Cuando la herida es honda, quita el habla y hasta no se gime. Y, además, el que cree en Dios no desespera.

—¿Y usted cree en Dios en muy a puño cerrado?

—Sí –respondió con firmeza el viajero.

—¿Y cree usted que es justo que permita ciertas cosas?

—No le pido cuentas.

—Desengáñese usted, filósofo: ¡una pulmonía bien precipitada vale un imperio a veces! –exclamó la incorregible mientras Gonzalo, al inclinarse para saludarla, fruncía las cejas como si ya el giro de la conversación le molestase o hiriese.

Mientras Gonzalo torcía por la tétrica calle de las Hileras, más como el que huye que como el que va a negocios; mientras la viuda le seguía con ojos llamándole *tonto* y *tiniebla* allá para sus adentros y declarando que Fernanda Maravillas tenía en todo bien poca suerte, un apuesto jinete iba a trote corto por la hermosa y a la tal hora apacible avenida que desde el Retiro conduce a Atocha. Era el caballo un lindo media sangre, bayo[59] con cabos oscuros, joven y fogoso sin duda. La ligera espuma que orlaba el bocado, el tono más oscuro, húmedo de sudor, de la piel en los ijares y cuello, indicaban la fatiga de un paseo largo, que, sin embargo, no había agotado los bríos del gallardo animal. El jinete, distraído, con los músculos ágiles por el ejercicio, aprovechaba el suave trote para dejar la rienda floja y apurar un excelente habano. El sitio era delicioso, con mucha sombra de árboles, y una brisa suave traía el embriagador perfume de las lilas, que combatía el del rico puro.

Sobre un rincón del césped, al lado de dos o tres montones de tierra esparcida, un cantero despachaba la pitanza que le había traído en un

---

59   *Bayo*: Un caballo blanco amarillento.

pucherete[60] su mujer. Le olía también a gloria a él el cocido pobre, y metía la cuchara con golosa delicia.

Cuando el caballo vio la blancura de las piedras, pegó una huida de costado, y el jinete trató de sofrenarle.

El cantero, creyendo que el caballo se le venía encima, se levantó, y su blusa blanca fue para el animal nueva visión de espanto. Esta vez se encabritó loco de susto; quiso el jinete sujetarle; pero el caballo pegó violento bote, y el caballero fue lanzado a diez pasos de distancia, sobre las duras piedras.

Los agentes, los transeúntes, que acudieron con más o menos prisa a prestar socorro, sólo recogieron el cuerpo sin vida del marqués de Benalí.

---

60   *Pucherete*: Cazuela o recipinte para la comida.

La dama joven

La dama joven

Aún ardía el quinqué[61] del petróleo, pero ¡con que tufo tan apestoso y negro! Para alimentar la carbonizada y exprimida mecha, quedaban sólo, en el fondo del recipiente, unas cuantas gotas de aceite mineral, envueltas en impurezas y residuos. La torcida, sedienta, se las chupaba a toda prisa.

Renegando de la luz maldita, subiéndola a cada momento, cual si, a falta de combustible, pudiese mantenerse del aire, las dos hermanas trabajaban con ardor. En medio del silencio de las altas horas nocturnas, se oía distintamente el choque metálico de las tijeras, el rechinar de la aguja picando la seda y tropezando contra el dedal, el crujido de la tela a cada movimiento de la mano. ¡Qué lástima que se apagase el quinqué! Estaban en lo mejor de la faena; mas la luz, que no gastaba miramientos, parpadeó, y con media docena de bufidos y chisporroteos avisó que no tardaría en cerrar su turbia pupila. La hermana menor levantó la cabeza, respirando, y escupiendo para soltar una hebra de seda que tenía enredada entre los dientes.

—¿Dolores?

—¿Qué? –murmuró la mayor sin interrumpir la costura.

—Que nos quedamos a oscuras chica.

—Si no me das otra noticia...

—Pero es que yo a oscuras no coso. ¿Hay petróleo?

—Ni miaja.

—¿Cabos de vela?

—Tampoco. ¡Echa cabos!

—Pues entonces, ¿Qué haces ahí tonta? A dormir. A mí ya me duele el cuerpo de estar doblada.

Suspiró Dolores, y el quinqué, suspirando también estertorosamente[62], dio principio a su rápida agonía. Apenas tuvieron tiempo las costureras de echar la labor sobre un sofá inmediato, cubriéndola con

---

61 *Quinqué*: Farol o lámpara, que producía una luz equivalente a seis o diez velas.
62 *Estertorosamente*: Respiración jadeante o dificultosa.

un lienzo: tal fue de pronta la muerte de aquella angustiada luz. Al quedar en tinieblas, el primer movimiento de las dos muchachas fue soltar la risa. ¿Acertarían con la cama? A tientas y con las manos extendidas avanzaron en busca de sus lechos, tropezándose en mitad del camino, lo cual las puso de mejor humor si cabe.

—Ahora no te equivoques y por acostarte en la cama te acuestas en el sofá –exclamó Dolores.

—Mujer... lo peor será si cojo la almohada para los pies. Se percibía ruido de corchetes desabrochados, resbale de sayas, música de enaguas con almidón: le siguió la estrepitosa caída del calzado, y el gemido de los jergones bajo el peso del cuerpo. De una de las camas salió también un rumor confuso, como de voz que mascullaba muy bajito oraciones diferentes. La otra cama no chistó, dando motivo a una interpelación de la rezadora.

—¿Concha?

—¿Eh?

—¿No rezas hoy, o qué te pasa?

—Mujer... tengo más gana de dormir que de rezar.

—Vaya que un credo y una salve, no te privarán el sueño.

Concha obedeció, y después del rezo dio varias vueltas en la cama, lo mismo que si alguna inquietud le desvelase. Volvió su hermana a interrogarla. ¿Qué tenía?

—No tengo sueño. Me he despabilado.

—Pues mañana ya sabes que hay que madrugar.

—¡Madrugar! ¿Tú que hora piensas que es?

—Qué sé yo... ¿Las dos y media?

—Las cuatro chica. En el reloj de la Intendencia las acabo de oír.

—¡Tú estás loca!

—Sí, sí, descuídate... Las cuatro.

—Ea, pues chitito y a dormir.

Callaron ambas, pero la excitación de la afanosa vigilia producía su efecto, y aunque rendidas y deseosas de sueño, no podían conciliarlo. Era el instante en que se piensa de todo, recordando lo pasado, evocando con terror o ilusión lo futuro. Mientras los ojos ven en la sombra abrirse un círculo de lívida luz, una especie de foco trémulo y oscilante, verde, violado y amarillo, la imaginación exaltada acumula cuidados y memorias, un tropel de deseos, esperanzas, dolores muertos que renacen, figuras y escenas ya borradas que vuelven a tomar cuerpo al calor de leve fiebrecilla.

Dolores, la mayor, cavilaba. Tenía doce años más que su hermana, y contaba apenas trece cuando quedaron huérfanas. Se veía tan chiquilla aún, calentando el biberón por la mañanita, antes de salir para el taller donde trabajaba, y metiendo el pezón artificial, tibio y blando, en la boca del pobre angelito, para que no llorase. Los domingos era dichosa, porque podía tener en brazos todo el día a la nené. Por fin, el rollo de carne con patas echaba a andar, y Dolores, hecha ya una mujer, un tanto relevada de sus tempranas obligaciones maternales, empezaba a dejarse tentar, alguna vez que otra, a ir a los bailes de los Circos. En Carnaval asistía a tres seguidos, con flores en el pelo y guantes prestados. Después... un episodio que Dolores no quería recordar, pero cuyos menores detalles tenía grabados, como en bronce, allá en no sé qué rincones del cerebro donde habita la memoria de las cosas tristes... Unos amoríos breves, la seducción, la deshonra, el desengaño... Historia vulgar y tremenda. La enfermedad trajo de la mano la miseria; el fruto de las entrañas de Dolores, mal nutrido por una leche escasa y pobre, languideció y sucumbió pronto, dejando contagiada a la niña de cuatro años, a Concha, con la horrible tos ferina[63], tos que arrancaba de sus tiernos pulmones estrías de sangre. No tuvo Dolores tiempo de llorar a su hijo: era preciso cuidar a su hermana, hacerla mudar de aires en seguida... Y no poseía un céntimo, y había empeñado hasta sus botas de salir a la calle y su único mantón. No olvidaría, no, la tarde en que a su cuerpo, tiritando de frío, entró en la iglesia de San Efrén, a rezar una salve a la Virgen del Amparo. Al lado del camarín clareaba la reja de un confesionario: tras de la reja, un sacerdote. Arrodillada, con inexplicable consuelo, refirió todas sus cuitas. Al otro día la visitaban dos socias de san Vicente de Paúl: al final de la semana le daban bonos de pan, chocolate y carne: de allí a medio mes le colocaban a Concha en casa de una lechera que vivía a dos leguas, en una aldehuela[64] alegre y sana: al mes y medio, la niña volvía robustecida, curada de su tos y acostumbrada a comerse una libra de pan de maíz en un cuartillo de leche. Dolores la adoraba: ya no tenía más pensamiento que aquella criatura. Anhelaba borrar lo pasado y proteger a Concha. Aborrecía a los hombres: que no la hablasen de bailes ni de jaleos. Se confesaba primero cada mes, luego cada domingo. Ya no necesitaba el socorro de los Paúles, y se había apresurada a decírselo, re-

---

63   *Tos ferina*: Enfermedad infecciosa que se caracteriza por una tos fuerte, que produce una
     sensación de asfixia.
64   *Aldehuela*: Aldea, pueblo.

dimiéndose, no sin cierto vanidoso contentamiento, de una protección que el laborioso juzga siempre humillante, por lo que transciende a limosna. Mas le restaba el auxilio moral, la recomendación de las socias, que jamás la consistió carecer de trabajo. Prefería las casas al taller, porque en las cocinas le permitían dar de comer a Concha, y aún le rogaban que la llevase, enamorados de la hermosura y despejo de la rapaza. Así que ésta fue creciendo y pudo coser también, se hizo preciso mudar de sistema y volver a los talleres: no era fácil que en las casas facilitasen labor a dos modistas al mismo tiempo, y antes se dejaría Dolores cortar una mano que apartarse una pulgada de su chiquilla, alta ya y formada, tentadora como el fruto que empieza a madurar. ¡Eso sí que no! Para desgraciada bastaba ella: a Concha que no la tocase ni el aire: corría de su cuenta defenderla con dientes y uñas. Todo cuidado era poco en aquella ciudad de Marineda, donde chicos del comercio, calaveras y señoritos ociosos no pensaban más que en seguir la pista a la muchachas guapas. Temía Dolores, en particular, a los señoritos: ¿Por qué no se dedicaban a las de su clase? ¡Tanta señorita sin novio, y las artesanas obsequiadas, perseguidas, cazadas como perdices! Mirando lo que sucedía, era cosa de temblar: ¡cuántas chicas preciosas, que serían buenas si no hubiesen encontrado un pícaro, y que se veían perdidas, desgraciadas para siempre! Unas, teniendo que mantener dos y tres criaturas; otras, descendiendo poco a poco desde el primer desliz hasta caer en la vida airada... Daba compasión. ¡Y el lujo! Eso, eso era lo que ponía a Dolores fuera de sí. ¡Bailes, chaquetas de terciopelo, disfraces en Carnaval, botitas de a cuatro duros! ¡Muchachas que ganaban una peseta y cinco reales diarios, dígame usted por Dios de dónde lo han de sacar! Ya se sabe: teniendo un oficio de día y otro de noche. ¡Malvadas!

No eran tales soliloquios nuevos en Dolores, sino tan antiguos como las inquietudes respecto a su hermana; mas lo curioso del caso fue, sin que un solo día dejase de hacer semejantes reflexiones, a medida que Concha se desarrollaba y empezaba a celebrarse su linda presencia, se despertaba en la hermana mayor esa vanidad característica de las madres, y a costa de privaciones y escaseces la emperejilaba y componía, para que no quedase por bajo de las demás, y por el delito de mantenerse honrada, no pareciese la puerca Cenicienta. Con este motivo sufrió Dolores alguna fuerte reprimenda de su confesor, jesuita sagaz, que le decía:– Si tu misma fomentas en la chiquilla la presunción ¿cómo quieres que no te dé a la hora menos pensada un disgusto? Ponla de hábito, anda. ¿No has aprendido en tu cabeza?

¡De hábito! Dolores lo usaba hacía muchos años, desde su *desgracia*: pero ¡cubrir con aquella estameña burda el gentil cuerpo de Concha! Prefirió confesarse menos, y se retrajo algo de sus devociones, a fin de no ser reñida por su inocente vanidad maternal. Redobló, eso sí, la vigilancia, y se hizo centinela asiduo, infatigable, alerta siempre. Concha era fácil de guardar: no quería salir sola: a los bailes, a los temibles bailes, prefería el teatro, su única afición. Tomaban dos entradas de cazuela[65], y la niña, colgada de la barandilla, gozaba lo indecible. Al regresar a casa, se sabía de memoria trozos de verso, fragmentos de escenas. Semejante gusto no parecía peligroso: mas el diablo la enredaba, y he aquí cómo vino a resultarle alarmante. Dolores conservaba una casa, donde cosía desde tiempo inmemorial, y cuya dueña era cuñada del vice-presidente del Casino de Industriales, la sociedad más floreciente y numerosa de Marineda. Acababa esta sociedad de organizar una sección de declamación, dirigida por un ex-actor, y menudeaban en el teatrillo del Casino funciones de aficionados. La parte masculina no estaba del todo mal, ni faltaban aprendices; en cambio, las mujeres escaseaban. Al saber las disposiciones dramáticas de Concha, se tramó en casa del vicepresidente un pequeño complot; comprometiendo a Dolores, que no pudo desenredarse, y su hermana hubo de tomar parte en algunas piececillas.

Nuevo disgusto con el confesor que censuró agriamente la debilidad de Dolores. Ésta, bajando la cabeza, reconoció toda su culpa. En efecto, con el tal teatro se había introducido en la existencia de las dos hermanas un elemento de desorden: se trasnochaba, se pasaban las horas muertas discurriendo trajes y adornos: Concha no pensaba más que en estudiar y ensayar su papel; a los ensayos, por supuesto, la acompañaba Dolores, cosida a sus enaguas; con todo, era muy arduo vigilar, en la confusión de entradas y salidas al vestuario y escenario. Prueba de ello fue que una noche, al regresar a su casa, Concha sacó del bolsillo un papel blanco dobladito, y echándolo en el regazo de la hermana, le dijo desenfadadamente:

—Mira eso.

Dolores lo cogió palideciendo, con dedos ávidos. Era una declaración amorosa, y al través de las frases, tomadas indudablemente

---

65 *Cazuela*: Sitio del teatro al que sólo podían acudir mujeres.

de algún libro de fórmulas epistolario-amatorias, de los *volcanes que ardían en el corazón*, las *amorosas llamas* y otras simplezas por estilo, percibió Dolores así como un olor de honradez, que se exhalaba de la gruesa letra, del tosco papel y sobre todo del párrafo final, que contenía una proposición de casamiento y una afirmación de limpios y sanos propósitos. Respiró. Al menos, no era un señorito, sino un artesano, un igual suyo, resuelto a casarse. ¡Casar a Concha, ante el cura, con un hombre de bien, era el ensueño de Dolores! Creyó no obstante que su dignidad le imponía el deber de enojarse un poco y de exclamar:

—¿Y cuándo te han dado este papelito, vamos a ver?

Hoy... Cuando pasé al cuarto para vestirme, allí detrás de la decoración me lo dio.

¡Valiente papamoscas! ¿Y tú, qué dices?

—Mujer...¿y qué he de decir? Si me pide que le conteste, le diré que hable contigo antes.

—Eso es, eso es, las cosas derechitas –murmuró Dolores del todo satisfecha.

Y así sucedió. Dolores no cabía en sí de júbilo. Fue a contar al confesor el caso, y le ponderó las prendas del mozo, un chico honrado, formal, ebanista, que tardaría en casarse lo que tardase en poder establecer por cuenta propia un almacén de muebles. Nadie le conocía una querida: ni jugador, ni borracho. Vivía con su madre, muy viejecita. En fin, sin duda la Virgen del Amparo había oído las oraciones de Dolores. Otras andaban tras de los señoritos, de los empleaditos, de los dependientes de comercio: ¿Y para qué? Para salir engañadas, como había salido ella. – Cada oveja con su pareja, hija, confirmó tranquilamente el Padre. – Sólo que... a pesar de todas las bondades del novio... conviene no descuidarse, ¿eh? Tu obligación es no perderlos de vista, hasta que tengan encima las bendiciones.

¡Buena falta le hacía a Dolores el encargo! ¡Perderlos de vista! Nunca estuvo más adherida a su hermana. Los novios se veían al salir del taller; él las acompañaba hasta su casa. Se veían también en el Casino, los días de función o ensayos, sólo brevísimos instantes, pues Dolores no quería dar que hablar allí. ¡La gente es tan maliciosa! Dando una vuelta en su cama, Dolores pensaba en el día de la boda, el día de la tranquilidad completa, porque desde entonces las dos hermanas coserían en su propia casa, poniendo un tallercillo modesto. ¿Cuándo llegaría tan apetecido el instante?

Mientras la hermana mayor soñaba en boda ajenas, la presunta novia estaba a dos mil leguas de acordarse de semejante suceso. La juventud suele vivir sólo en lo presente, o al menos en lo futuro inmediato. ¡Casarse! ¡Bah! Claro que se casaría: ¿pero qué prisa corría eso? El caso era lo que se le preparaba para mañana, mejor dicho para hoy, pues ya no distaba mucho el amanecer. ¡Era fatalidad que, justamente durante la época más ahogada de costura, cuando se acercaban los carnavales, los bailes, los trajes, para las mascaradas o las comparsas, y no podía ella faltar del taller donde desempeñaba las importantes funciones de aparejadora, se le ocurriese el Casino de Industriales dar una gran función de teatro, para redimir a un socio de la suerte del quinto! Y se ponía en escena una obra de Ayala, *Consuelo*[66], muy famosa según decía don Manuel Gormaz, el director de la sección; y a ella le había tocado en el reparto el principal papel, cosa que no dejó de lisonjearla, porque añadía el señor Gormaz, que era la obra *de prueba*, digna de un artista... ¡Artista! ¡Qué bien le sonaba a Concha el nombre! Ser *artista* era pertenecer a una clase aristocrática, superior a la humilde condición de costurera...¡Artista! En los días de beneficio de las actrices, Concha había leído versos de esos que se arrojan desde las galerías, impresos en papeluchos azules y amarillos, donde tras del epígrafe «a la eminente artista Fulana» o «a la célebre artista Mengana» venía una serie de calificativos y epítetos, entrelazados con guirnaldas de flores, y se las llamaba huríes, ruiseñores, ángeles y otras mil cosas así. ¡Una artista! Concha repetía en voz baja, cuando estaba sola, la fascinadora palabreja.

¿Cómo saldría ella de aquel apuro? ¿Se cortaría? ¿Se le olvidarían los versos? Jamás le había sucedido tal cosa; es verdad que al pisar el escenario le latía el corazón muy de prisa; pero luego recobraba todo su aplomo. Sólo que aquella función era diferente de las demás: se trataba de una comedia en tres actos, y ella nunca pasó de sainetes y piececillas en uno; además, como el beneficiado era hijo de un portero de la intendencia, el intendente, persona sociable y bien quista en Marineda, había repartido las localidades todas entre lo más lúcido del vecindario, y se susurraba que la función estaría brillante: lleno completo. En fin, un compromiso gravísimo. ¡Y los trajes! Para *Consuelo* se precisaban tres diferentes, elegantes todos: el del último acto, descotado y con cola. ¡Qué de mañas, ardides y cálculos representaba la conquista

---

66   **Adelardo López de Ayala** (1828-1879) fue un dramaturgo español muy importante. Entre sus muchas obras, escribió *Consuelo* (1878), donde aparece el tema del «Don Juan» o del hombre seductor.

de esos trajes! Vamos, a no ser por la señorita intendente, tan franca y tan amable, no acertaba Concha cómo se las habría compuesto. Afortunadamente la señorita fue su providencia: desde zapatos blancos de raso hasta flores artificiales y brazaletes, todo se lo prestó. Cierto que eran cosas bastante usadas, y hubo que refrescar, lavar, planchar, alargar o encoger... Y aún no estaba terminada la faena, y quedaba un día solo, y no podía faltar al taller, ni al ensayo general... ¡Imposible que alcanzase el tiempo para todo! ¡Si el maldito quinqué no se hubiese apagado, ya tendría listo el traje! ¡Cuánto iban a apretar las uñas al día siguiente! ¿Amanecería pronto? Cavilando así, sintió Concha un estremecimiento de frío y se arropó. Se unieron involuntariamente sus párpados y con indecible bienestar se quedó dormida.

Apenas comenzaba a saborear el dulce reposo, la sacudieron y zamarrearon sin misericordia. La fría luz se colaba por las rendijas de los ventanillos, y Dolores, de bata ya, con una toquilla de estambre muy enrollada al cuello, se disponía a enristrar la aguja, y tocaba diana para que la ayudasen. Concha entreabrió los ojos, borracha de sueño, de ese sueño de la primera mocedad, tan parecido al de la niñez en su intensidad reparadora. Fue preciso repetir la sacudida: entonces, de no muy buen talante, echó fuera una pierna para calzarse las babuchas.

Tentadora ocasión de describir, en tan indiscreto minuto, a la futura *Consuelo*, cuando sus carnes tibias conservan aún la suave morbidez del sueño, y la breve camisa descubre mucha parte de su gallarda escultura. Los brazos blancos y puros, los pies rosados por la frialdad del piso, los senos recogidos y breves como capullos de flor; hacen honesta por extremo aquella semi-desnudez juvenil, que la claridad del amanecer baña con delicados matices opalinos[67]. Remata el cuerpo una cara oval, sanamente pálida, algo pecosa hacia el contorno de las mejillas; el pelo, rubio como la harina rosada, nace copioso en la nuca y frente, y desciende en patillas ondeantes hasta cerca del lóbulo de la oreja: entre los labios gruesos y cortos brilla como un relámpago la nitidez de la dentadura. Los ojos, aunque hinchados de dormir, no encubren que son garzos y candorosos todavía.

Para despejarse, necesitó Concha pasar agua fría por la cara. Dolores entretanto abría las maderas, aseaba un poco el cuartillo abohardillado, y encendía en la cocinilla próxima seis carbones para calentar el puchero de *cascarilla* y la correspondiente leche. Concha, bien despierta ya, con-

---

67   *Opalino*: De color blanco y azulado.

sagraba toda su atención a los trajes. Al lado de la ventana, sobre el quebrado sofá, lleno de hernias de crin que se salía, reposaban las galas de la noche. Concha se acercó a la fiel aliada de la modista, la máquina, que daba de aceite, limpia, con su carrete enarbolado, con la mesilla reluciente de barniz, aguardaba lo mismo que un centinela, arma al brazo, las órdenes de su jefe. Dolores se aproximó también, exclamando:

—Tú a los volantes y yo al cuerpo.

Salió el famoso vestido de baile. Era de seda azul bajo, algo verdoso ya y por muchas partes salseado; pero merced a la buena idea de Concha, de velarlo con infinitos volantes de tarlatana[68] del mismo color, parecía nuevecillo de allí a poco. La cadencia de la máquina se interrumpía a cada volante, y el vestido giraba, giraba, como una peonza, todo hueco, y cada vez más vaporoso. Al cabo brotó la falda fresquita, soplada como un buñuelo, y fue a ocupar su puesto en el sofá al lado de otros pingos también remozados y disfrazados hábilmente, con recogidos lados y encajes. Dolores pegaba al cuerpo el último corchete y orlaba de tul blanco las cortas manguitas. Terminado lo grueso de la labor, empezaron mil menudencias, mil accesorios. Pendían de una cuerda, tendida de un lado a otro de la pared, dos guantes blancos, largos, muy tiesos, con las puntas de los dedos amarillentas y arrugadas; y mientras Concha los soplaba con ardor para despegar aquellas malditas puntas, que delataban el paso ineficaz de la bencina, Dolores, por medio de una plancha caliente, estiraba varios cintajos lacios como tripas de pollo, dedicándose después a frotar con miga de pan los zapatos de raso, y a pegar con goma una varilla del abanico. Las cosas que iban estando dispuestas, pasaban a una cesta, cuidadosamente colocadas; de pronto Concha se dio una palmada en la frente.

—¿Qué te pasa?

—¡Las medias! ¡Qué se nos olvidaba las medias!

—¿Qué más da? Llévalas blancas.

—¡Mujer... son tan cursis! ¿Tienes agua caliente?

—La pondré a calentar.

—Anda, que se lavan y se secan pronto... a la noche están sequitas.

En tanto que Dolores jabonaba el par de medias azules, Concha, cosiendo el dedo de un guante, preguntaba a sí misma en voz alta:

—¿Tendrán que hacer esto las cómicas el día que representen?

—No, mujer... –murmuró Dolores–. Ésas lo tienen todo arreglado.

---

68 *Tarlatana*: Tela fina, generalmente de algodón.

—Dichosas ellas. A mí me venía bien ahora repasar el papel.

—Pues no te descuides, que pasa ya de las ocho y media. ¡Cuándo se acabarán estos jaleos del teatro! Me duele la cabeza ya, de discurrir para refrescar vejestorios.

Les quedaba aún algo por hacer, pero el tiempo urgía, y el taller aguardaba. Convinieron en que, a la hora en que Concha fuese al ensayo, Dolores volvería a casa, terminaría todo y llevaría la cesta al Casino, donde Concha aguardaría ya para vestirse. Por excepción, una vez más: que eso de dejar sola a Concha, no estaba en el programa.

—Mujer; no hay más remedio –exclamó Concha–. Desde el taller del Casino, no me saldrá ningún perro rabioso.

—No me dan a mí cuidado los perros de cuatro patas, sino los de dos –murmuró Dolores guiñando un ojo–. Con que mucho juicio, ¿eh? Si sale Ramón a acompañarte, le dices que se vuelva a su casa o que te espere en el Casino.

—Bien, bien.

¡Bastante pensaba Concha en Ramón! Todo el día en el taller estuvo repasando su papel mentalmente. ¡Don Manuel Gormaz le había encargado tanto que se fijase y que *tuviese alma* en algunas escenas! Tener alma... ¿Sería pronunciar recalcando, como la que hacía de *graciosa*? No, eso tampoco... Procuraba recordar las inflexiones de la actriz que había representado *Consuelo* el año anterior, en el Teatro Grande... ¡Lástima no acordarse punto por punto! ¡Si ella supiese que con el tiempo, le tocaría representar ese papel! Mientras arreglaba los pliegues de una sobrefalda, o sacaba un patrón por el figurín, Concha repetía entre dientes las redondillas de Ayala, bien ajenas de ser pronunciadas en semejante sitio.

Al salir del taller, se separaron las dos hermanas, tomando cada una en opuesta dirección. Iba Concha distraída, andando rápidamente, cuando alguien emparejó con ella.

—¡María Santísima... qué susto me has dado!

El novio se sonrió afablemente, no sin mirar a todos lados, convenciéndose por fin de que Concha iba sola, hecho singular y extraordinario. Manifestó su admiración diciendo:

—¿Y Dolores? ¿Qué milagro es éste?

—No pudo hoy acompañarme... tenía que acabar de alistar unas cosas. Viene después.

No puso Ramón cara compungida al oír la nueva, y siguió andando al lado de Concha por la calle Mayor, donde algunos comercios empezaban ya a encender su alumbrado. Concha se volvió de pronto toda alarmada.

—Mira, vete, vete... No me acordaba ya... No puedes acompañarme hoy.

—¿Por qué chica?

—Porque voy sola... No me hizo otro encargo Dolores.

—¡Vaya con la ocurrencia! –exclamó él súbitamente enojado, deteniéndose ante un escaparate en que brillaba ya el gas–.

¡Pues me gusta! ¡Sólo eso faltaba! No seas tonta; yo te acompaño. ¿Qué necesidad hay de que se lo cuentes a tu hermana?

Concha le miraba con sorpresa, viéndole de levita[69]. Era una levita negra arrugada y floja en los sobacos, que caía mal, amén de relucir demasiado, conociéndosele las dobleces de las prendas guardadas mucho tiempo en los cajones: no obstante, la negrura del paño y la blancura de la pechera limpia realzaban la varonil presencia de Ramón, mocetón arrogante y guapo, aunque tosco: de ancho pecho, oscura barba, pelo rizoso y grandes y vigorosas manos. Concha se sonrió.

—¿Por qué vienes tan elegante?

—¿No sabes que tengo que cantar en el Orfeón? Ayer toda la noche hemos estado ensayando la *Barcarola* nueva.

Ella bajó la cabeza, dándose por convencida; de repente volvió a ocurrírsele lo que diría Dolores.

—Anda, lárgate, que no tengo ganas de fiestas... No quiero oír sermones por causa tuya.

—¿Quieres que me vaya? Corriente –pronunció él con despecho– pero también es mucha ridiculez... Seis meses que somos novios, y aún no hemos podido hablar en paz y en gracia de Dios un cuarto de hora.

Lo dijo con tal rabia, que Concha, cediendo a un movimiento compasivo le llamó.

—Bueno, ven... Pero no hay que contarlo ¿eh? Silencio.

Siguieron su camino, él satisfecho ya, ella un tanto envanecida, allá en el fondo del alma, por llevar de acompañante a su novio, un novio de levita que podía confundirse con un señorito. Callaban, preocupados por la misma novedad de la situación y sin despegar los labios salieron a la calle Mayor al paseo público a la sazón desierto. Hacía frío. Los árboles sin hojas y las farolas apagadas se perfilaban sobre el

---

69   *Levita*: Prenda masculina que cubre el cuerpo hasta la rodilla.

gris ceniza del crepúsculo invernal; un pilluelo pasó corriendo, dando un empujón a Concha, que llamó a su acompañante.

—¡Ramón! ¿tú que tienes?

En efecto, parecía pensativo. Con voz algo dura, contestó:

—No tengo nada.

—¿Nada, y vas ahí que pareces un mochuelo? ¿Después de que te dan gusto, llevas ese gesto?

—No tengo obligación de estar hoy tan contento como tú.

—¿Y yo por qué he de estar contenta hoy?

—Porque vas a lucirte, a ponerte muy maja y muy bonita para salir a las tablas.

Se echó a reír la muchacha.

—No te rías... –articuló él con acento opaco –haz el favor de no reírte, que yo ya no hablo de broma.

—Pero hombre... ¡no me he de reír! Te enfadas porque me presentaré en las tablas muy compuesta... ¿Pues no vas tú también con el fondo del baúl encima? Vamos –añadió viendo la fisonomía contraída de Ramón– no seas majadero[70]; ya sabes que trabajo por compromiso con el Vicepresidente y por complacer al señor de Gormaz... Buenos apuros me ha costado la tal función: hace tres noches que no duermo casi... Maldito el chiste que...

—Sí, sí, dices eso, pero otra te queda... Si no te gustase no irías allí de muestra, no irías.

—¿Tienes ganas de armarla hoy? Pues para eso, pude venir sola.

—No –replicó él con más blandura– no te digo nada, Dios me libre, haz lo que quieras; pero tengo que advertirte una cosa, eso sí: no te parezca mal.

—Vamos a ver qué sale después de tanto aparato.

—Cuando nos casemos...

—¡De aquí allá!

—Cuando nos casemos –reiteró con firmeza el mozo– yo no consiento que vuelvas a representar, aunque se empeñe Dios del cielo... ¿Té has enterado?

—Bien... De aquí a que suceda eso...

—¿El qué?

—Lo del casamiento.

—Yo me entiendo... Cuando menos se piensa... En fin, ve acostum-

---

70   *Majadero*: Tonto.

brándote a la idea, por si acaso. No me gusta a mí, ni a ningún hombre blanco, queriendo a una mujer como te quiero a ti, oír que dicen en las butacas estupideces y barbaridades... al lado de uno mismo, con la poca crianza que tienen esos brutos de señoritos, Dios me perdone...

—¿Y qué dicen? –preguntó curiosamente Concha.

—Mil desvergüenzas... que si tienes buen éste, y buen aquel, y... Calla, calla, que yo paso las de San Patricio... Un día hago un disparate.

Concha muy colorada, bajaba la cabeza; por fin articuló entre enojada y vergonzosa:

—¿Y a ti qué te importa lo que digan? Déjalos, hombre.

—De otra ya pueden decir pestes... ¡Pero de ti.. que te quiero tanto como a mi madre!

Lo pronunció con tal fuego y sinceridad, que a pesar suyo la modista se sintió conmovida, y le miró dulce y amorosamente. Entraban en el jardín público, que seguía al paseo, y en el cual la oscuridad era mayor, y completa la soledad y el silencio, a menos que una ráfaga de vientecillo marino sacudiese los siempre verdes *evonimus*[71] haciéndoles murmurar cosas tristes. Concha se apoyó en el brazo de su novio. Al hacerlo, su codo tropezó con algo que abultaba debajo de la levita.

—¿Qué llevas aquí? –preguntó.

—Nada.

—¿Cómo nada, y sobresale que parece un mollete de pan?

—Mujer... si no es cosa que te importe.

—¿A ver, a ver?

De mala gana se desabrochó él y sacó un objeto elíptico de hojas de laurel engomadas, muy tiesas, y rematado en unas largas cintas blancas con flequillo de oro al extremo. A pesar de la oscuridad, aún quedaba suficiente crepúsculo para que distinguiese Concha que era una corona.

—¿Y esto? –preguntó afanosamente, entre turbada y alegre.

—Ya lo veo.

—Una corona... ¿Para quién?

—¿Para quién ha de ser?

—¿Para mí? ¡Qué loco! ¿Y no me reñías antes de representar?

—Una cosa es una cosa, y otra cosa es otra... Me dio rabia ver en el beneficio del mes pasado le echaron una corona monstruo a esa tonta de Rosalía Cañales, y a ti porque tenías un papel más corto te confor-

---

71 *Evonimus*: Arbusto de hoja caduca y color verde.

maron con un ramito de mala muerte... Y pensé para mí: no, pues como represente otra vez, no se queda sin corona mi Concha del mar... No me hace gracia que tú quedes deslucida... Ahí tienes.

—Te lo agradezco... ¡Te lo agradezco mucho! —articuló cariñosamente ella, afirmándose más en el brazo que la sostenía. Él la contempló con ansia, y después miró alrededor: ni un alma en el jardín.

—¿Concha?

—¿Eh?

—¿Me quieres?

—Sí hombre, sí.

—¿Te enfadas si te pido una cosa?

—¿Qué?

—Dame un beso.

Soltó Concha el brazo y se hizo atrás. Le parecía que el rumorcillo de los arbustos y el manso gotear de la fuente eran ecos de la voz de Dolores... Y tapándose la cara con las manos y retrocediendo, gritó alborotada:

—Eso no... Eso no... Estate quieto.

—No, si no quieres no... No grites, que pensarán que te mato...

Volvió a darle el brazo, en el cual ella se mantuvo con recelo, pero al verle triste y con la cabeza baja, se aproximó nuevamente. Una invencible curiosidad de virgen la impulsaba a desear la caricia que había rehusado. Estaban próximos ya a salir del jardín, y a corta distancia de él, como unos cien pasos, resplandecía el iluminado portal del Casino. Inclinó un poco la frente sobre el hombro de Ramón, y éste, con arranque de súbito y brioso, desprendió el brazo para rodearle de la cintura, y la besó en la mejilla, con toda su fuerza, devorándola el cutis. Concha sintió una ola de caliente sangre que henchía sus venas, y percibió al mismo tiempo, con extraña lucidez, un olorcillo a alcanfor y pimienta, que debía proceder de la levita guardada hacía tiempo.

Apresuradamente salieron del jardín, él radiante, ella aturdida y cabizbaja. ¡Si Dolores lo supiera! Las manos se le habían puesto frías, y una conmoción singular le imponía silencio. Su novio le parecía ahora, sin saber por qué, más amable y a la vez temible. Le miraba a hurtadillas, cual si no le hubiese visto bien antes. Como se aproximase mucho al Casino, Ramón se inclinó hacia ella, y ella retrocedió inmediatamente.

—Mira, Concha, mañana puede que tenga una gran noticia que darte...

—¿Qué?

—No, por ahora nada... Por eso no quería hablar hasta llegar aquí... mañana te diré... Oye, antes que se me olvide: ¿dice que tienes que salir hoy escotada?

—Si, hombre... En el último acto.

—Pues cuidado como te arreglas... El cuerpo altito... no quiero que nadie se divierta a cuenta mía.

—¡Jesús! –exclamó la modista.

Y diez pasos antes de llegar al portal, soltó el brazo de Ramón y echó a andar rápidamente murmurando:

—Hasta luego.

Penetró en el edificio. El recinto del teatro se hallaba todavía a oscuras, y en los pasillos, el conserje barría con afán las puntas del cigarro y los fragmentos del papel. En el escenario ardía un quinqué puesto sobre una consola, y dos o tres candilejas, prevenidas para alumbrar el ensayo. Concha se adelantaba medio a tientas por el final del corredor; cuando un hombre le salió al encuentro, muy apresurado y afectuoso, y le dijo cogiéndole ambas manos y estrujándoselas en expresivo apretón:

—Hola, Conchita, hola... Bienvenida, hija mía... ¿Qué tal? ¿Se ha repasado? ¿Hemos olvidado el papel? Por aquí, no tropiece usted... Eso... Ya estamos.

—El papel me parece que lo he de saber, señor de Gormaz –afirmó Concha, quitándose el mantón y el manto al entrar en el escenario–. Hola, chicas –añadió saludando a dos mujeres que, sentadas en el sofá, repasaban en voz baja, con un rollo de papeles en la mano.

—Abur le contestaron no muy cordialmente las interpeladas. Gormaz, previa una ficción que hizo chascar sus palmas, se dirigió a las repantigadas actrices:

—Repasen, eso es, un poquito, mientras no vienen los caballeros... Siempre son los últimos.

Y llamando a parte a Concha, arrimándola a un bastidor donde no alcanzaba la luz de las candilejas, cuchicheó con misterio:

—¡Hoy hay que esmerarse, Conchita! ¡Que esmerarse mucho! ¿No sabe usted lo que pasa?

—¿Que va a venir mucha gente?

—La gente... ¡bah! No, es que en cuanto ha sabido Juanito Estrella que dirijo yo esta función, como hoy no la tienen en el teatro, a pesar de que también ensayan, me ha escrito que vendría y... ¡ya ve usted! ¡Va usted a representar delante de un gran actor, una gloria nacional! ¡émulo de Romea y de Latorre!

Concha sintió un poco de recelo al oírlo, y al mismo tiempo, sin darse cuenta del porqué, la noticia le fue grata. Conocía de vista a Estrella, al director de la compañía que actuaba en el Teatro Grande; había oído mil veces hablar de su fama: lo cierto es que tenía un modo de representar que a ella, sin entender gran cosa, le parecía prodigioso: ¡qué bien sabía hacer que lloraba! ¡qué divinamente se fingía moribundo y muerto! ¡qué expresión en aquella cara! Representar delante de él... ¡Qué vergüenza!

Eso mismo manifestó en alta voz. Gormaz la riñó, tosiendo como siempre que se acaloraba.

—No se me vaya usted a cortar, hija... Por lo mismo que Estrella es inteligente, es indulgente: él también empezó así, de aficionado, en teatrillos y en liceos, cuando era estudiante; hasta que se aficionó y dejó la carrera para dedicarse a la profesión artística... ¡Ejeem! Con que ya ve usted... Ea, que ya llegan: a ver como salimos del ensayo.

Arrastró casi a Concha al lado de la consola y del quinqué: en efecto, ya se agitaban allí dos o tres sombras masculinas, charlando con las desdeñosas actrices Rosalía Cañales y Julia Marqué. Al ver a Concha, los hombres la saludaron galantemente, en especial el beneficiado, encargado del papel de *Fernando*, y que se creía comprometido por el texto del drama a mostrarse insinuante y tierno con ella. Todo el grupo rodeó apresuradamente a Gormaz, el cual extendiendo las manos a un lado y a otro trataba de restablecer el orden.

—¿Don Manolo, empezamos?

—¿Don Manolo, qué se hace?

—¡Ensayar, señores... bruuum!... si ustedes quieren: y ya saben lo que les he advertido: en los ensayos no hay que derrochar voz. Piano, pianísimo.

El apuntador comenzó a decir, sin entonación ni transiciones, el papel de cada uno, que los actores repetían paseándose con las manos en los bolsillos o columpiándose en la silla. Las actrices más cohibidas, no se atrevían al recitar, al moverse del sofá, ni a descoser los brazos del cuerpo. Gormaz las tomó de la mano, suavemente.

—Hijas, accionen ustedes un poco...

—¿Lo mismo que después? ¿Cómo si ya fuese la representación?

—¡No tanto, no tanto! Un poco: si la escena ha de ser de pie, no se dejen ustedes ahí quietas... Y ustedes caballeros, no alcen tanto la voz, ¡si ahora no hay público que atienda! Eso... a ese diapasón. Ya verán ustedes cómo después hay que decirles que se esfuercen, porque no les oirá ni el cuello de la camisa... ¡Ejeemm! Háganse cargo de que ahora no deben malgastar sus fuerzas: matizar, pero bajito... ¡Eh...chss! Caballero López, ¿a quién le cuenta usted eso? ¿a la puerta o a esa señorita?

Todo el mundo se rió. Gormaz en los ensayos se ponía nervioso, sudando, tosiendo de fatiga, pasándose cada rato el pañuelo por la calva frente y por los turbios ojos. Quisiera él calentar aquellos cuerpos inertes, sutilizar aquellas mentes torpes, encender aquellas tardas y perezosas sangres con el fuego y la lumbre del entusiasmo artístico. Sólo que a la media hora de predicar, de espolear, de comunicar impulso, de serlo todo a un tiempo, galán, dama, barba y gracioso, de dar a éste el modelo de la expresión patética y al otro el de la indignación y al de acá la ironía y al de acullá el desdén, su rostro se amorataba, el asma le subía en ronquidos y borborigmos[72] a la laringe, se inyectaban sus pupilas, y, medio muerto, se dejaba caer en una butaca, diciendo: «Bruumm... sigan ustedes, sigan». Cada cual seguía entonces yéndose por donde le daba la gana.

Frisaba Gormaz en los sesenta; era coetáneo de Romea, pero más joven, y pertenecía a aquella falange de actores, ya casi extinguida, que amaba el arte y se preciaba de entender las letras; que se asociaba a la gloria de Hartzenbusch y Zorrilla[73] por la interpretación entusiasta de sus dramas, y que tras de cantar todo el verano, como la cigarra, ha concluido como ella, muriéndose de hambre y frío, porque la vejez del actor español es penosa cuanto alegre su vagabunda mocedad. La última etapa de Gormaz, inservible ya para las tablas, fue organizar aquella sección en el Casino de Industriales. Todo el mundo le quería bien allí, por su afable carácter y su vida arreglada y modesta, pues Gormaz no tenía nada de bohemio y sus costumbres podían pasar al través del más delgado tamiz de censura.

Lo que es la noche del ensayo de *Consuelo*, a Gormaz debía sucederle algo raro. Estaba como vuelto al revés. Él tan atento, tan deferente con todos los individuos de la sección, sin distinción de sexos ni categorías, apenas contestaba y sólo se dedicaba a ensayarle bien el

---

72   *Borborigmos*: Sonidos del estómago.
73   Se refiere aquí a los dos dramaturgos más importantes del siglo XIX: Juan Eugenio Hartzenbusch (1806-1880) y José Zorrilla (1817-1893).

papel a Concha. Las otras mujeres que tomaban parte en la representación no tardaron en notarlo, y en amostazarse[74]. La encargada del papel de Antonia, Julia Marqué, catalana injerta en gallega, hija de un almacenista, era una morena hombruna, con gruesa voz y no leve bozo, muy aplaudida por lo campanudo de su órgano, que daba tono profético y sentencioso a sus menores palabras; la que había de hacer la criada andaluza, Rosalía Cañales, era una estanquerilla redicha, delgada y chatuela[75], que giraba los ojos, apretaba la boca y manejaba mucho el abanico; se tenían ambas por dechados respectivamente del género trágico y cómico, y en los ensayos se apoderaban del director, crucificándole a preguntas y no dejándole respirar. Viendo que no les hacía caso, cuchichearon en voz baja y señalaron a Concha. ¡Qué tonta y qué presumida! ¡Porque había atrapado el papel principal, estaba dándose una importancia!¡Mucho de salir hoy elegante y de cola, y mañana se casaría con un ebanista miserable, y calentaría las sopas en la trastienda sin más cola que la de pegar madera! Y ambas hacían un gesto desdeñoso, indicando que ellas no aceptarían seguramente por marido a hombre de tan poco fuste[76].

—Aún sabe Dios si se casará –silabeó en voz baja la estanquera.

—Pero mira don Manolo... no hace sino enseñarle, como si fuese a sacar de ahí una cosa que asombre a todo el mundo. En efecto, a Gormaz todo se le volvía «Conchita ese brazo. Hija, repita usted esa frase. No, así no: un poquito de energía, ¿está usted bien?. Esa escena hay que moverla... debe usted levantarse, volverse a sentar, mostrándose dudosa. ¿A ver cómo escribe usted esa carta?... Bien, bien... así debe usted hacerlo después; no hay que olvidarse».

Concha sorprendida también de aquel interés exclusivo, sentía que poco a poco se le comunicaba el entusiasmo de Gormaz. Contribuyendo a su excitación el instinto femenino, el espectáculo de las dos rivales acurrucadas en el sofá, nerviosas como dos gatas que se disponen a sacar las uñas, y mirándola de reojo con pupila fosforescente. Un sutil calor empezó a difundirse por su alma, transformándole la voz, que con sorpresa de ella misma se timbró en notas penetrantes y apasionadas. Gormaz, observando esta favorable metamorfosis, aplicaba leña a la hoguera.

—Ya ve usted que en este acto está usted celosa... Hay que revelar

---

74   *Amostazarse*: Enfadarse, irritarse por algo.
75   *Chatuela*: Chata, pequeña.
76   *Fuste*: Valor, importancia.

esos celos en el acento, en la fisonomía... ¡Su marido de usted la está engañando, usted no se ha de quedar tan fresca! A veces Concha, cuando decía una frase con vehemencia, se avergonzaba un poco y soltaba la risa.

—Ay, Dios mío... Don Manolo, estoy exagerando, ¿verdad?

—No hija, no... En esa situación hay que poseerse, así como en el primer acto debe usted más bien aparecer fría y coqueta...

¡Bien dicho, bien! Ánimo.. a la escena con la criada... Rosalía, hija, ¿me hace usted el favor?

—¿Eh? —murmuró Rosalía con displicencia[77].

—Pues ahora es la escenita de usted... La carta.

—Ay... usted dispense... Como no se ha fijado usted nada en lo que dije antes, creí que...

Se encogió Gormaz levemente de hombros, y resignándose, prestó de alguna atención al dejo sevillano contrahecho de la estanquera. Era preciso activar porque la hora de la función se aproximaba, y ya dos o tres músicos, con sus instrumentos muy enfundados en bayeta verde debajo del brazo, se asomaban por la puerta de la entrada, retirándose después de escuchar algunos minutos curiosamente. El último acto se atropelló un poco, pero Concha sabía al dedillo el papel y Gormaz, como de paso, pudo aún indicarle algunos toques maestros. Al final le apretó misteriosamente la mano.

—Hasta luego... ¡Y a ver como nos lucimos!

Concha se dirigió al tocador, donde le esperaba su hermana vigilando la cesta de los trajes, mientras Rosalía y Julia, ocupando todo el hueco del espejo, se daban polvos de arroz por quintales, limpiándose después cejas y pestañas con la toalla húmeda. Como no tenían trazas de hacer sitio, Dolores gritó a Concha en voz alta:

—Hija, arrímate al espejo... Estás sin peinar aún, acuérdate...

Las dos usurpadoras del tocador se desviaron con majestuoso paso de reinas ofendidas, y empezaron a calzarse en un rincón, secreteando y sin dejar su actitud hostil. El tocado de Concha fue corto; su juventud y su fresca tez no requerían gran afeite. Sus ojos brillaban y sus mejillas estaban algo sonrosadas. Al remangarse el pelo con unas agujas de azabache, recordó el beso de Ramón, y se enrojeció hasta la frente. ¡Qué poco había durado! ¿Lo sabría Dolores? ¡Bah! ¿Cómo lo habría de saber? Se esforzó en desechar aquel orden de ideas, re-

---

77   *Displicencia*: Actitud indiferente y de desagrado hacia alguien o algo.

cordando que era preciso hacer un esfuerzo por representar bien y que don Manolo no se quejase de ella.

Cuando puso los pies en la escena, el corazón le latió, según costumbre, un poquillo, al ver el aspecto imponente del teatro. Sin que pudiese precisar quiénes eran los espectadores que llenaban las butacas atestaban los palcos y se apiñaban en la galería, bien comprendió que estaba allí todo Marineda, la gente fina, el señorío; público inusitado en aquel local, donde por lo regular el elemento dominante eran los socios y las familias. Veía vagamente, sobre el fondo granate del papel que reviste el teatro, agitarse una triple hilera de cabezas femeniles, adornadas con flores; los colores claros y ricos de los trajes hacían una decoración abigarrada; y de las butacas, subía hacia Concha, como una ola de curiosidad, el reflejo de los cristales de los gemelos instantáneamente clavados en ella, y el susurro de voces que muy quedito pronunciaban o preguntaban su nombre. Le zumbaron algo los oídos, y se le apretó la garganta al articular las primeras fases del papel; pero recordando de pronto un consejo de Gormaz, alzó los ojos y fijó en el auditorio una mirada tranquila. Distinguió entonces con más claridad la concurrencia y respiró. De pronto volvió a alterar su serenidad la cara de Ramón, que desde las primeras filas de butacas, acechaba una ojeada de su novia. Apartó la vista y se dedicó a recitar lo mejor posible el papel. Gormaz, asomando de tiempo en tiempo entre bastidores su cabeza sudorosa, recorría el teatro, fijándose en un palco entresuelo, el único vacío que quedaba ya; después hacía una señal de inteligencia a Concha, aprobando y animando.

El público, sin embargo, no daba más indicio de agradecer los esfuerzos de Concha que, por parte de los hombres, no quitarle los gemelos de encima. En conjunto se veía que la representación haría reír disimuladamente a los que no fastidiaba. Dos o tres carcajadas sofocadas habían resonado ya, una aguda y aflautadilla en un palco, otras más sonoras en las butacas. Por mucho que las señoras procurasen aparentar que se divertían y prestaban atención, se notaban los bostezos de a cuarta, mal encubiertos por el abanico. *Sotto voce*, los espectadores se comunicaban sus impresiones de aburrimiento. ¡Las tales funciones de aficionados! Venir a ver lo mismo que se ve en el teatro todos los días, ¡sólo que echado a perder! Luego, ¡que programa tan largo, santo Dios! ¡Tres actos de *Consuelo*, el Orfeón, lectura de poesías y sainete!

No se salía de allí menos de la una. Y el caso es que no cabía marcharse dejándolos con la palabra en la boca, por compromiso con el Intendente, que se picaría, de seguro, si se le hiciese un desaire a su protegido... ¡Buen tipo tenía el protegido! ¡Vaya un galán para el papel de *Fernando*! Las patillas postizas se le estaban cayendo: por no saber en que ocupar las manos, no cesaba de dar vueltas a la cadena del reloj... ¡Pues y las mujeres! ¡Qué modo de vestirse! Aparte de que no se les oía una palabra, y como estaban aguardando lo que dijese el apuntador para hablar, resultaba que el acto no concluía nunca... ¡Y qué acción! Lo mismo que esas muñecas, a las cuales se les tiraba de un cordelito y levantaban los brazos... La *Consuelo* pronunciaba más claro, a ésa al menos se le entendía bien: ¡pero qué trazas de descarada y pizpireta!

En las butacas también se comentaba lo indigesto de la función, con otra salsa más picante, y sobre todo con tan unánimes elogios a la buena cara y simpática voz de Concha, que Ramón se volvió dos o tres veces impaciente y sobresaltado, como si algún bicho le picase en la nuca. Sólo respiró el pobre novio, al caer con pausa el telón, tras la fuga de *Consuelo*.

Concha atravesaba los bastidores con su hermana para regresar al tocador y vestirse de nuevo, cuando su novio le cerró el paso. Le llamó la atención verle tan fosco y cariacontecido[78], y con la mayor inquietud le preguntó:

—¿Qué hay de nuevo?

—Nada –murmuró él repentinamente avergonzado, al ver a Dolores allí, de las ideas tontas que venían ocurriéndosele–.

¿Vas a vestirte?

—Sí... abur, que después me cogen el sitio las otras.

Gormaz, que vagaba por allí como alma en pena, la empujó, dándole prisa:

—¡Vamos, hija... vamos!

Sacó después el ex actor un cigarrillo y lo encendió, paseándose inquieto y con taconeo nervioso por la solitaria escena. De rato en rato pegaba el ojo izquierdo a un agujerillo del telón, y siempre veía, en el lleno completo y brillante de la sala, el hueco del palco vacío, como una mella en una hermosa dentadura. Al fin hizo un ademán de contento: la puerta del palco se abría, entrando por ella dos hombres, el uno de mediana edad, grueso, lampiño, de pelo negro y liso como el hule, fi-

---

78   *Cariacontecido*: Que muestra en su cara aflicción y sobresalto.

sonomía entre clerical y chulesca, que Gormaz reconoció por el gracioso o primer actor cómico de la compañía; el otro viejo de borbónico perfil con una de esas caras inteligentes y castizas de pelucona rancia, que aún hoy se ven en los aldeanos del centro de Castilla y en algún torero. Era un rostro movible, donde a intervalos se transparenta ya la ironía indulgente, ya la enérgica voluntad vencedora de los muchos años. La nariz y la barba, en demasía aficionadas a gastar conversación, se combinaban bien con el mondo cráneo, lleno de protuberancias[79] color marfil. La apostura era mucho más firme y desembarazada de lo que la edad pedía, y el traje, severo y correcto. Así que Gormaz reconoció a Estrella, de algunos brincos estuvo en su palco.

—¡Manolillo!

—¡Juanito! ¡Ejeem! Se agradece, hombre, se agradece la venida. A la verdad, tenía gusto en que hoy te dejases ver por aquí. Adiós, Gálvez.

—Pues no faltaba más. Aquí me tienes. Y le daré un aplausillo a tu gente, para que no te desanime. ¿Eh? Ya nos entendemos.

Estrella sonreía: Gormaz le miró de un modo singular, y aquella ojeada que se cruzó entre los dos actores acostumbrados a declarar con la expresión tantas cosas, para Estrella fue equivalente a un discurso. Sin embargo, adivinó a medias.

—¿Qué? –pronunció–. ¿Que hay algo bueno que ver, eh? ¿Una chica guapa? ¡Ay Manolo de mi vida! Si yo ya no sirvo de nada, hijo. Estoy para que me saquen en un cesto al sol.

Protestó Gormaz, no sin melancolía.

—¡Pues si tú dices eso! ¡Tú, que con diez añitos más que yo te atreves con *La Aldea de San Lorenzo* y el repertorio del Cano y Echegaray! ¡Tú! ¡Pues si tú... eres un roble!

—Psh... Los pulmones y la garganta no andan aún del todo mal; pero hijo mío, el resto... ¿Con qué una chica guapa? Pues haz cuenta que yo... como si tal cosa.

—No le crea usted –intervino Gálvez, que hasta entonces se había contentado con reír maliciosamente–. Diga usted que no. Es muy taimado y nos engaña. Más travesuras es él capaz de hacer, que usted y yo juntos.

—Hombre, fíate en mí. Dile a esa damisela que llame a otra puerta... o que se entienda con Gálvez.

---

[79]   *Protuberancias*: Bulto que sobresale en la superficie.

—Yo no te revelo nada por ahora... Ya volveré en el entreacto, que van a subir la cortina.

A pesar de todas las protestas, por aquello de que los ojos nunca envejecen, apenas subió el minúsculo telón. Estrella sacó del bolsillo trasero de la levita sus gemelos, cuyos cristales limpió primorosamente, asentándolos después a la escena. La mujer que entonces se hallaba con ella, Rosalía Cañales, no le pareció tan bien como esperaba, ni siquiera la mitad; y con un fruncimiento expresivo de cejas, casi anudadas sobre su enérgica nariz, bajó los gemelos, limitándose a asistir a la función resignadamente, como persona fina convidada a un espectáculo que nada le importa. Familiarizado con torpezas y gazapos de principiantes, durante su larga carrera de actor y director de compañía, no alteraban su plácido reposo ni las salidas ni entradas a destiempo, ni el modo de recitar, monótono como salmodia de breviario o desmenuzado como picadillo, ni el acento duro, ni los brazos cosidos al cuerpo, ni las caras paradas, como hechas de cartón. Gálvez le pisó disimuladamente el pie dos o tres veces, por supuesto, con blandura. No dio señales de vida. Tal era su actitud cuando salió Concha.

Al verla, Estrella dijo con indiferencia indulgente:– Es bonita, hombre; cierto que sí. –Pero apenas hubo pronunciado algunos versos, cuando volvió a limpiar con rapidez los gemelos y a pegarlos a los párpados, enderezándose en la silla para mejor atender. De la atención pasó en breve al interés subido: sacó el cuerpo fuera, y en los palcos empezaron a mirarle con sorpresa, mientras en las butacas se levantaban dos o tres cabezas, que pronto, por comunicación directa, hicieron erguirse otras muchachas. Poco a poco todo el teatro se fijó en los movimientos de Estrella, y la gente aburrida, que no acertaba a entretener aquellos actos interminables, se dedicó a observar, pacientemente, como se observa en provincia –donde la telaraña de la curiosidad se teje y desteje cada día con las mismas mallas menudas–, la cara del eminente actor. No cabía duda: lo que le llamaba la atención en la escena era la chica encargada del papel principal: bien: ¿Y por qué? ¿Por lo guapa? Estrella había sido un gran conquistador en otro tiempo: puede que aún le durase el humor... ¿Tan viejo? ¡Quién sabe! Sin embargo, los gestos aprobadores de Estrella desmentían la presunción de un flechazo súbito. Más bien parecía –cosa inverosímil– que le agradaba el modo de representar de la chica. ¡Bah! Imposible. ¡Gustarle a un actor de tanto mérito una aficionadilla de tres al cuarto! Y con todo... La verdad es que la muchacha poseía una voz tan fresca, tan clara, de un timbre tan grato... El caso es que lo hacía mejor que las otras: a ella se le oía y entendía todo... Y no decía mal, no señor... Así, favorablemente prevenido, pudo ya el público interpretar con exactitud el pensamiento de Estrella; y todas las dudas se disiparon cuando, al decir *Consuelo* aquella frase fatal que trastorna la cabeza a *Fernando*, aquel femenil y pérfido *no seas ingrato*, el actor, ahogando un ¡bravo! Entre dientes, aplaudió con brío. La concurrencia vaciló un segundo, y por fin, subyugada y convencida, hizo coro el aplauso, y sordos rumores de aprobación corrieron por las butacas. Se daban unos a otros la noticia:

—¿Ha visto usted?

—¡Promete mucho esa niña, vaya!

—Cuando Estrella se entusiasma... ¿eh? ¿Si habrá conocido actrices Estrella?

—Yo ya lo decía en el primer acto, esa chica vale... No sé cómo no se hicieron ustedes cargo desde el principio...

—¡Hombre, no nos jeringue usted! Usted no dijo palabra; váyase usted al canario.

—Ta, ta, ta, yo no lo dije, porque me hubiesen ustedes comido; aquí todos ustedes son partidarios de Julia Marqué y de la otra...

—¡Bah, bah! Lo cierto es que no nos habíamos fijado, ni usted ni nadie... ¿Y quién es ella? ¿Una modista?

—Sí, mis primas la conocen... Una modistilla, dicen que de buena conducta.

—Eso ya... averígüelo Vargas.

Ramón subió entre bastidores enojado y sombrío. ¡Todo el teatro haciendo conversación de su novia! Aquella inesperada ovación[80] le daba a él que pensar. Que en Concha pudiese haber facultades artísticas suficientes para explicar el fenómeno, no se le ocurrió un instante: creyó sencillamente que Concha era bonita y los espectadores unos truhanes de marca. Encapotado y ceñudo llegó a donde estaba Concha recibiendo la felicitación calurosísima de Gormaz: el rostro de éste, sofocado por la asmática tos y dilatado por el placer, parecía un queso de bola de los más teñidos. Al ver a Ramón, aprovechó la coyuntura para escaparse al palco de Estrella, a quien halló en el corredor fumando y charlando animadamente con Gálvez.

---

80   *Ovación*: Aplauso fuerte y ruidoso.

—¿Qué me dices Juanillo?

—¿Chico, de dónde ha salido eso?

—De un taller de modista. Y habrás notado que está enteramente por hacer. Diamante en bruto.

—¡Sss! Ya se sabe: pero la madera...

—Soberbia. De patente. Hoy es el primer día que trabaja en tres actos. Nunca ha pasado de piececillas.

—Y di, hombre: ¿hace tiempo que la enseñas?

—Medio año o poco más; pero... ¡Ejeem!

Aquí Gormaz entornó los ojos.

—Pero puede decirse que no la he enseñado nada... En el ensayo de hoy me he tomado algún trabajo, porque venías tú... Nada más hijo...

—¿Pues cómo es eso?

—Te diré... Es que... —Y la voz, mientras jugaba con la cadenilla de oro de Estrella–. Es que aquí... mi posición... ya ves tú... tiene sus compromisillos, ¿eh? Aquí todas aspiran a oírse llamar artistas, y a leerlo en los periódicos. Si distinguiese a ésa y me parase más en darle lecciones... se me pondrían las demás como avispas... Una diablura... Que no se puede. Las otras tienen más amigos en la sociedad y en la Junta directiva: hay una que es cuñada del secretario; otra que es hija del contador...Ya hoy las tengo hechas un vinagre conmigo, por lo poco que me dediqué ayer a sacar partido de ésa... Para darle el papel principal he tenido que urdir mil enredos, diciendo que el de *Consuelo* es insignificante, y que los verdaderos papeles trágico y cómico de la obra, son el de la madre y la criada... En fin, ya ves que si he de sostenerme en mi puesto, me conviene alguna prudencia...

—Ya estoy... Pero a mí en tu caso, me sería difícil... ¡Ay chico! En los tiempos que corremos, cuando se ve algo que promete valer alguna cosa... Porque la verdad es que no hay ni esto...¡Qué decadencia!

—Permita usted, señor de Estrella... con todo el respeto que usted me merece... –articuló Gálvez, metiendo su cucharada.

—No hay respeto que valga... –exclamó Estrella relampagueándose los ojos y dilatadas las ventanillas de su borbónica nariz–. No hay hoy nada, nada, nada, y tres veces nada... Hay un par de galanes regulares... pero lo que se llama un actor de facultades y fuerza, un Carlos Latorre, un Julián Romea... ¿a ver, va usted a hacerme el obsequio de decirme dónde está? ¿Un actor de corazón, de esos que crean papeles de tal manera que ya nadie puede hacerlos después, como el *Sullivan* de Romea por ejemplo? ¿Pues y las mujeres?... Ahí, ahí quiero yo que usted me replique... ¿Qué hay en mujeres, qué hay? Cuatro gatitas, que sueltan unos maullidos, que sacan unas colas de raso y están pensando en ellas toda la noche... ¡Ah! Los que hemos alcanzado a Bárbara y Teodora Lamadrid y a la pobre Matilde, con aquella gracia suya, y sobre todo a la Concepción Rodríguez, la sublime trágica... ¿Te acuerdas tú de Concepción Rodríguez?

—¡Qué si me acuerdo! –exclamó Gormaz electrizado a su vez–. Aún me parece que la estoy viendo y oyendo, con su voz que llegaba al alma... Di: ¿y no te parece a ti que esa chica tiene un metal de voz, que así que lo trabaje, podrá asemejarse algo al de Concepción Rodríguez?

—Estaba pensando en decírtelo... La voz de esta chica es un tesoro, cuando lo pueda explotar bien... Además, su figura es sumamente bella.

—Por ahí le duele a don Juan –exclamó Gálvez dándole una palmadita en el hombro.

—¡Quia! Hombre. Si a mí no me queda ya sino lo que les queda a los toreros viejos: el sentido. Una chica guapa... ps... por el hecho de serlo, si uno fuese muchacho, se le podrían decir cuatro cosas... Pero para el arte, ¿qué tiene que ver la belleza...? La fealdad puede vencerse: y si no, diga usted: ¿le parezco yo a usted bonito?

Se echaron a reír Gálvez y Gormaz, y el primero dijo llanamente:

—Lo que es bonito, señor don Juan...

—Pues nunca fui mejor mozo, y aquí donde usted me ve, aún he conseguido y consigo a veces que el público llore, o se ría... De eso se trata. No obstante, a esa chica no le estorbará su buen físico para los primeros tiempos de la carrera... Además, parece muy niña...

—De diez y ocho a diez y nueve años.

—Pues antes de que sea una gran actriz, por de pronto, será la primer *dama joven* de España... Que sí, hombre... La Boldún no fue nunca otra cosa sino una *dama joven* muy simpática y laboriosa... Ésta será encantadora: se escribirán papeles para ella. Esa juventud, ese aire de candor, esa frescura, unidos al talento, ya verá usted lo que dan de sí.

Gálvez se sonreía, declarando no haber conocido nunca a don Juan tan entusiasmado, sin poder desechar la idea de que le agradaba la chica como mujer. En cambio Gormaz, cuya vista penetrante de actor machucho distinguía mejor de colores, estaba muy hueco, lo mismo que si le tocase alguna parte en el milagro. Corrió a participar a Concha la opinión de Estrella, y encontró a la modista muy alterada. Al principio del entreacto, había reñido con Ramón. ¿Pues no tenía éste la peregrina ocurrencia de exigir ahora, la hora crítica, que no se presentase escotada, que se pusiese un cuerpo alto? Por más que le hizo mil observaciones, advirtiéndole que, según decía la comedia, el escote en aquel acto era de rigor, que además no tenía otra cosa que poner; que ya era imposible discurrir un traje diferente, él, con obstinación de mula manchega, con la cabeza baja y el gesto torvo, insistió en que, si salía escotada, romperían para siempre. Así es que cuando Concha entró en el tocador vestuario, llevaba los ojos preñados de lágrimas. Dolores la interrogó, y ella contó todo en voz baja, rabiosa, prendiéndose con mano febril un grupo de camelias en el pelo y dándose polvos a puñados, sin saber lo que hacía, temblando toda de despecho. Era la primera vez que disputaban Ramón y ella ¡y en que ocasión! Dolores trató de conciliar, de sosegar la tormenta.

—Mujer, puedes echarte por los hombros una toquilla de encaje, la que sacó Rosalía en el primer acto... Yo ya se la pediré prestada... A los hombres no les gusta estas escotaduras, y tienen razón: ¡moda más indecente!

—Déjate de cuentos... –articuló furiosa Concha–. Es un tonto; bien sabía lo del escote, y no tenía para qué darme ahora este mal rato... Pues no señor, que he de ir lo mismo que pensaba. ¡Mire usted...!

Y con un dedo impaciente, bajó el tul que rodeaba la línea del escote, como si quisiese aumentar el crimen. Salió a las tablas sofocada aún de haber llorado, con los ojos brillantes y las facciones animadas bajo la capa de polvos que las cubría, colérica, nerviosa, admirable en suma para aquel papel de *Consuelo* en el último acto, que es todo de celos y furia, primero sorda y luego desatada. El público, advertido ya, la saludó a su entrada con un aplauso, y Estrella enarboló los gemelos. Ramón, deslumbrado por aquella aparición blanca y rubia envuelta en tarlatana azul, cegado por el brillo alabastrino de los hermosos brazos y desnudos hombros, espectáculo que hacía latir dolorosamente las arterias de sus sienes, azuzado por el rumor lisonjero que acogió la entrada de su novia, se levantó de la butaca tambaleándose y por la puerta más inmediatamente se lanzó al corredor. Iba tan ciego, que no vio a un caballero gordo, con melenas, que le detuvo.

—¿Eh... amigo, a dónde va usted?

—Ahí fuera... vuelvo en seguida –contestó el ebanista reconociendo al director del Orfeón.

—No olvidarse... mire usted que la *Barcarola*[81] se canta en el otro intervalo.

Ramón salió del edificio como un loco. Al verse fuera, se paró un minuto. La corona le estorbaba allí, debajo de la levita, en el pecho. La cogió y la despidió, balanceándola por las cintas, a no sé cuantos metros de distancia. ¿Volver al teatro? ¿Oír de nuevo las voces que penetraban como lancetas en todo lo que él más quería, en la reputación, en la garganta, en la carne de Concha? Jamás y silbando, de puro desesperado, la *Barcarola*, desapareció.

Mientras tanto Concha experimentaba una sensación muy extraña. Aquel público, aburrido en el primer acto, vacilante en el segundo, ahora se volvía todo ojos y entusiasmo para la joven aficionada. Sólo el que lo ha presenciado puede darse cuenta de cómo se transmiten –mucho más rápidamente que por el telégrafo– las nuevas, en un teatro, paseo o reunión de provincia. La muerte o enfermedad repentina; la llegada del personaje notable; la disputa acalorada que puede parar en lance de honor; y hasta la plática amorosa, que naturalmente pasa sólo entre los dos interesados, todo corre y se sabe a los pocos minutos y es asunto de comentarios y aun suele publicarlo la prensa en velados sueltos. En el recinto donde Concha trabajaba, durante el corto espacio de un acto a un entreacto, había cundido como mancha de aceite la noticia del efecto producido en el célebre actor Estrella por la modista-actriz, y lo que decía de sus facultades: sólo que, como pasa a menudo en casos análogos, el cuento, al correr, engrosaba, se ponía hidrópico. Ya aseguraban sin rebozo que Estrella quería contratar a la chica, y que le ofrecía cantidades fabulosas. Y estas voces, circulando de un extremo a otro del teatrillo, picaban la curiosidad y hacían que el público, interesado en la representación, no se aburriese ya mucho ni poco. Aquel hervor, aquella vida psíquica, por decirlo así, del público, cuyo foco era Concha, se reflejaban en ella comunicándole no sé qué misteriosa admiración, no sé que hormigueo del fluido vital. Lejos de estorbarla, la atención de la concurrencia la estimulaba hasta el punto de que, excitándola al sonido de su propia voz, y al eco de los aplausos que ya fácilmente arrancaba, había olvidado por completo la riña con su novio, y embriagada y penetrada hasta lo más íntimo de su ser, sentía

---

81   *Barcarola*: Canción folclórica interpretada por los gondoleros venecianos, o bien una obra escrita imitando este estilo.

esas cosquillas indefinibles, esa corriente magnética que pone en comunicación, por un instante, el alma de un artista con muchos miles de almas; singular amor colectivo –pues no es posible darle otro nombre– que une al individuo con la multitud.

Entre bastidores estaba la serpiente del florido ramo que con tanto deleite respiraba Concha. Sus dos eclipsadas rivales, que en el tercer acto apenas tenían que salir a la escena, se desquitaban hablando fuera de ella a su sabor. En el corrillo inevitable que se forma en semejantes sitios, estaban los amigotes y los parientes de las desdeñadas: ¡y cómo se esgrimían allí las lenguas! Todo salía en la colada, la actitud de Estrella, la petulancia de la chica, la precipitada fuga de Ramón avergonzado de las cosas que oía en las butacas a causa del inconveniente escote de su novia, la disputa en el entreacto... Gormaz, arrimado a no sé qué accesorio, se roía las uñas, deseoso de intervenir en la conversación; pero impidiéndole hacerlo el temor de recibir alguna rociada, acusándole de haberlas deslucido, a ellas, Rosalía y Julia, poniendo todo su conato en ensayar a Concha solamente.

Hubo un momento en que el formidable corro calló de golpe: era que Dolores, deseosa de echar un ojo a la escena, rodaba por allí. Y entonces menudearon los codazos y los ¡chss! significativos. Resonó en el teatro una nueva salva de aplausos y su ruido dio al traste con la prudencia de las dos artistas postergadas. Dolores, haciéndose la distraída, lo oyó todo.

Al salir Concha de la escena, contrastaba el semblante de las dos hermanas, vertiendo satisfacción el de la menor, ceñudo el de la mayor. Concha, sin repararlo, se echó casi a los brazos de Dolores, con alegría de chiquilla.

—¿Has visto cómo me aplaudieron? ¿Has visto?

—Anda, anda, ven a desnudarte –murmuró la hermana extendiéndose por los hombros una toquilla y empujándola a una tocador. Apenas estuvieron en él, al desabrocharse el cuerpo, le dijo en voz baja:

—¿Y Ramón? ¿Es verdad que no está en el teatro?

—Jesús, mujer.. ¿qué se yo? Aguarda... Sí, me parece que salió...

—¿Qué salió? ¿A dónde? ¿Cómo es eso?

—¡Siendo! ¡También es fuerte cosa que yo te lo he de decir!

—¡Concha, Concha! No te andes con guasas... Los hombres tienen poco aguante, y se cansan pronto de ciertas cosas... Hoy has llamado la atención de todo el mundo ¡Dicen de ti primores!... ¿Qué tienes aquí?

—Un alfiler... ¡Uy! Me has pinchado... No, lo que es hoy, entre el otro y tú...

Pronunció esto la niña medio llorando, impresionada, con esta facilidad con que las personas nerviosas pasan de la expansión del placer al dolor. Y casi en voz alta, a pesar de que Rosalía Cañales se desnudaba allí a dos pasos con el oído en acecho, afirmó que ya la incomodaban las majaderías, que ella no había hecho nada de malo, y si Ramón no lo quería así, que lo dejase. También era tontería de Dolores disgustarse por eso: probablemente Ramón ya estaría de vuelta para cantar... Y si no, buen viaje... Así que se hubo desnudado, salió aprisa, y al amparo de un bastidor miró hacia la escena.

El Orfeón[82] se alineaba ya en semicírculo alrededor del foso, ostentando en el centro su charro estandarte azul bordado de plata sobre el cual se agrupaban coronas y premios ganados en certámenes, una lira de oro, una flor del mismo metal: el director, grave y solícito, recorría las filas, colocando bien a cada orfeonista: el aspecto era muy satisfactorio: casi todos vestían, con la desmaña peculiar del obrero, levitas negras y calzaban guantes blancos; no sabiendo cómo colocar los brazos, dejándolos caer a lo largo del cuerpo, buscando por instinto un punto de apoyo de la decoración. El telón subió, y a la clara luz de las candilejas y del gas, vio Concha que su novio no estaba allí. ¡Valiente caprichoso! ¿Dónde se habría metido? Mientras ella cavilaba sobre el asunto, el Orfeón preludiaba la Barcarola con un suave mosconeo hecho sin abrir la boca, que remedaba el silbo del viento y el murmullo del oleaje. ¡Ya se lo diría de misas mañana! ¡Largarse así, dejándola en una vergüenza delante de todo el mundo, para que aquellas mal intencionadas se riesen de ella! ¡No echarle siquiera la corona!

Entretanto el Orfeón, sin interrumpir el acompañamiento imitativo, rompía en una melodiosa estrofa, que hablaba de la luna, las bateleras[83], de bogar[84], del barquichuelo; Concha oía maquinalmente; sus nervios se templaban y a la rabieta sucedía una tristeza vaga, un deseo de amor. ¡Pasarle hoy tales cosas! ¡Hoy, precisamente, cuando debía su novio estarle tan agradecido! Columpiada por la música, el recuerdo del jardín acudía, dulce, embellecido por la me-

---

82   *Orfeón*: Agrupación de personas que cantan en coro sin acompañamiento de instrumentos.

83   *Batelera*: Persona que dirige un barco pequeño.

84   *Bogar*: Mover los remos en el agua.

moria y poetizado por el acompañamiento de la barcarola soñolienta...
La sacaron de su distracción dos o tres socios que venían a visitarla
por su brillante triunfo, y el director de un periódico local, que le decía
con aire de suficiencia:

—Ya sabemos, ya sabemos que tenemos aquí una insigne artista,
llamada a dar días de gloria a la patria...

Estrella se había retirado de su palco, después de hablar breves instantes con Gormaz. Alguna gente de las plateas, alarmada por el
anuncio de la lectura de poesías, desfilaba también, consultando el
reloj y haciendo el menos ruido posible. En las butacas se abrían bastantes claros. Dolores y Concha, habiendo confiado la cesta al
conserje, se escabulleron, arrebujadas en sus mantones. Se
encontraban cansadas, como gente que no ha dormido en varias
noches y ha trabajado siempre. Ambas guardaban silencio, porque
tenían en que pensar y sus pensamientos no iban acordes. Al
recogerse, no hubo conversación de cama a cama.

Cualquier bicho extraño, cualquier alimaña inverosímil que viesen
entrar por la ventana del tejado el día siguiente a eso de las ochos, les
causaría menos sorpresa que la aparición repentina de Gormaz,
previos dos golpecitos muy discretos a la puerta y un «¿dan ustedes
su permiso?» de lo más respetuoso. Venía el pobrecillo ahogándose
con el asma, por la subida a aquel cuarto abuhardillado[85], no muy distante del cielo... Le brindaron atentamente el asiento de preferencia
en el quebrado sofá, pero él, a fuer de cumplido caballero, lo rehusó,
contentándose con una silla de rejilla bastante desvencijada[86]. Su
arenga[87] salió entre toses, gargajeos sofocados, y angustiosos anhelos
de respiración. ¿Cómo no habían adivinado a qué venía? Pues era
bien fácil de adivinar, conocidas las buenas disposiciones de Conchita,
que no permitían ni por un momento dudar que Dios la había destinado a la gloria escénica. Él sin embargo, retirado ya y fuera del movimiento teatral hacía tiempo, nunca se hubiese atrevido a tomar
sobre sí la responsabilidad de darle tal consejo, ni de dirigirle semejante proposición; pero ahora que el eminente Estrella le daba su encargo... Estrella, sí señor, Estrella le ofrecía el ajuste de un año de
aprendizaje con corto sueldo, comprometiéndose, al cabo del año, a
contratarla con decentes honorarios, en calidad de *dama joven*...

---

85 *Abuhardillado*: Que tiene el techo inclinado.
86 *Desvencijada*: Suelta o aflojada.
87 *Arenga*: Discurso en tono solemne.

Concha escuchaba, con sus breves labios entreabiertos, fijos los brillantes ojos en su interlocutor. Aún no había terminado Gormaz su discurso, cuando Dolores, alzándose del sofá tan impetuosamente que lo hizo crujir, se encaró de pronto con el mensajero, exclamando:

—Me extraña muchísimo, señor de Gormaz, que nos venga usted con esas proposiciones, usted, que nos conoce y sabe que mi hermana es una chica honrada. Aquí no entendemos de eso... Mi hermana no ha nacido para cómica, no señor.

Una tos horrible, una tos de tercer grado impidió a Gormaz responder al punto. Sacó la lengua, y se le amorató desde el colodrillo[88] hasta la nuez. Cuando al fin pudo respirar, con voz todavía estrangulada, declamó:

—Porque considero que usted no sabe lo que se dice, no la contesto aquí todo lo que pudiera, Dolores; con todo, entienda usted que eso que usted acaba de pronunciar es... ¡ejeeeem! un solemnísimo disparate... no sólo esta señorita, que vive de su trabajo (y hace muy bien y lo apruebo), sino las personas más elevadas, se considerarían honradísimas con alcanzar la gloria escénica, ¿está usted? ¡Bruuum! ¿Usted considera lo que es una artista? ¿Cree usted que hay profesión no digo yo más decente, sino más noble, ejeeem, más noble? ¡Que no ha nacido su hermana de usted para *cómica*! ¡Vaya, vaya! ¡Bruuuum! ¡Qué cosa oye uno al cabo de sus años!

Dolores, avergonzada, compendió que había cometido un yerro de monta. Trató de disculparse.

—Por Dios, señor de Gormaz, que no era mi ánimo ofender a usted... Solamente quise decir que esa carrera (usted bien se hace cargo), las muchachas se exponen a... a...

—¿A qué, a qué se exponen? –articuló Gormaz hecho un león.

—A... nada –balbuceó Dolores recordando con rubor que ella no había sido actriz nunca–. Pero el caso es que mi hermana... tiene arreglada... una boda, con un chico de aquí...

—Lo que hay –recalcó Gormaz– es que ni usted ni yo somos quién para decidir este asunto... Su hermanita de usted se calla... Pues ella es la que debe de hablar, ¿está usted? Lo que ella quiera, ¡Bruum! Al fin se trata de su porvenir.

—Yo supongo que oirá consejos de su hermana –advirtió Dolores.

—¿Usted qué dice, Conchita?

---

88   *Colodrillo*: Parte inferior del cráneo.

Concha bajó los ojos y murmuró con voz trémula:

—Yo, qué quiere usted... así de pronto... Estas cosas hay que pensarlas... No sé; me ha cogido tan de susto...

—Ahora si que he hablado usted como un libro –dijo Gormaz levantándose–. No es puñalada de pícaro. Piénselo usted, hija mía, piénselo usted todo el día de hoy. Esta noche a las ocho, que ya habrán salido ustedes del taller, vuelvo a saber la contestación; porque Estrella, que acaba muy pronto su compromiso aquí y se marcha a Zaragoza, necesita conocer lo más pronto posible su resolución de usted. ¡Con que hasta luego! ¿eh?

¡Y desapareció entre varios ejemm! ¡Y no pocos bruuum!

Solas ya las dos hermanas, Dolores se cruzó de brazos, y con expresivo meneo de cabeza, se plantó delante de Concha, sin pronunciar palabra. Bien entendió Concha el sentido de la mímica, pero a su vez guardó silencio, un silencio que irritó más a Dolores si cabe, pues veía en él propósito de reservarse su opinión y aun de no consultarla con nadie. ¡Miren ustedes a la chicuela! Dolores sentía fermentar en su alma una cólera reprimida, inmensa, la cólera de los que ven de repente al niño que han criado, educado, dirigido siempre, manifestar voluntad independiente, intentar trazarse a sí propio su destino. Para Dolores, Concha era aún la niña, más bien hija que hermana menor; una hija a quien había consagrado su juventud, su celibato, su trabajo todo. ¡Y ahora la chiquilla quería sublevarse, quería disponer de su persona, echarse a perder, ir a correr el mundo en busca de aventuras, con una compañía de cómicos! ¡Vamos, era para desesperarse aquello! Rompió a hablar por fin, en voz irritada:

—¿Qué haces ahí callando, como una tonta? ¿No tienes lengua?

Concha, como si no oyese nada, se levantó, tomó de encima de una silla su manto y empezó a perdérselo delante del espejo, preparándose a salir para el taller. Dolores se le atravesó delante nuevamente.

—¿No contestas? ¿Tienes gana de bromas?

—¿Pero qué quieres mujer? –exclamó Concha con acento cansado, interrumpiendo su ocupación.

—Que digas lo que le vas a responder a ese... cómico, –murmuró con afectado desdén.

—¡Mujer... caramba contigo! ¿Qué sé yo lo que le contestaré? Tenemos todo el día para pensarlo, gracias a Dios –añadió con tranquilidad.

—¿Y aún estamos en eso? ¿Cabe duda siquiera? ¿Se te ocurre irte de mona sabia por esos teatros?

—¡No me marees! –murmuró Concha con sus bermejos labios contraídos–. Tenemos todo el día por delante; déjame ir en paz hasta la noche.

Las facciones de Dolores se descompusieron: reapareció en ella, bajo la devota sometida por catorce años de piedad, la hija del pueblo, con sus iras indisciplinadas y sus groseros arrebatos. Cogió a Concha por las muñecas, y zarandeándola rudamente gritó:

—¡Mira... no te doy un bofetón no sé por qué, desvergonzada! Entornó Concha los párpados, apagando así dos chispas que brillaron en ellos: palideció su tez ya tan mate, y sin decir palabra, sacudió un poco las manos y siguió colocándose el manto. Cuando estuvo pronta, hizo ademán de salir, y Dolores, al verlo, se prendió el manto a su vez y la acompañó.

Silenciosas, con armado silencio, anduvieron el camino, y ya en el taller, las pocas palabras que cruzaron fueron de terca contradicción por parte de Dolores. Aquella manga no podía pegarse así, la costura estaba torcida; aquella espalda no ajustaba bien, era menester volverla a preparar... Lo que más la irritaba era el gorjeo de las modistas, que sin dar paz a la aguja charlaban de los sucesos de la víspera y embromaban a Concha, acerca de sus triunfos artísticos y de la rabieta que pasarían las otras dos, la estanquera y la del almacenista... Era casi una gloria para el taller haber derrotado, por medio de uno de sus individuos, a las representantes de otra clase social que acaso las desdeñaba. Concha, atenta a su trabajo, apenas contestaba más que con leves sonrisas, empuñando su tijera de pie y con el pecho todo claveteado de alfileres para sacar un patrón. Allá para sus adentros discurría... En medio de todos los elogios que había oído la víspera, a ella jamás se le pasaría por las mientes ser actriz *de veras*. Entre ambas categorías, la de aficionada y la de actriz de profesión, juzgaba ella que existía un abismo infranqueable, como si las tablas del teatro público fuesen de otra madera entera distinta de las del Casino. Desde la proposición de Gormaz, la valla ideal se borraba. ¿Y por qué no? Ella podría ser actriz... es decir, dominar aquel arte apenas entrevisto, ponerse en comunicación todas las noches con el público, volver a escuchar aquellos embriagadores aplausos, viajar a ciudades grandes, para ella nunca vistas... Un destino ancho, grande, hermoso... ¿Y por qué no quería Dolores? ¿Por qué miedo de dejarla? ¡Bah!... Se la llevaría consigo... ¿Por temor de que se perdiese? ¡No parece sino que en Marineda no se perdían a cada paso cientos de muchachas, de allí, del mismo taller, sin necesidad de salir a las tablas a representar!

Echaba estas cuentas hincando alfileres y más alfileres, en la chillona percalina. El ruido claro y metálico de la tijera la traía a otro orden de ideas. Aquel destino desconocido le infundía, a la verdad, algún pavor. Hasta el día de hoy, gracias a Dios, aunque pobres, no les faltó nunca el pan: ella había oído decir que los cómicos, a veces, pasan hambre, que tienen días de apuro terrible; que salen a la escena muy majos, con mucho vestido de seda y coronas de reyes, y a lo mejor sin camisa... Sin ir más lejos, en Marineda se contaba que a Estrella le corrían mal los negocios, que le costaba trabajo pagar a su compañía, que en la fonda estaban algo recelosos... Una noche, recordaba haber encontrado a las cómicas y cómicos que salían del ensayo: ellas iban hechas unas brujas, envueltas en nubes de lana, con impermeables viejos, y todos mezclados, hombres y mujeres... ¿Si tendría razón Dolores?...

El taller, a la sazón, funcionaba activamente: Concha podía absorberse en sus meditaciones. Un pilluelo pasó por la calle, tarareando la *Barcarola* del Orfeón. Entonces Concha se acordó de su novio. ¿Qué diría su novio si ella se hiciese cómica? ¡Bah! ¿Y qué había de decir, después de su comportamiento de ayer? ¿No la había puesto allí en ridículo, delante de todo el mundo, dándola el desaire de marcharse y de no echarle la corona, precisamente el día que?... Por un momento interrumpió la clavadura de alfileres, conmovida a pesar suyo con el recuerdo del jardín. ¡Vaya un agradecimiento! Sólo por eso se agradaba ella de que viese aquel majadero que no le necesitaba y que podía arreglarse de otro modo y buscarse otra vida! ¡Que rabiase Ramón! ¡Cuidado con el día que había escogido para darle un disgusto!

Dolores cosía con furor mientras su hermana preparaba. Sus dedos flacos volaban sobre la tela. Pero a eso de las cuatro, se levantó, dobló la labor, y se preparó a salir. Concha viéndola descolorida, se le aproximó, preguntándole si estaba enferma. Dolores la rechazó con sequedad.

—No voy a casa, no... No tengo nada: ¡Jesús, qué cuidado te tomas! Déjame, déjame... voy a donde tengo que ir: yo volveré a buscarte al acabarse la costura... Y si por casualidad no vengo, sal y espérame en casa.

No paró Dolores hasta San Efrén. Al entrar en la iglesia, casi desierta a aquellas horas, y bastante oscura, experimentó algún alivio y su cólera amainó instantáneamente. Ya le pesaban los arrebatos de la mañana... No hay cosa más calmante que la reposada y aromática atmósfera de los templos. El agua bendita que Dolores tomó al entrar, le refrescó la frente y le sosegó las hirvientes ideas. Se dirigió a la izquierda, hacia la capilla de la Virgen del Amparo, cuya devota imagen, alumbrada por una lámpara sola, se destacaba misteriosa y galoneada de oro en el sombrío hueco del camarín. En un ángulo, al lado del confesionario, se acurrucaban dos seres vivientes, dos viejas, la una arrodillada, confesándose con voz sibilante, la otra sentada en un banquillo, aguardando su turno. Dolores se determinó a tener paciencia, e hincando a su vez la rodilla ante el camarín, ensartó algunas salves y ave-marías, para entretener el tiempo. Cuando las dos viejas salieron arrastrando los pies, se apresuró a tomar sitio al pie de la reja. El confesor se inclinó hacia la penitente: sólo se acostumbraba de él, al través de la apretada celosía, una punta de nariz afilada y ascética, y el cóncavo de una oreja inteligente, abierta para escuchar y entender todo. Hablaba bajito, pero muy distintivamente.

—Te he visto entrar... me ha parecido que venías de prisa, y he procurado despachar luego a las que estaban...

Dolores tendió el manto para formar una especie de embudo que la protegiese contra toda indiscreción, y empezó el relato de los sucesos, los episodios de la víspera, la proposición de Gormaz, la actitud de su hermana, todo. A medida que hablaba, su corazón se ablandaba como la esponja al humedecerla, y poco a poco las lágrimas, suaves como el flujo del mar, subieron a los ojos y resbalaron por las mejillas. La voz del confesor la detuvo.

—No hay que afligirse... ¡Pues apenas te apuras! Yo no veo ahí sino imprudencias tuyas y chiquilladas de ella. Bien te advertí que esas funciones y esos teatros eran peligrosos... hasta creo que te había aconsejado formalmente cortar de raíz todo eso... La mayor parte de culpa la tienes tú. Ya ves cómo existe el riesgo donde menos se piensa.

—Sí, sí señor, es muy cierto, pero qué quiere usted... Los malditos compromisos... ¡Quién había de pensar también que iban a buscar a mi hermana para cómica! El demonio sólo puede enredar una cosa así.

—¿Vamos, qué haces ahora con llorar? Cálmate hija.

—Es que veo su perdición segura... La chica es bonita, y yo, en fin... es un mal pensamiento... Dios me perdone.

—Di: ¿qué has pensado?

—A mi nadie me quita de la cabeza que aquel maldito vejete del cómico lo que busca en mi hermana es una muchacha guapa, sana, inocente... Señor, en el teatro se la comía con los ojos... Yo no quiero, no quiero que mi hermana se pierda: para perdida..., basto yo.

—Eso que piensas —murmuró el confesor sonándose como si quisiese dejar expedita la nariz y el entendimiento— podrá ser un juicio temerario: lo cierto es que esa profesión es sumamente arriesgada, y sólo por favor especial de Dios... No, yo no diré que sea imposible vivir honestamente una actriz... Pero al cabo, el que anda con fuego...

—Se quema, sí señor; se quema: es mi matanza —aseveró Dolores.

Transcurrieron breves minutos de silencio, durante los cuales, sólo se oyó la respiración algo agitada de la modista. Por fin el confesor habló.

—Mándamela aquí —dijo—. Yo le haré ver...

—No quiere, señor; no quiere. Dice que la cartilla sólo manda confesarse una vez al año, y que ella se confiesa tres o cuatro y que le basta bien... Que no peca tanto para tener que confesarse cada hora... Que ni por tanta confesión es uno bueno... ¡Las muchachas de hoy en día tienen poca religión! Y como oyen mil disparates en los mismos talleres y los leen en los periódicos...

La punta de la nariz que Dolores veía al través de la reja se contrajo con severidad; pero se dilató al punto, como si la llenase el aura de una idea bienhechora.

—¿Por qué no le encargas al novio que se lo quite de la cabeza? A él de seguro le hará más caso que a ti.

—Señor, por desgracia, desde ayer están reñidos. Él se marchó del teatro furioso, porque ella salía descotada en el último acto.

—Bah... riñas de enamorados, y así por celillos, y niñerías poco suelen durar. En fin... ¿Tú dices que ese chico es hombre de bien?

—¡Jesús!, pongo por él la mano en el fuego.

—¿Quiere a tu hermana mucho?

—Se le cae la baba con ella.

—¿Y... crees que se casará?

—Sólo aguarda por fondos con que poner establecimiento por su cuenta; y estos días le oí decir que le habían hablado de un comerciante que los facilitará, con no sé que fianza o que garantía de una firma... Lo que es casarse..., ¡no desea él otra cosa!

—Señor... yo qué sé... Estas chiquillas no conocen su bien... Quererle, sí, pero... no es allá una cosa extraordinaria.

—¿Ellos... se hablan así... con alguna libertad... eh?

—¡Quia! En esa parte tengo la conciencia muy tranquila, señor... No me he desviado de ella un minuto nunca... Cuando él nos acompaña a la vuelta del taller, yo me coloco en medio, y ellos van como dos viejos, formalitos... no se han hablado bajo tres palabras.

—¡Mujer... bien hecho, bien hecho...! Pero hasta en lo bien hecho cabe un poco de exageración... Se me figura que tú has exagerado algo, ¿eh?... todo tiene su límite...

—Como usted me encargó tanto que la guardase...

La nariz se aguzó, y su fina punta pareció recalcar una suave ironía.

—Guárdala, sí, muy bien; sólo que ya no tanto rigor... Para que el corazón se apegue, hay que consentir cierta honrada y lícita franqueza... Si ella estuviese más encariñada con su novio, ahora no la tentaría Satanás por el lado de las tablas.

Dolores miraba atónita aquella nariz severa por costumbre, y la desconocía viéndola tan tolerante, tan benignamente entreabierta. Sin embargo, no dudó: no había recibido allí jamás consejo alguno que no le probase bien seguir.

—Mi parecer es éste, hija... No contraríes de frente a la muchacha... Si puedes, gana tiempo... Y que el novio procure disuadirla... hablándola... a solas... es decir..., con cierta libertad, ¿eh? Y no te apures... ánimo.

Dolores se alzó como puede alzarse quien se postra al pie de un confesionario, confiada y serena. Aunque le extrañaba algo el consejo, fuerza es decirlo, su espíritu acostumbrado a ser allí dócil como el niño, reposaba en la opinión ajena. Tomó en derechura el camino del taller, porque ya anochecía y el farolero, dejando un rastro de luz, corría por las calles enlodadas con la lluvia menuda. Se acercó a la puerta, y tropezó en ella con un bulto que interceptaba el paso, en las tinieblas del portal. Retrocedió asustada, mas la voz la tranquilizó.

—Soy yo, no hay miedo –dijo con alegre entonación el que era.

—¡Calla! ¡Ramón! ¿Está usted aguardando por Concha?

—Justamente... y por usted también... Porque tengo una noticia, una gran noticia que darles.

—¡Alabado sea Dios! ¿Con que ya se le pasó a usted la ventolera de ayer? ¡Qué hombres! ¡Parecen locos, así Dios me salve! Ramón

bajaba la cabeza confuso, según pudo ver Dolores a la luz del farol
que encendían enfrente.

—Y qué quiere usted... No, yo conozco que tiene usted razón; hice
bastante mal y estuve un poco acalorado y un poco imprudente. No
tiene uno en su mano ciertos prontos, y usted bien conoce que cuando
se harta uno de oír alrededor disparates, parece que le dan ganas de
romperse, si pudiese, la cabeza contra la pared.

—Vaya, vaya, pues esas furias hay que moderarlas... Concha se dis-
gustó bastante. Y luego la gente, las envidiosas que están rabiando por
coger tanto así donde clavar el diente...

—Pues, gracias a Dios –exclamó radiante de júbilo el mozo– ya no
habrá por qué mordernos y se acabarán todos esos disgustos. Aquí
donde usted me ve, ya tengo los cuartos para el establecimiento, y nos
podemos casar, si Concha quiere, en Carnavales, y si no en Pascua...
Por mí, cuánto más pronto...

Dolores, entre contenta y recelosa, le miraba fijamente. Un trabajo
de reflexión muy activo se verificaba en su cerebro, estrecho y femenino, pero tenaz y aferrado a la pocas ideas que, nacidas allí o su-
geridas, se aposentaban en él. Las palabras del confesor no se borraban
en su memoria. Ganar tiempo... no contrariar de frente a la muchacha... que el novio procure disuadirla... Si ahora ella daba la fatal
noticia al enamorado Ramón; si cuando venía a hablar de proyectos
matrimoniales le participaba que se había perdido toda esperanza y
que su novia se disponía a levantar el vuelo hacia regiones muy distintas de aquellas en que el humilde ebanista moraba, era fácil que
éste, de desesperado o de indignado, armase a Concha un escándalo
tal, que el carácter vivo y entero de la niña se manifestase con nueva
energía, afirmándose en su resolución. Dolores temía a la poca habilidad del novio. Además, era difícil decirle aquello al pobre hombre,
cuando se mostraba tan contento con sus fondos y su próxima boda.

—Que se lo diga ella como pueda –pensó–. Quizás por no decírselo...

Y con determinación repentina, poniendo familiarmente la mano
en el hombro del ebanista, exclamó:

—Bueno, pues me viene de perillas encontrarle, porque tenía justamente que hacer unas compras bastante lejos, y como Concha no
vendrá de buena gana, voy yo sola, y usted la lleva a casa ¿eh?

Abrió el novio la boca, asombrado de tanta magnanimidad en la rígida cuñada que, cosida a las enaguas de Concha, había sido hasta entonces un perro de presa; y Dolores, que advirtió su asombro, se dio prisa a añadir en son de broma:

—Ya que trae tan buenas noticias, déselas usted mismo; no le quiero quitar ese gusto. Hágame el favor de llevarla... y espérenme los dos en su casa, un momentito.

Aquí la sorpresa de Ramón se convirtió en pasmo. ¡Dolores encargaba que le esperasen *los dos* en casa! ¡Le permitía subir al cuarto de Concha, ella que jamás le consintió pasar del primer tramo de la escalera! Como el permiso era grato y cuadraba de todo en todo con los deseos de Ramón, se guardó bien de protestar, y murmuró haciéndose el resignado:

—Corriente.

Dolores se remangó el traje, apretó el manto y salió del portal. Al poner el pie en la calle, sintió un escrúpulo de devota, y medio volviendo la cabeza, dijo al novio:

—¡Que haya juicio! Vuelvo en seguida.

Echó a correr, lo mismo que si alguien la apremiase. Tomó por una calle retirada, la estrecha de San Efrén, y para entretener el tiempo y divertir la impaciencia, se metió en una tienda de zarazas[89] y pañolería, e hizo que le enseñasen todas las variedades de *madapolán*, *llagostera* y *grano de oro*[90], distintas encarnaciones de un solo algodón verdadero. Frotó las telas a ver si tenían poca o mucha cal; revolvió también las percalinas para forros, y escogió entre varias docenas de carretes de hilo, todos del mismo número, uno que era distinto de los restantes. Molió a la tendera pidiéndole agujas de las más finas, y retractándose después, eligió unas medianas. Se quejó del lodo y del agua, y acarició a un chiquillo sucio y mocoso que criaba la tendera. En todas estas ocupaciones no pudo invertir más de un cuarto de hora a lo sumo, y le parecía *poco tiempo*. ¿Para qué? Ni ella misma lo sabía. Otras veces se le figuraba, al contrario, que había transcurrido *mucho*. ¿Mucho? ¿Y por qué? No se lo explicaba tampoco. Sin embargo, esta última idea prevaleció, y envolviendo en un papel sus compras, tomó hacia su casa. Para llegar a ella tenía que cruzar por delante de la iglesia de San Efrén: allá en lo alto del pórtico, vio vagamente la figura de piedra del santo: recordó los consejos del confesor, y, tranquilizada,

---

89   *Zaraza:* Tela de algodón.
90   Tipos de telas.

anduvo más despacio, y aun se paró en otro tenducho a comprar cera para la plancha y no sé que otras fruslerías.

Cuando llegó a su lóbrego portal habría pasado cosa de una hora.

Al empezar a apechugar con la escalera, que ya por costumbre recorría a oscuras, oyó un tramo más arriba, el restallido de un fósforo, y le pareció que delante de ella subían dos personas. Aceleró el paso a fin de aprovechar la luz, y un ¡ejemm! Muy caracterizado le reveló inmediatamente la presencia de Gormaz, que solícito y quemándose los dedos, alumbraba aquellas tenebrosidades para que los setenta y picos de años del insigne Estrella no se estrellasen contra un escalón.

En seguida conoció Gormaz a Dolores, mas no había olvidado el episodio de la mañana. Se dirigió a la modista con dignidad, y procurando sostener la cerilla quieta un momento, le preguntó si estaba su hermana, como dándole a entender que sólo a Concha correspondía el honor de aquella visita. Fiel a su sistema de diplomacia, Dolores contestó que ya debía Concha estar de vuelta, porque era muy hora de que hubiese regresado del taller; y añadió unas cuantas frases de sentimiento por lo oscuro de la escalera, la molestia que se tomaban, y lo cansado que era subir tanto. Añadió por vía de consuelo:

—Ya faltan sólo dos pisos.

Los subieron como pudieron, a puñados, a fuerza de cerillas y de ¡ejemm! Cada vez más fatigosos por parte de Gormaz: Estrella no revelaba el peso de la vejez, sino en la resonancia del pie, tardo en volver a alzarse después de que se sentaba en un peldaño. A la puerta de las modistas, Dolores dijo a Gormaz que buscaba la campanilla a tientas:

—No hay necesidad... Aún está puesto el llavín.

En efecto, la llave olvidada en la cerradura probaba una distracción notoria en la persona que había entrado primero. Bastó con hacer girar el picaporte para que pudieran entrar los visitantes, y encontrarse al punto en el único salón de aquel palacio modistil.

El quinqué bien despabilado, ardía con clara luz sobre la mesilla de la máquina: la habitación arregladita, con sus dos camas limpias, revelaba cierto bienestar humilde; y en el sofá, libre a la sazón de todo estorbo de trajes, una pareja se hablaba muy de cerca, casi al oído, en esa estrecha proximidad que sólo origina un estado del alma: actitud elocuente, que con ninguna otra se confunde. Se separaron y se levantaron de pronto al ver entrar gente, ella confusa, encendida y casi sin habla, él serio y sorprendido. No era Gormaz hombre de pararse en

tales fruslerías[91], ni menos Estrella; y ambos, en su agitada vida de co-
mediantes, habían visto hartas cosas, para que les asustase un coloquio
amoroso, así es que Gormaz, haciendo caso omiso de Ramón, se adelantó hacia la chica, y sin preámbulos,

—Conchita –dijo–, aquí está el señor Estrella en persona, y viene
a saber la respuesta de lo que hablamos esta mañana. No sabía Concha
qué cara poner, y se desvivía ofreciendo a los dos actores sitio en el
sofá, y balbuciendo mil disculpas por recibirlos de aquel modo, como
si ella pudiese recibirlos de otro. Gormaz cortó el hilo de sus cumpli-
mientos, repitiendo:

—No se moleste usted, hija... Estamos perfectamente... Sólo queremos saber la contestación, nada más.

—Eso es –añadió Estrella con su campechana cortesía...–. Hable
usted, hija, porque sentiríamos mucho molestarla.

Concha lanzó a Dolores una mirada oblicua, implorando socorro:
pero Dolores, firme en la senda emprendida, no pestañeó.

—Que sé yo... –murmuró la niña–. Lo que quiera mi hermana.

Ramón de pie, presenciaba la escena sin comprenderla.

—Tome usted asiento, joven –indicó Gormaz.

—Mil gracias, estoy bien.

Dolores, haciéndose la desentendida, contestó apaciblemente:

—No, hija, quien debe decidir eres tú... Yo no tengo vela en este
entierro. Al fin se trata de una cosa para toda la vida... Me lavo las
manos.

—Su hermanita de usted piensa muy acertadamente –afirmó
Gormaz...–. Con que usted, Conchita, usted ha de resolver... Sea usted
franca.

Concha miró al suelo, retorció la mano izquierda con la derecha,
exhaló un leve suspiro, y al fin declaró:

—Pues yo... a la verdad... confieso que... que no me gusta, vamos,
que no pienso... trabajar... para el teatro. No señor, he reflexionado, y
no me resuelvo a eso.

Estrella y Gormaz se levantaron, a un tiempo, algo mohínos[92]. Los
dos comprendían que era ocioso y desairado insistir. Pidieron mil disculpas, como gente cortés que eran, y no tardaron en bajar la escalera
que tan trabajosamente habían subido, alumbrándoles esta vez, con

---

91   *Fruslerías*: Cosa de poco valor o importancia.
92   *Mohíno*: Que está triste o poco animado.

un encendido cabo de vela, Dolores, que no los soltó hasta verlos en el portal. Cuando ambos actores salieron a la calle, la hermana mayor, que acababa de murmurar «vayan ustedes con Dios» muy melifluo[93], alzó la mano y les hizo enérgicamente la cruz, diciendo entre dientes:

—Y que nunca más parezcáis por aquí, amén.

Gormaz y Estrella caminaron silenciosos breves instantes: de pronto, volviéndose, se encararon el uno con el otro, seguros de expresar un mismo pensamiento. Gormaz meneó la cabeza:

—Con el novio hemos tropezado, Juanillo.

—No hay peor tropiezo... –afirmó Estrella sacando la petaca–. ¡Y que lástima la chica! ¡Decir que tiene la voz de Concepción Rodríguez! ¡Voto a sanes! ¡No se vería dentro de un año otra *dama joven* como ella! Juraría que se le pasaban ganas de venirse... Ahí se queda para siempre, sepultada, oscurecida...

—¡Bah! –murmuró Gormaz–. ¡Y quien sabe si la acierta, hijo!

A veces en la oscuridad se vive más sosegado... Acaso ese novio, que parece un buen muchacho, le dará una felicidad que la gloria no le daría.

—¿Ése? –Exclamó Estrella cortando con los dientes la punta del puro–. Lo que le dará ese bárbaro será un chiquillo por año... y si se descuida, un pie de paliza.

---

93   *Melifluo*: Persona dulce o amable.

Bucólica

Señor don Camilo Jiménez

Fontela, septiembre.

Querido Camilo: ya ves si cumplo mi palabra, y eso que estoy dado a los demonios en este destierro, que me parecía menos horrible a poder salir de él libremente y cuando quisiese. Mucho vale la libertad. Hasta perderla no se conoce su precio.

¿Qué sacrificio hago yo, en realidad, con alejarme de Madrid unos meses, cazar, pescar y respirar aire sano? Protesto contra esta higiénica medida porque me la imponen, no porque en sí me desagrade. Tú me recordabas, para aplacarme, que cedo a la tiranía del cariño, lo cual no humilla: convenido; mamá me adora, me aparta de sí desgarrándose el alma, ha llorado como una Magdalena en la estación, y me decía, mojándome la cara de llanto, que ojalá fuese millonaria para costearme la invernada en Niza, o en Alicante siquiera; pero que no poseía sino este palomar grietado en el corazón de Galicia, donde yo pudiera beber leche fresca, dormir sobre un establo y reponerme... Que no obstante, si me empeoraba o me aburría, cuatro renglones; la familia hará un esfuerzo, te mandaremos a Italia... Ante las lágrimas y el besuqueo, ¿qué hace un hombre, Camilo? Jurar que le entusiasma Fontela y venirse a escape... ¿He de consentir que el consabido *esfuerzo* desequilibre los presupuestos de mi casa? El sueldo de magistrado de mi padre y las rentitas gallegas de mi madre; sólo a fuerza de orden y parsimonia cubren los gastos y permiten atender a las exigencias del decoro. Hacen milagros los pobres papás.

Por eso, por eso me incomoda a mí no servir para nada, ser a los veinticuatro abriles abogado sin pleitos, y por eso te suplico no olvides mi pretensión y trabajes con ahínco para que suban al poder *los tuyos* y me hagan a mí siquiera juez de entrada; bien poco pido; se trata de sentar el pie en la carrera y dejar de ser miembro inútil, cero social.

El cargo al que aspiro es modesto; pero ya sabes lo bien que armoniza con mis gustos y carácter. ¡Oh! ¡Yo seré un gran juez, de *p* y *p doble* u, como tú dices que son las chicas del brigadier Robles! ¡Me agrada tanto la rectitud, la gravedad, la equidad, tengo tan elevada idea del oficio de administrar justicia; he estudiado con tanto cariño la hermosísima ciencia que se llama *filosofía del derecho*, y creo que en general está tan atrasada, y que podemos prestar tan inmensos servicios a la humanidad los que la renovemos aplicándola prácticamente, sin pararnos en viejas rutinas y desarraigando inveterados perjuicios y abusos...!

Y además, los ejemplos que he visto desde la niñez me ayudarán a desempeñar dignamente la judicatura. Mi padre disfrutaría hoy una renta de 5 o 6.000 duros si hubiese fallado de cierto modo ciertos litigios; prefirió su honrada estrechez, e hizo bien, puesto que sus hijos y herederos estamos conformes y orgullosos. Hasta Matilde... (no te sonrías, Camilillo), hasta la buena de Matilde, que se pasa la vida oliendo lo que guisan en casa de los *modistos* célebres, en el fondo prefiere su vestido reformado de gro[94] negro, a galas de sucia procedencia.

¡A quién se lo cuentas! Dirás tú. Es que es una excelente chica mi señora hermana, y usted caballero Tenorio, se guardará de insinuarle cosa ninguna con *mal fin*, o nos veremos a la vuelta. Sin embargo, te permito dar a Matilde mil expresiones de mi parte. Tocante a la salud, partícipale que ya voy mejorando. Y que le escribiré.

Lo raro es que ni yo mismo entiendo qué tengo, ni de qué vine a curarme aquí. Cansancio al subir cuestas; ligeros sudores en la cama; tosecillas rebeldes al clásico remedio casero de la leche de burra; opresión en el pecho, y, lo que más me molesta, una especie de vértigos que a lo mejor me obligan a apoyarme en la pared, y otras veces me producen la sensación de voces sepulcrales o ironías hablándome confusamente al oído: he aquí los síntomas que expuse al doctor Sánchez del Abrojo. Ya sabes la receta: echar la llave a los libros, campo, vida animal. Hay modas en todo, hasta en la medicina, y esto de *convivir con la Naturaleza* es el gran específico para los médicos de ahora.

¡Mamá se ha tragado que yo tenía principio de tisis! ¿Te acuerdas del día en que te llamó a su cuarto, con mucho misterio, para averiguar de ti en qué pasos andaba su hijo, y que orgías y desórdenes, o qué pasiones desatadas arruinaban mi físico? Todavía me río de la

---

94   *Gro*: Tela de seda sin brillo.

buena sombra con que le respondiste: «Señora como no sea de excesos de virtud, o de atracones de estudio, no entiendo de que está malo Joaquín». No, y tú eres voto en materia. La única travesura de la temporada, fue aquel baile a donde me llevaste a remolque, donde me mareaste con el Málaga, el Champagne y el mal ejemplo, y desde el cual me fui... Llámame soso, o Catón, o lo que quieras; pero es un recuerdo que no me gusta evocar. Jamás he comprendido cómo puedes lanzarte tras la primer ciudadana que se te presenta, recoger lo que anda rodando y empalmar cierta clase de aventuras. Está visto que nací para juez.

Volviendo al caso de mi salud, y dejando las causas que pueden haber influido en su deterioro, te diré que aquí, aunque me aburro por siete, espero mejorarme. Ya sudo menos en la cama; ya hace dos días que no me atacan los vértigos; por consiguiente, sin que se entere mamá, vas a tener la bondad de meter en un cajón un par de docenas de libros; pídele a Matilde, que los tiene de su mano, el *Laurent*, la *Enciclopedia jurídica* de *Ahrens*, el *Mackenzie*, las obras de *Leibniz*, las poesías de *Bécquer*, y añade alguna novela nueva de *Galdós* o *Alarcón* que haya salido[95]. Corre a ese despilfarro, que bien puedes. Adiós; me canso y dejo para otro día la descripción de la Fontela.

Tu amigo entrañable.– *Joaquín Rojas*.

---

95   Se refiere aquí a los libros más leídos a finales del siglo XIX.

Octubre.

Del Mismo Al Mismo

Me ha entrado pereza de escribirte la semana pasada, y es natural: ¿puedo contarte de este sitio algo que merezca la pena de leerse? No obstante, hoy me impulsa el mismo aburrimiento a ponerte una carta kilométrica.

No me has mandado los libros; dices que Matilde te negó la llave; ¡cualquier día me la pegáis tú y ella! estáis de acuerdo con mamá para que me convierta en momia viviente. Bueno, aguantaré hasta más no poder, y así que me sature de animalidad, tomo las de Villadiego y os encontráis ahí a Pachín el oso. Hablando formalmente, yo te suplico me envíes qué leer; las noches de invierno se echan encima, pronto anochecerá a las cinco, y no sé cómo voy a engañar las horas, aunque me acueste con las gallinas.

En un número de *El Imparcial* que vino en la villita próxima envolviendo arroz, veo el estreno del drama de Echegaray[96] y la honda impresión que ha causado en el público; compadécete de este pobre aldeano, y remíteme por el correo ese drama.

Ahora te pintaré mi Tebaida[97]. Fontela reposa en el hondo de un ameno valle, formado por las vertientes de dos montañuelas, entre las cuales pasa cautivo el río Avieiro. De este río es tributaria la *fontela*, o fuentecilla, que mana en el huerto de mi propiedad y le da nombre. A pesar de este aparato de montañas, río y fuente, la finca no es lóbrega, fría, ni triste. Está enclavada en una de las mejores comarcas de Galicia, donde se tocan las provincias de Orense y Pontevedra; la temperatura (a lo que puede observar por ahora) es benigna, y según me aseguró ayer el albéitar[98] de Cebre (que vino a prestar servicios de

---

96 **José Echegaray** (1832-1916). Recibió el Premio Nobel de Literatura en 1904. Echegaray no era considerado un dramaturgo excepcional, y su obra fue muy duramente criticada por escritores como Clarín y Pardo Bazán.

97 *Tebaida*: Soledad, destierro.

98 *Albéitar*: Nombre que se daba antiguamente al veterinario.

su arte a una vaca enferma, y es de los alumnos infinitos y resabidos de la Escuela de Veterinaria), el termómetro no desciende jamás a cero grados. En cambio el clima peca de lluvioso; cosa que me fastidia, pues suele aprisionarme entre cuatro paredes. Mucho siento hacerme caro, pero necesito de toda necesidad un buen impermeable: díselo a mamá.

La villa de Cebre, situada a tres leguas escasas, es el lugar habitado que tengo más próximo: se compone esa villa de dos calles y media, una iglesucha[99] tamaño como un cobertizo, un mesón donde remuda tiro la diligencia a una destartalada casa cuartel de la Guardia civil. A cinco leguas, por el atajo, se halla Pontevedra; a veces pienso en montar hasta Cebre, meterme en el coche de línea, y pasarme en Pontevedra una semana; luego reflexiono: ¿para qué? No conozco allí a nadie; el teatro está cerrado; vistos los dos o tres edificios que lo merezcan, me pasearía por las calles hecho un tonto, aburriéndome más que aquí. Renuncio a las expediciones.

A todo esto, aún no he descrito el palacio y jardines de mi real sitio. No ha debido de ser mala, *in illo tempore*[100], la casa, construida a principios del siglo pasado por un bisabuelo o tatarabuelo de mi madre. Como la mayor parte de las casas solariegas de aquí, tiene la escalera a la parte exterior, y se entra al piso alto por una larga solana o balcón corrido, mientras el portalón de abajo, que domina una piedra de armas, da ingreso a la bodega, lagar, cuadra y establos. El piso alto —que es el habitable— consta de salón, cocina ancha y semiconventual, y un par de dormitorios en que caben tres salitas como la nuestra de Madrid. Por supuesto que todo se encuentra en lastimoso estado: la solana, desde donde se goza la deleitable vista del río, está alfombrada de habichuelas extendidas a secar, y en la esquina hay un montón de enormes calabazas; la sala se ha convertido en granero, y amenaza hundirse bajo el peso de ingentes montones de centeno y trigo, que muy a sabor recorren las ratas; y en mi dormitorio había depositado la chica del casero cosecha de peras y manzanas tan abundante, que su fragancia no me dejaba dormir y hubo de retirarlas al cuarto contiguo, lleno ya de patatas y chirivías[101].

Excuso decirte que en las ventanas de la casa no se encuentra un cristal sano, y que las golondrinas (que ya se fueron) anidaban en las

---

99   *Iglesucha*: Iglesia pequeña y de poco valor artístico.
100   Expresión latina: en aquella época.
101   *Chivirías*: Vegetal similar a la zanahoria.

vigas del salón. Yo para evitar el frío, tengo que vestirme con las maderas cerradas a la luz que se filtra por las rendijas; es verdad que se filtra bastante, y aire también. Ya vestido, abro la ventana y entra con los rayos del sol la alegría del cielo puro, o con las nubes una tranquila melodía gris, que tiene su encanto, por ser muy característica de esta región. He reparado (los aburridos lo reparamos todo) que suelen las nubes oscurecerse y agruparse a la parte del Noroeste, sobre un manchón o soto de magníficos castaños.

Comprenderás por lo dicho que la casa, más que vieja, se encuentra abandonada y se resiente del olvido en que la tienen sus dueños. La cal se ennegreció, y las vigas y los pisos oscuros, que empiezan a apolillarse, aumentan el aspecto desolado de las habitaciones. Lo más curioso es ver aún esparcidas por estos destartalados aposentos algunas reliquias de opulencia señorial. Mi cama, por ejemplo, es salomónica, primorosamente torneada, incrustada de bronce, con monumental copete y dosel altísimo, de donde cuelgan pingajos de damasco ayer rojo y galón ayer dorado; es mueble que si se restaura, quedará precioso, y cuando yo tenga un real y muchos cuartos lo compondré para ofrecérselo a mamá. He descubierto también unos bancos de respaldo pintado, una mesilla de tijera que acuerda al rey que rabió, y una Purísima en cobre, tan encubierta por el polvo, que sólo adiviné el asunto viendo blanquear la media luna. Del estado en que se hallan estos tesoros juzgarás si te digo que mi cama, antes que yo llegase, sería para tender castañas y nueces. Los colchones son prestados: creo que del Cura.

Sospecho que hasta mi venida, la familia del casero se permitía dormir y vivir en el piso alto, bien distante de imaginar que ningún Rojas la estorbase nunca el pacífico goce de su morada. Desde mi invasión se refugiaron abajo, no sé si en el lagar o en la bodega; no he querido averiguar en dónde, porque necesito hacerme violencia para no mandarles que suban otra vez. Me consta que a papá no le agradaría, pues me encargó que me diese a respetar y guardase mi posición, no familiarizándome con los caseros; pero tú, que conoces mis principios, adivinarás cuánto me mortifica saber que a mi lado respiran cuatro o cinco seres humanos y racionales como yo, amontonados en un lugar sombrío, húmedo, entapizado de telarañas, sin sábanas ni colchones, y al abrigo de una cuba[102] vieja. Porque yo creo que dentro de

---

102   *Cuba*: Recipiente de madera para líquidos.

las cubas vacías duermen todos, chicos y grandes. Aquí, antes del *oídium*, se cogía mucha cosecha, y hay cubas monumentales que hoy no se usan: las alfombraron de paja, y como Diógenes el cínico.

En tan extraños lechos presumo que duermen el padre, vejete marrullero, fisonomía inmóvil, ojillos relampagueantes de malicia; Maripepa, la hija mayor, que contará sus veinte; la pequeña como de ocho; el niño, de cinco, y el mozo de granja, un bárbaro (exento del servicio militar por faltarle el pulgar y el índice de la mano derecha, que él mismo segó con la hoz). ¡Qué promiscuidad! Dirás tú y dirá cualquiera. Así viven: como las bestias en el establo: peor quizás.

Paso a los jardines. Se componen de un cuadrado de coles, otro de patatas, un maizal que ahora está en rastrojos, y unos cuantos manzanos, perales y cerezos. En materia de flores, ya te contaría Matilde que no puede enviárselas disecadas porque no existen, a no ser tojos amarillos, malvas y unas campanillas blancas bien chiquitinas. Cuando cese de llover, bajaré a las orillas del río a ver qué tenemos de bueno por allí y si es posible coger alguna trucha; me convendría variar el *menú*, que se compone invariablemente de un caldo, un cocido y un asado de carne con patatas. Creo que Maripepa no sabe más condumios[103]. Es verdad que por la mañana me tiro al cuerpo un vaso de leche... ¡qué vaso de leche, chico! Esto es beber leche: una leche mantecosa, fragante, rebosando la suave crasitud[104] de la nata: un desayuno digno de un rey. Al despertar sudando y molido (porque esta máquina no quiere acabar de arreglarse, pero no se lo digas a los papás), aquel vaso de leche me vuelve el alma al cuerpo. A las siete en punto entra Maripepa, y *cla, cla*... me bebo mi vaso, mejor dicho, mi escudilla o *cunca* del barro del país, que no nos honramos con otra vajilla más preciosa.

Ya que he puntualizado lo que me sucede aquí, hasta lo más tonto, justo es que me enteres de lo que por ahí ocurre. ¿Habló ya en el Ateneo Gutiérrez Pelado? ¿Gustó? ¿Volvieron Ernesto y su novia de Andalucía? ¿Publicó Lena sus *Ilusiones fugaces*? ¿Le han dado algún palo los críticos? ¿A qué altura estás con la rubia del Retiro? ¿Lo pescó Matilde? ¿Y de política? Que vengan los tuyos; amén, pero por turno pacífico, sin pronunciamientos. España necesita un poco de paz, si ha de reponerse. Me repugnan las explosiones brutales, hasta las

---

103   *Condumios*: Comida o manjar.

104   *Crasitud*: Grasa.

más justificadas en su origen. A ti, en cambio, te entretienen. Dichoso tú. No te faltará diversión.

Ea, adiós; no te emperezces, y escribe.

Octubre.

Del Mismo al Mismo

¡Camilo, Camilo, Camilo! ¡Qué siempre has de ser así, empe-
dernido y recalcitrante! Porque te dije en mi carta anterior que el
casero tiene una chica, y esta chica me sirve la *cunca* de leche, ya pones
mil tonterías, y afirmas que estoy aquí contentísimo y pinto el país y
la casa con bellos colores. Piensa el ladrón... Ven acá, malicioso; ¿ignoras que no soy como tú, ni peco de inflamable, ni me vuelve loco el
espectáculo de unas enaguas colgadas de una percha? Me gusta lo
hermoso, me agradan las niñas guapas mucho más que las feas; sólo
que no he menester, como tú, traerlas siempre al retortero, y supongo
que cuando me enamore será de veras, y haré un marido tierno y
amante, como Dios manda y debe de ser todo hombre honrado.

Mi programa excluye los conatos de seducción. ¡Y por dónde
querías que empezase la carrera de Tenorio! ¡Por Maripepa, la hija
del señor Pepe de Naya! Antes de leer tu carta (que en algunos pasajes
me hizo desternillarme de risa), ignoraba el color de los ojos de esta
rústica ninfa, o más bien faunesa. Hoy fue la primera vez que se me
ocurrió desmenuzar su palmito. Cuando yo la consideré despacio,
estaba *Maripepiña* en la actitud siguiente: arrollada a una muñeca la
soga con que prendía la vaca, y en la otra mano, que apoyaba en la
cadera, reluciente y afilada hoz. Muchacha y vaca mirándome de
soslayo cuando me acerqué al grupo, con mirada a tiempo recelosa,
arisca y humilde, como exclamando:

«¿Qué nos querrá éste?»

¿Y qué tal de estética? Preguntarás tú de fijo. ¡De estética! Verás,
verás. *Maripepiña* es de mediana estatura, tiene el cutis asoleado, sem-
brado de pecas, rojo el greñudo cabello, las manos oscuras y curtidas,
con uñas cuadradas y romas, el pie muy ancho y plano, sin duda por
la costumbre de no calzarse sino los días festivos, y de pisar cantos y
asperezas. Tú que te mueres por un pie bonito encerrado en elegante

bota, tendrías para reírte un mes con la ancha base de esta criatura. A fin de no desilusionarte por completo añadiré que posee unos ojos entre verdes y azules, con pestañas muy cortas, espesas y rubias, que no por lo raros, ni por no contarse el número de los ojos clasificados oficialmente como bonitos, dejan de serlo. Pero lo demás... ¡Si vieses qué semejantes en su colorido son la chica y la vaca! Rojas, morenas, las dos parecen hechas de tierra y teja molida.

Emprendí conversación con Maripepa, y no se cortó; dejó a la vaca mordisquear el campo, y me fue dando explicaciones de sumo interés; por donde se encontraban las mejores lindes para el pasto; qué edad cuenta el ternero; cuándo será tiempo de venderlo en la feria; cómo era preciso traerle yerba tiernecita, si no el muy glotón no dejaría para mí gota de leche; todo en el dialecto del país, que me costaba trabajo entender, aunque voy acostumbrándome y ya sé el nombre de muchas cosas.

Sospechas que me habitúo a esta situación; te equivocas; me aburro resignadamente, hago de tripas corazón y de la necesidad virtud; duermo, como, paseo y trato de no echar de menos tu compañía, la familia, mis relaciones, el Ateneo y los teatros. No niego que me sucede un curioso fenómeno; deseaba mucho recibir el cajón de libros, y ahora que está aquí no me resuelvo a desclavarlo. La naturaleza me embebe, me absorbe la vida orgánica y me entrego dulcemente al placer de existir, de gozar sueños reparadores y digestiones insensibles, respirando un aceite templado, que a veces trae olores resinosos del cercano pinar.

Otro síntoma cuando llegué se me figuraba estar soñando, y que el único mundo real era Madrid; ahora me sucede lo contrario; penetrado de la realidad de cuanto me rodea, el Madrid lejano me parece una comarca fantástica: dudo confusamente de su existencia, y al recibir cartas me río de mis dudas. Cosas singulares observé también al despertar. El primer día que desperté aquí, me sobrecogió extraordinariamente la profunda calma, apenas rota por un rumor suave de brisa en la arboleda, por remotos *quiquiriquís* de gallo y por el argentino gotear del caño de la fuente. Contrataba de tal modo esta paz con el ruido de los coches, que aún llenaba mis oídos, con el tableteo del tren y el carranqueo de la diligencia, que me puse a *escuchar el silencio*, gozando más que en el Real cuando la orquesta entona un solo de la *Africana*.

No niego el atractivo del campo. Desde que no llueve y está serena la atmósfera, recorro mis dominios, disfrutando de un apacible otoño. He visitado las orillas del Avieiro, festoneadas de olmos y mimbrales; en los recodos, ¡si vieses que praditos de grama mullida, qué orlas de espadaña mezclada con lirios tardíos! Dará gusto leer a Bécquer en sitios tan poéticos. Con todo, mi lugar favorito no son las orillas del río, sino el soto de castaños. Conservan éstos su frondosa hojarasca, pero sus flores secas y amarillentas alfombran el suelo y embalsaman el aire con un grato olor casi imperceptible; algún entreabierto erizo va cayendo, y se ve en su interior pardear la castaña. Me indicó Maripepa que el día de Difuntos se podrá hacer un *magosto*[105], es decir, asar las castañas en el mismo soto y comerlas regándolas con el mosto agrio y clarete del país. ¡Qué mosto hijo! Me lo dieron a probar, e hice una mueca. Aseguran que asociado a las castañas es cosa exquisita; me figuro que siempre será vinagre.

¡Ah, gran acontecimiento! ¿Pues no se me olvidaba lo mejor? He tenido dos visitas, pásmate, dos nada menos. Y son gentes muy dispuestas a acompañarme y obsequiarme: el notario de Cebre y el señorito de Limioso. El notario, mozo robusto, colorado, gasta barba que le come las mejillas, pelo que se le junta con las cejas, y detrás de tanta maleza esgrime unos ojuelos vivos y joviales; el señorito, avellanado, escueto, grave y lacio, usa bigotes caídos, pantalones cortos y un chambergo anticuado, romántico, que está reclamando la flotante pluma. Tiene fama el notario de pirrarse por las mozas, el vino y la caza; el señorito es también gran cazador; pero respecto a otras pecaminosas aficiones, nada se murmura de él; es encogido, de pocas palabras, y no le falta cierta innata cortesía caballeresca. Este señorito de Limioso no salió jamás de su concha, y creo que sus viajes se reducen a ir algún año a Pontevedra para ver *el fuego de la Peregrina*; no le dieron carrera, fuese por falta de medios o fuese por considerar más hidalga su ignorancia de mayorazgo pobre, y vive con su padre, chocho ya, y dos tías muy viejas y raras en un caserón acribillo de goteras, que aquí llaman con gran respeto el *Pazo* (palacio) de Limioso.

Afirma el notario malignamente que el señorito mantiene a tres perros de perdices con aleluyas, y que en el Pazo se cuelga del techo el mollete de pan, a fin de que dure más tiempo y sea más difícil de

---

105   *Magosto*: Es una fiesta tradicional de algunas zonas del norte de España. Se suele celebrar esta fiesta el uno de noviembre, y no faltan las castañas asadas en el fuego, el vino nuevo y los chorizos.

coger. Es posible que tengan fundamento estas burlas; porque mientras el notario ha venido a verme caballero en una yegua muy redonda, de ojo zaino y gordas ancas, el señorito cabalgaba en un *penco* trasijado y larguirucho, que casi desaparecía bajo la gran silla española con adornos de plata, mueble histórico del Pazo. Ambos visitadores me convidaron a salir con ellos *a las perdices*, y convinimos en que, si no se descompone el tiempo, recorreremos el monte y ellos vendrán a disfrutar el *magosto* aquí.

Ya te referiré cómo he obsequiado a mis nuevos amigos y a qué saben las castañas.

Noviembre.

Del Mismo al Mismo

No he contestado a tus últimas y cariñosas epístolas, porque sólo tuve ánimo para poner dos renglones a mamá, remidiéndola de la mortal inquietud en que viviría si no viese mi letra. Es el caso que he recaído: ¡silencio por Dios, y no se te escape la noticia ni con Matilde! Por otra parte, imagino que lo peor ya pasó, y que vuelvo a encontrarme fuerte. Merece contarse la historia de mi recaída y de las calaveradas que la originaron.

A fines de octubre y principios de noviembre hizo un tiempo delicioso: ni en Niza, ni en región alguna del mundo se podía apetecer cosa más grata que esta despedida del otoño que llaman *veranillo de San Martín*. El día de difuntos –tan triste en otras partes– daba aquí ganas, más bien que de llorar y morirse, de resucitar brincando; y cuando salimos para el soto el notario, el señorito de Limioso, el cura de Naya y yo, íbamos tan contentos y me sentía tan bien, que creí vencida del todo mi enfermedad. Convinimos en que haríamos el *magosto* nosotros mismos, y en que Maripepa nos traería la comida al soto. Apenas llegados él, mis compañeros, que según costumbre llevaban escopeta, aseguraron que se oía el reclamo de la codorniz, *chau, chau*, en unas viñas próximas, y ya no hubo quien los contuviese. Me quedé solo, sentado en el cepo de un castaño que abatió el hacha, con el volumen de Bécquer abierto en las manos, pero con gran pereza de leer.

Me distrajo ver cómo hacía Maripepa los preparativos del *magosto*, juntando ramas y hojas muy secas y reuniéndolas en montón en un claro del soto, donde el sol había requemado y dorado la yerba y el musgo. Preparada la hoguera, se dedicó la muchacha a recoger erizos y extraerles la fruta. ¿Con qué dirás, Camilo, que abría los erizos Maripepa? ¡Con los pies! Juntándolos mucho, sirviéndose de ellos como de unas manos, manejando diestramente el pulgar, la planta y el talón, hacía estallar la cápsula y saltar la castaña fuera. No comprendo por qué milagro las púas del erizo no se le clavaban en la carne; es verdad que antes de abrirlo lo prensaba y estrujaba con un valiente talonazo. Me reía de tan peregrina faena, y la chica se rió también, enseñando entre sus labios gruesos unos dientes para dar envidia a los que padecemos del estomago. Intenté sepultarme en la lectura de Bécquer, pero a poco, incitado por la quietud rumorosa del bosque, el sereno regocijo del cielo y las idas y venidas de Maripepa, tiré el libro y me consagré a ayudarla, haciendo torpemente con las suelas de las botas lo que ella a maravilla con la recia planta del pie. Compadecida de mi inaptitud, me dijo que en vez de abrir erizos recogiese castañas de los ya abiertos, quedándome sólo con la gorda del centro y desechando las dos mezquinas que suelen flanquearla. Y aquí me tienes de bruces, cogiendo castañas, limpiándolas con la manga y echándoselas a Maripepa en el delantal.

En semejante actitud me encontraron mis compañeros, que volvían locos de gozo con una codorniz y dos o tres pajarillos asesinados. Soltaron la carcajada al verme, y me levanté algo confuso, alegando el aburrimiento y la soledad en que me dejaban. Cruzaron entonces miradas maliciosas: el notario guiñó el ojo izquierdo hacia Maripepa, dando un codazo al cura; el cura hizo ademán de tocar las castañuelas, y el señorito contempló de reojo, sonriendo, sus desmayados bigotes.

¡Búrlate de mí! Me puse frenético. ¿De manera que no sólo tú, sino también estos majaderos, me juzgan capaz de abrasarme en la hoguera del magosto? Porque te juro, Camilo, que las miradas, el guiño, el codazo, la pantomima, y la sonrisa fueron, en su género, de lo más crudo y franco posible. No necesitaban traducción ni comentarios.

Como Maripepa se había marchado a buscar la comida, aproveché la ocasión para desahogarme, y con gran sorpresa mía, sólo conseguí aumentar la broma y las risotadas. No les pude hacer comprender que la honra de una chica que lleva a pastar las vacas y abre erizos con los pies, vale tanto como la de una emperatriz, y que la perla de la virginidad no pierde su hermosura por abrigarse en la concha de una cuba vacía, entre las telarañas de una bodega. ¡Sin embargo, es cosa bien clara a mis ojos! Hasta el cura me daba la razón a medias, sólo en el terreno especulativo: ante Dios todas las almas son iguales, y no hay distinción de categorías –me decía festivamente– ; pero en la práctica vemos que la educación, lo que se aprende desde la niñez, la costumbre, influyen de un modo notable en la conducta y en el aprecio que el mundo nos otorga. Me pareció de *componenda* la teoría, y protesté algo enojado. La llegada de los manjares me forzó a desarrugar el entrecejo y atender a mis deberes de anfitrión.

¡Qué gustosa es una empanada de Cebre, fría, comida sin mantel ni trinchante! ¡Pues y las patatas cocidas, escarchadas en una corriente de aire, sobre un cesto de mimbres! El notario había traído su *morena*, bota capaz de doce a quince cuartillos, y la empinábamos por turno, rociando el banquete con tragos de vino de Avieiro, muy análogo al Burdeos común. Entre tanto, Maripepa, arrodillada, activaba la hoguera del *magosto*, soplando con toda la fuerza de sus carrillos, mientras el notario, echando cerillas, las aplicaba a las hojas secas, que ardían chisporroteadoras. Así que el fuego se apoderó de las ramas y éstas se convirtieron en brasa encendida, las castañas comenzaron a estallar, y Maripepa a meter intrépidamente los dedos en la lumbre, sacándolas una por una y ofreciéndomelas después de limpiarlas a su justillo.

Empezó el mosto agrio a correr, y sus efectos hilarantes a percibirse. Hasta se le desató la lengua al señorito de Limioso con tan alegre vinillo, y azuzado por el notario armó discusión con el cura sobre política. Yo pensaba que los dos andarían conformes: ¡qué si quieres! el señorito recibe *El Siglo Futuro*[106], el cura está suscrito a *La Fe*, y entre *mestizo* y *nocedalino*, *pidalero* y *cesarista*, se pusieron de oro y azul. Al cura se le sofocó y arrebató hasta la piel de la corona; al señorito parecía que se le enderezaban los bigotes, a guisa de espolones de gallo de combate. Lo gracioso fue que ambos apelaron a mí para dirimir la contienda, y yo no sabía que decirles ni ellos me dejaban hablar; tales estaban acalorados.

Mientras duró esta escaramuza, el notario, a pretexto de velar por el magosto, se había arrimado a Maripepa disimuladamente, y oí un chillido de dolor, a que él contestó con una carcajada sonora y larguísima. Me levanté furioso para contener a aquel mozo desvergonzado, y vi a Maripepa de pie, con una manga de la camisa remangada hasta el hombro, mirando tristemente la señal roja del bárbaro pellizco, en actitud de algo parecida a la de un perro a quien pegó su amo. Por señas que es admirable que Maripepa tenga los brazos blanquísimos, teniendo la mano tan oscura.

No sé que le dije al notario, sin descomponerme, pero con gran

---

106   Se refiere aquí a los diferentes diarios que se publicaban en la época. *El Siglo Futuro* se editó de 1875 a 1936, y era defensor del carlismo. *La Fe* era una revista católica.

energía, que vino con las orejas gachas a sentarse en un tronco y a comer castañas por vía de consuelo. Yo también me harté de indigesta fruta, y mi estómago quedó fatigado y embutido. No obstante, atribuyo la recaída, más que al *magosto*, a la cazata de pocos días después.

Quedamos en que ellos pondrían los perros, el vino, las municiones, la caza, y yo la comida solamente. Ya el día empezó mal para mí, pues me hicieron madrugar; era noche cerrada cuando alborotaron el patio los ladridos del *Chonito*, del *Pistón* y de la *Gineta*, y apenas blanqueada la aurora cuando bajé vestido, y temblando de frío, a recibir a mis huéspedes. Parecían tres facinerosos[107], con el sombrerón de anchas alas, la canana, el morral y la escopeta. Eché a andar en su compañía, y caminamos por la margen del Avieiro hasta mucho más allá del soto, desde donde tomamos monte arriba. ¡Ay, Camilo, qué piernas requiere el oficio de cazador! ¡Esto de que un ser racional ha de seguir el rumbo que le señala un bando de perdices, es mucha cosa! Que las perdices están allí... que no, que se corrieron a media legua, a la parte de Boan... Y salte usted portillos, cruce bosques, y vadee arroyos, y pise tojo, y suba cuestas ásperas para luego bajar otra vez, por despeñaderos, a la cuenca del río.

Me sentía rendido y no quise confesarlo, porque me avergonzaba de mi poco vigor ante la robustez del notario, la agilidad galguesca del señorito y la jovial ligereza del cura. Hasta los perros volaban delante, gozosos, en su elemento, volviendo de cuando en cuando sus cabezas inteligentes a ver si los seguíamos. De pronto el *Pistón* y la Gineta se pararon, con las patas delante inmóviles y un leve y nervioso meneo de la cola. Su piel se estremecía de impaciencia y de entusiasmo. ¡Entra, *Pistón*! ¡Entra, *Gineta*! ¡Ahí, *Chonito*! Entraron impetuosamente en el brezal, y salió la bandada con formidables aleteos; sonaron tres tiros, y luego otros tres; por último salió rezagado el mío, y se perdió inofensivo en el aire, haciendo reír a mi costa. Los canes[108] portaban las víctimas, desviando delicadamente sus dientes blancos para no deshacerlas, y aquí de las exclamaciones: «¡Un pollo! ¡Un pollo! ¡Ésta es *una vieja*, un macho viejo!». Y los cazadores apartaban con los dedos la abigarrada pluma, palpando la carne gruesa, tibia aún con un resto de calor vital.

---

107   *Facinerosos:* Delincuente habitual.
108   *Canes*: Perros.

¡Gracias a Dios! Murmuré para mi sayo cuando nos recogimos a una robleda donde nos aguardaba la comida, y, sobre todo, el reposo. Maripepa y Manuel, el mozo de granja, nos esperaban allí; entregamos a Manuel la caza para aligerar los morrales, y él nos mostró con aire de triunfo un objeto que pendía de sus tres dedos sanos, y que al pronto me pareció un haz de helechos, hasta que vi entre las dentadas hojas verdes asomar unos cuerpos de pez argentados y húmedos. ¡Truchas soberbias, truchas de las famosas del Avieiro!

Manuel explicó que las había cogido tempranito, al rayar la aurora, por medio de la *nasa*, especie de cesto muy hondo. Con la alegría de verlas se me quitó el cansancio, y ordené a Manuel que fuese por unas parrillas a la rectoral de Naya, que estaba a un tiro de fusil; al oírme hablar de parrillas, Manuel se encogió de hombros, se eclipsó, y volvió a poco rato trayendo una ancha losa de pizarra que tendió en el suelo, y alrededor de la cual puso rama de pino, mucha rama, prendiéndole fuego después. Así que la rama ardió y se hizo brasa, colocó encima de la candente pizarra las truchas, que empezaron a asarse lentamente, soltando una grasa finísima. ¡Qué buenas estaban! El más exigente gastrónomo se chuparía los dedos.

Con la golosina de las truchas comí bien, y al volver a ponernos en marcha para buscar otro bando de perdices que debía encontrarse, según noticias, en un escarpadísimo barranco, cátate que empieza a caer llovizna menuda y a cerrarse la tarde en niebla, y yo, bastante desabrigado, a experimentar la penosa sensación del frío sordo y penetrante, que se nos cuela hasta los huesos. La terca lluvia no cesaba, y estábamos a legua y media de Fontela, y no me defendía, como a mis compañeros, una especie de coleto de badana, ni unas polainas[109] de cuero. Llegué tiritando a casa y me acosté yerto; a poco se declaró la calentura, y aún creo que el delirio; por lo menos la incoherencia en el hablar. Yo me agitaba, quería destaparme, y después me quedaba postrado. Así corrieron dos semanas.

He conocido en esta ocasión que aquí es la gente muy buena y cariñosa; no sabes la compañía que me hicieron por turno el notario, el señorito y el cura; me trajeron al médico de Cebre, viejo practicón que me recetó friegas y sudoríficos (¡qué diría Sánchez del Abrojo si tal supiese!), el trabajo me costó impedir que el notario, a puros refre-

---

109   *Polainas*: Prenda de abrigo que protege la pierna de la rodilla hasta el tobillo.

gones, me arrancase la piel. A falta de los amigos, Maripepa me asistía, velaba y daba bebistrajos[110] y medicamentos ridículos: un huevo muy batido con azúcar y disuelto en leche, agua hervida con miel, mil porquerías.

Me acostumbraron mis enfermeros a jugar una partida de tresillo para entretener el forzoso encierro de la convalecencia, y todas las tardes lo jugamos en la mesa de la cocina, cerca del fuego del hogar, escuchando el ruido pausado de la lluvia y el medroso silbido del viento, pues ya el veranillo pasó y reina la invernada más húmeda y nebulosa que imaginarte puedas. Por no interrumpir la animada partida, sacamos el caldo del pote con nuestras propias manos, y cenamos al amor de la lumbre sin dejar de jugar. ¿De qué se habla? Generalmente, del codillo ¡de solo! Que se mamó el cura, o de la bola que le cortaron al señorito con el caballo de bastos. A veces, de perdices, de codornices, de ferias o de política; el notario es *sagastino*, porque tiene un tío que recibe de Sagasta[111] instrucciones electorales; el señorito y el cura ya sabes de qué pie cojean; yo que aspiro sólo al progreso y bienestar de España, les sermoneo a todos, y todos se ríen de mis utopías.

Te diré con franqueza que si por algo me desagrada esta tertulia campestre, es por ciertos desmanes del notario con Maripepa. No puede la pobre muchacha entrar en la cocina sin que la hostigue, la arrincone y la persiga de mil maneras indecorosas. Si los deberes de hospitalidad y la gratitud que en el fondo me parece este gaznápiro[112] no me atasen las manos, le daría una lección de la cual le quedase memoria. ¿Cómo he de consentir que a mi vista ofendan a una mujer, siquiera sea a la más humilde? Con la lengua defiendo a Maripepa calurosamente, reprendiendo las feas acciones del notario; mas es predicar en desierto, porque la idea de que en Maripepa hay algo acreedor a respeto no arraiga en el obtuso magín de este *Don Juan* de aldea.

Puede que tú también te rías viéndome metido a redentor; considera, antes que mofarte de mí, que aparte de mis principios humanitarios, le tengo ya a Maripepa cierto cariño desde que me asistió tan asidua. Por señas, ya que de esto se trata, que me sorprendió mucho

---

110   *Bebistrajos*: Bebida muy desagradable.

111   **Práxedes Mateo Sagasta** (1825-1903) fue un político español, miembro del Partido Liberal, de matiz progresista.

112   *Gaznápiro*: Tonto.

la indiferente familiaridad con que me prestó toda clase de servicios. Yo bajaba la vista por instinto cuando me mudaba las sábanas, o las estiraba, o me arreglaba el colchón... y ella tan tranquila, sin entornar siquiera las pupilas verdosas. ¿Será verdad que el pudor es relativo y depende de la posición social que ocupamos y de la educación que nos dieron?

Me inclino a pensarlo, porque esta chica me trató con más desahogo durante mi mal, me cuidó con menos escrúpulos que mi hermana o mi propia madre. Y sin embargo, al través de su tosquedad, parece inocente y mansa como el ternerillo que zagalea.

Noticia a todos que estoy mejor, es decir, bien, y que mañana o pasado les escribiré largo y tendido.

Diciembre.

Del Mismo al Mismo

¿Preguntas por mi salud? Magnífica, chico; he echado carnes, mi barba se cierra, mis piernas se fortifican, y vas a dignarte decirle a mamá que es razón sacarme de aquí, si no he de enfermar otra vez de murria[113] y fastidio. Se acerca una época que me inunda el corazón de nostalgia: las Navidades. ¿Quién no aspira, en Noche Buena, a cenar rodeado de su gente? Sepultado en el rincón de un valle, en el fondo de Galicia, yo me consumiré ese día clásico, y pensaré tristemente en los que me echan de menos. No respondo, Camilo, de no plantarme en ésa el día 24.

¡Con qué placer celebraríamos la Noche Buena, yo restablecido, con el nombramiento de Juez en el bolsillo, y tú declarado novio oficial de Matilde! Mis padres, aunque temen algo a tu mala cabeza, estiman tu corazón, saben que eres chico listo y de porvenir, y no aspiran a mejor yerno. Pero eres incansable, está visto. Has de tropezar con una moza traviesa que te haga ver lo blanco negro. No te digo más, porque es algo desairado el papel de casamentero de mi propia hermana, máxime no teniendo ésta un ochavo de dote.

Podías imitar mi prudencia, y dejarme en paz con la chica del casero. Supongo, que después de saber que rabio por tomar el portante, no reincidirás en la chistosa bromita de que estoy prendado de esta *ternera*, como tú le llamas. Maldita sea la falta que hace estar prendado de nadie para profesar y sostener principios de elemental justicia. ¿Qué significan entonces nuestros ideales democráticos, si hemos de aprovechar la primer coyuntura favorable de escarnecer al pueblo en lo más digno de veneración, en la mujer indefensa y expuesta por su misma inferioridad a todo ultraje? ¿Hay cobardía como abusar de criaturas poco más conscientes que el ganado? ¿No es Maripepa un ser humano, un semejante que excita mayor interés por lo mismo que carece de escudo social?

---

113 *Murria*: Nostalgia.

Comprendo, Camilo, todo lo que se haga en ciertos sitios, en ciertos bailes y con ciertas mujeres. Ya barruntan ellas a lo que se exponen, y no les cogerá de nuevo cosa alguna; si la guerra es poco gloriosa, al cabo es franca y abierta. ¡Pero asechanzas a *Maripepiña*, a esta pobre Margarita salvaje que, por no saber, ni sabe dar al torno! Es igual que tirar a un conejo atado por las patas o cazar pollos en el nido. ¿No se subleva tu generosidad natural con sólo pensar que yo lo consistiese a mi sombra y bajo mi techo?

Me indignó semejante proceder, y más en el notario, que al cabo, no tiene la disculpa de juzgarse, como el señorito de Limioso, investido de una especie de poder feudal sobre las mocitas de la comarca. Es verdad que el notario se lo arroga, en virtud de los manejos de su tío, el sagastino cacique, y te aseguro que bajo el cetro de papel sellado de estos tiranuelos locales vive harto más oprimido el paisanaje infeliz que en tiempos de horca y cuchillo, pendón y caldera.

De ganas de reír tu aserto[114] de que me inspira celos el notario. ¡Celos de Maripepa... y de ese pedazo de atún! ¡Cuánto nos vamos a divertir este año en el Retiro, acordándonos de tales simplezas!

Mira, no te olvides de instar a papá para que me levantes el destierro. Tengo verdaderas saudades de Madrid; es decir, no sé si son de Madrid precisamente; el caso es que las tengo. A medida que mis pulmones se saturan de aire puro y vital, perece que me achica la respiración del alma y que me ahogo por dentro. Ansío no sé qué, doy largos paseos sin objeto ni sin fin, o me estoy horas y horas sentado en el poyo de piedra debajo de la solana, sumido en una especie de ensimismamiento raro, que debe de ser regazo de la enfermedad. A veces salto del poyo, y por no saber cómo esparcir la sangre, trato de escalar la solana; y no estando muy hecho a este género de habilidades, a poco me rompo la crisma estrellándome en el patio.

Figúrate si me hierve el cuerpo en impulsos de actividad, que anteayer ayudé a Maripepa a segar, por entretenerme. La vi salir con la hoz y un aire animoso, que me dio envidia, y la seguí al prado. Es cosa muy linda el prado, sobre todo en este tiempo, cuando su frescura y color alegre contrasta con la desnudez de los árboles y la aridez del terreno labradío. Un prado es la infancia de la vegetación, y sin que uno sea borrico, ni mucho menos, la yerba convida a tenderse, revolcarse y palpar amorosamente su suave tez de felpa. Me tendí, pues,

---

114   *Aserto*: Afirmación.

dejándome resbalar por el leve talud, mientras Maripepa esgrimía el arma de las druidesas y *apañaba* (es el término técnico) todo el verde posible. Al fin me resolvía a servirle de algo, y estuve al punto de llevarme media mano con la hoz, que corta como navaja de afeitar. La chica se rió de todo corazón, pues nada le divierte tanto como mi torpeza en cosas rústicas. Me arrancó el instrumento, y pronto tuvo reunido un haz de yerba que colocó sobre su cabeza. Apenas se le veía la cara entre aquel marco de verdura, y al andar la rodeaban las hojas y tallos que iban soltándose y cayéndose, y quedaba en pos de ella un rastro de briznas de plantas, de simiente de gramíneas, de florecitas menudas. No dirás que no te doy la razón poetizando a Maripepa. El asunto merecía un acuarelista que lo fijase en el papel.

Se me figura que parte de este desasosiego mío, de este no saber cómo matar el tiempo, a la vez que lo engaño con las mayores niñerías y futilidades, consiste en que los tresillistas me han abandonado, aprovechando estos días apacibles en sus correrías y cazatas, que ya no me atrevo a compartir, escarmentado por el mal suceso de la primera. Si no me escabullo antes, en enero estoy convidado a la famosa feria del 6, en Cebre. El notario hará el gasto, y por no llevarnos a su casa de soltero, la tendrá sabe Dios cómo, nos obsequiará en la *fonda*. ¡Debe de ser cosa buena la fonda de Cebre! ¿Eh?

Contéstame a escape, dándome siquiera esperanzas de que saldré de aquí. Creo que el mar político se encrespa y la balanza se inclina al lado de los tuyos. Seré juez... y ¡ay del notario fullero o del cacique tortuoso e inicuo que me caiga por banda!

Enero.

Del Mismo al Mismo

Sí, ha llegado mi nombramiento; sí, no te acusé recibo; sí, me hago el muerto, y lo que es peor, deseo estarlo hace algunos días. ¡Ya soy Juez, Camilo! ¡Amarga ironía de los acontecimientos! ¡La justicia humana se pone en mis manos el día en que más merezco caer en las tuyas... y acaso en las de Dios!

Camilo, si eres amigo mío de verdad, si quieres un poco a mi hermana, por ambos afectos te suplico seas discreto y reservado y no le reveles a papás ni a nadie de este mundo palabra de lo que voy a contarte; porque necesito desahogo, y ya no sé callar más, y porque quiero que me aconsejes. Tú sueles ver más claro en asuntos de la vida práctica, aunque yo poseo... poesía, quiero decir, un fuerte instinto de rectitud moral que en cualquier conflicto me dictaba resoluciones dignas de mí.

Entraré en detalles y referiré cómo se encadenaron sucesos que acaso explican, sin disculparlas, mis locuras. ¡Maldita sea la feria de Cebre! Escucha, escucha, verás cómo empezó la broma que tan cara me cuesta.

La mañana del día 6 me vestí y acicalé para ir a Cebre, poniendo algún esmero en mi aliño, porque tras de una larga temporada de campo, en que el aseo se descuida y se anda sin corbata ni camisola, gusta volver por los fueros del hombre civilizado, y se experimenta cierto placer al cortarse las uñas y atusarse el pelo. Vestido ya de pies a cabeza, cabalgué en el jaco que me traía Manuel, y salí al camino. Estaba la mañanita fresca, y yo, sintiéndome sano y fuerte como nunca, respiraba con placer el airecillo picante, y conocía que empezaban a enfriarse los pies en los estribos. De pronto oí una voz: «¡Adiós, señorito!». Miré hacia abajo y vi a Maripepa. Al pronto dudé si era; tan diferente me pareció de la Maripepa acostumbrada.

¡También ella se había pulido y arreglado a su modo! Llevaba *mantelo*[115] negro, liso y muy ceñido, con ancha cenefa de pana; *dengue* negro también, recamado de azabache y sujeto a la cintura con un broche de dos conchitas de plata relucientes; al cuello, pañolito de seda azul. Su pelo rojo, alisado con agua, tenía al sol reflejos cobrizos, y su tez, a fuerza, sin duda, de fricciones, ostentaba un brillo de juventud; las pecas satinaban a trechos el cutis tostado, y los ojos, verdosos, parecían de metal, vistos a la claridad del día. ¡Cosa más rara! –pensé para mis adentros–. Esta chica no es fea, al contrario. Reflexión que hice mientras echaba pie a tierra y emparejaba con Maripepa, cogiendo del diestro el jaquillo.

Ella también llevaba el ternero, destinado a venderse en pública subasta en la feria; de modo que ternero, jaco, ella y yo formábamos un grupo, que al ascender el sol en los cielos, proyectó sobre el camino una sombra grotesca y fantástica. ¿Por qué me fijé en la proyección de la sombra, y recuerdo este incidente entre otros más dignos de memoria duradera? No sé: lo cierto es que el grupo, visto de aquel modo, resultaba muy extravagante y me hizo reír.

Aumentó mi buen humor Maripepa, que me dijo a voces lo que yo me limitaba a pensar de ella por lo bajo. Con rústicas razones me aseguró que estaba muy guapo aquel día, y añadió en tono hiperbólico:

—¡Hoy las señoritas en la feria!...

No se explicó más, ni hacía falta, porque la risa y la mirada dijeron el resto. Homenaje más brutal, más resuelto, más sencillo y más provocativo a la vez, no se ha tributado a nadie. Un alma inculta, enterita y sin velos, se asomó a unos ojos del color del follaje, ojos que parecían espejos de la naturaleza agreste.

He leído que mujeres muy hermosas, entre ellas la célebre Madame Récamier, la amiga de Chateaubriand[116], oían con gratitud y orgullo los piropos de los soldados o de los saboyanitos deshollinadores[117], en la calle. No soy mujer, ni como sabes, me he preciado jamás de chico lindo; pero soy de carne, y reconozco que era muy grato leer en una cara el placer causado por nuestra presencia. Y este placer apenas pueden ofrecérnoslo gentes cuya condición social supere a la de los deshollinadores. Una señorita, o siquiera una mujer algo educada,

---

115   *Mantelo:* Delantal típico del traje regional de algunas provincias del norte de España.

116   **François René Chateaubriand** (1768-1848) fue un escritor francés pionero del romanticismo, muy conocido por su autobiografía y la novela *René* (1802).

117   *Deshollinadores*: Persona que tiene como tarea la limpieza de las chimeneas.

cuando encuentra guapo a un hombre, procura a toda costa que no le
salgan al rostro los pensamientos. Maripepa dio rienda suelta a los
suyos, como el niño que ve dulces o juguetes. Me miraba de pies a
cabeza embelesada, repitiendo con una mezcla de envidia y codicia:

—¡Ay las señoritas hoy!...

Saboreé un momento aquella admiración candorosa, o impúdica,
o como quieras, dejándome llevar a mi vez del gusto de contemplar
a la chica y detallar en ella gracias no observadas hasta entonces: la
delgadez de la cintura, realzada por la valentía de la cadera; la abundancia del pelo rojo, alborotado en las sienes; y la mucha frescura de
la boca. Pero como no soy tan inocente que no sepa en qué paran observaciones de esta jaez[118], y además, hasta Cebre, faltaban aún tres
leguas, dije a Maripepa unas cuantas palabritas de broma, para que
quedase satisfecha y pagada, y monté de nuevo a caballo, espoleando
a mi jamelgo[119] y perdiendo de vista a la pastora muy pronto.

Cuanto más me acercaba a Cebre, con más bueyes y cerdos tro-
pezaba, teniendo a veces que pararme por no aplastar inhumanamente
algún marranillo de rosado cutis y finas sedas. El campo de la feria de
Cebre es una robleda frondosísima, que la carretera divide en dos.
Cuando llegué, no se podía literalmente dar un paso: tal era el
hervidero de cabezas humanas y cornúpetas[120] que me rodeaba y
oprimía. No he visto cuernos más inofensivos que lo de estas pobres
vacas gallegas. Enganchaban a un hombre por la cintura, y él se vuelve
muy tranquilo y los desvía con las manos. Sin embargo, como estaban
tan apiñados, las astas y la gente me oponían una muralla casi infranqueable, y ya renunciaba a pasar, cuando vi de lejos al notario y al señorito haciéndome señas. Guié hacia la izquierda, y conseguí salir a
sitio de más desahogo.

En un redondo campillo donde clareaba la robleda, nos pusimos a
pasear; después de que un chicuelo se llevó mi rocín para buscarle
acomodo. Se empeñó el notario en darme de refrescar inmediatamente, y trajo de su casa, próxima al campillo, una botella de *tostado*,
vino de pasa muy estimado aquí, y unas rosquillas exquisitas, que se
conocen por *melindres*. Entre el *mosto* y el *tostado* se compondría un
vino racional, pues lo que a aquél le falta de azúcar, le sobra a éste;
bien que se asemejan en carecer ambos de alcohol, razón por la cual

---

118   *Jaez*: Clase o condición de una persona.
119   *Jamelgo*: Caballo flaco.
120   *Cornúpetas*: Animales con cuernos.

el *tostado* embotellado suele volverse, al cabo de algunos años, una bola de azúcar. No sé por qué te cuento tales menudencias; creo que los detalles del día fatídico se me incrustaron en la memoria; además hace muy al caso referir todo lo que me dieron y pudo contribuir a embargar mis potencias.

Sin tener exceso de alcohol, el *tostado* me alegró y me infundió cierta animación desusada. Me presentó el señorito a tres o cuatro señoritas que se paseaban allí en pelo, con flores en la cabeza y vestidos que me parecieron, no sé explicar el porqué, anticuados y pretenciosos. Antes de mi presentación, las señoritas reían a carcajadas y se pellizcaban unas a otras; pero la llegada de mi madrileña persona les echó un jarro de agua, y se quedaron como en misa. Traté de reanimar su buen humor, enviando de veras el tuyo, que me vendría de perlas allí; ¡esfuerzos inútiles! Las niñas creyeron interesado su amor propio en aparecer graves y espetadas[121], y me preguntaron por las bodas de la Princesa de Baviera y otras menudencias cortesanas, como si yo fuese *gentilhombre de casa y boca* y anduviese metido en tráfagos[122] palaciegos. Mi empeño de traer la conversación s un terreno más actual y menos elevado, sólo consiguió que languideciese; y después de convidar a rosquillas a aquella aristocracia montés, nos apartamos del grupo, no sin que el notario me diese al codo repetidas veces, señalándome maliciosamente a una de las señoritas, que tenía voz gruesa y presencia varonil.

Vagamos por la feria, admirando alguna yunta de bueyes superior, algún marrano de desmesurados lomos y corto y enroscado rabo (son los preferidos), y alguna vaca gran lechera; no se nos pegaron moscas de caballo, ni nos picaron tábanos, por ser invierno; pero nos empujaron sin compasión, oímos las disputas y el regateo encarnizado, y como iba aburriéndome de la cuenta, oí con gusto la noticia de que era la hora de comer.

Entramos en la fonda por la cocina, llena de gentío y ruido, con piso de tierra, y nos dieron arriba la mejor habitación, una salucha independiente, donde nos sirvió una moza sucia, desgreñada y fea, a quien el notario acribilló a bromas como suyas. Si estuviese yo de humor de descripciones largas, te diría la brutal abundancia del banquete, la compacta sopa de fideos azafranados, el cocido monstruo, con sus

---

121   *Espetadas*: Sorprendidas.
122   *Tráfagos*: Actividades.

moles de tocino y carne y sus chorizos derramando por las brechas de la tripa roja grasa, el asado de lomo capaz de mantener a un regimiento, el océano de papas de arroz; dándote a conocer asimismo el plato clásico de las ferias, el pulpo curado y cocido, tras del cual se chupan aquí los dedos. Y no dejaría de divertirte si te refiriese nuestra conversación, donde entre bocado y bocado averigüé los fastos de las señoritas de la feria, y supe que la gruesa monta caballos en pelo y tiene a prevención el revólver debajo de la almohada por si asaltasen los ladrones el solariego palomar, mientras la chiquita es poetisa y hace versos a los estudiantes que pasan las vacaciones en Cebre, lo cual sugirió al notario y al cura, entre mil tonterías, algunas agudezas que me hicieron reír con toda mi alma.

Mas lo que importa a mi cuento, es que el notario trajo de su casa hasta media docenas de botellas de *tostado*, que aunque suave y dulzón, unido al vino común, al ruido, a la risa y a los cigarros, me produjo inexplicable aturdimiento. Sentí crecer en mí la vida orgánica, y me vi libre de la eterna presencia del pensamiento, compañero serio y moderador al fin. Puse los pies sobre la mesa, me eché atrás en la silla, declamé y canté algunas canciones de zarzuela y trozos de ópera, todos tiernos y apasionados. Porque quítale el freno de la reflexión a un muchacho de mi edad, y claro está que se desborda el torrente amoroso que, más o menos aprisionado, ruge en el fondo de todas las almas. Si la maritornes que servía tuviese rostro humano, creo que le abriría los brazos.

No los brazos, pero una ventana, abrió el cura, y el fresco empezó a calmarse y a recordarme que tenía que volver a la Fontela antes que anocheciese del todo. Vi el cielo gris, y me pareció que amenazaba lluvia.

¡Yo me había venido sin impermeable! Al punto envió a su casa al notario por una prenda que aquí se usa mucho: la capa de paja. Estos impermeables rústicos dan excelente resultado, pues sobre la superficie de las pajas resbala el agua, sin que entre una gota: nada pesan, y aíslan por completo de la humedad: tienen capucha y cubren todo el cuerpo.

Preservado de la contingencia de la lluvia, envié delante de nosotros a un chicuelo con mi jaco, sobre cuyos lomos iba terciada la famosa capa, y el cura, el señorito, el notario y yo emprendimos a pie la ruta, quedando ellos en acompañarme hasta cosa de un cuarto de legua de Cebre y regresar en seguida por si descargaba el aguacero. Poco nos alejaríamos del pueblo cuando observé que caminaba delante de nosotros una mujer, y conocí a Maripepa, libre ya de la compañía de su becerrillo, que había vendido de seguro. Entretenido en la conversación del cura, y algo aturdido todavía por los efectos del *tostado*, yo andaba descuidado; pero noté que el cura y el señorito se hacían señas y se fijaban en un punto del horizonte, y vi con sorpresa que el notario no estaba con nosotros. Miré en derredor, y no le divisé por parte alguna. Todavía me parece estar contemplando el paisaje, teatro de la escena que sucedió después.

Teníamos a la derecha un barranco, en cuyas laderas crecían tojos y retamas[123], y cuyo fondo era una especie de cantera de pizarra, ahondada quizás por los peones camineros para acogerse allí o para rellenar la caja de la carretera. A la izquierda oscurecía sus sombras un pinar, plantado enteramente a las orillas del camino, y del cual nos separaba tan sólo la zanja de una cuneta poco profunda.

De este pinar, a diez pasos de distancia, oí salir gritos, bárbaras risas, el trajín de una brega, algo como la corrida de una res entre la hojarasca y la maleza tupida. Oírlo y lanzarme al lugar de la escena para mí invisible, fue simultáneo casi. Desvié arbustos, crucé zarzales, que me arañaron las piernas, y hallé en el mismo lindero del bosque a Maripepa, lidiando con el notario a brazo partido, protegida por los troncos, que le servían de parapeto, trinchera y burladero. Sin vacilar me precipité a defenderla, cogiendo del cuello de la americana al agresor y obligándole a hacerme cara; pero el demonio, o el tostado, que será lo más cierto, le impulsó a descargarme una valiente puñalada en la mandíbula izquierda, que me dolió, no allí, sino en el alma, con dolor desconocido hasta entonces. No era aquello un bofetón, ni por el propósito, ni por el hecho; mas al fin y al cabo, era la diestra de un hombre en mi rostro, y todos los instintos bárbaros y cruentos, de los cuales he abominado mil veces en mis lucubraciones filosóficas, que he maldecido y anatemizado en nombre de la razón, se despertaron con una jauría, y me aullaron dentro con feroces aullidos. Sin acordarme de la diferencia de fuerzas físicas, me arrojé al notario, y él, echando fuego por ojos y mejillas, se abrazó también conmigo.

Maripepa entretanto gritaba, y yo oía sus gritos como en sueños, porque sólo atendía a saciar el repentino arranque de mi rabia. Sujeto

---

123   *Retama*: Arbusto con muchas ramas largas.

entre los forzudos brazos del notario, únicamente me quedaba libre la cabeza, y me serví de ella de un modo singular; siendo más alto que mi adversario, le di con la barbilla tan fuerte y tan traidor golpe en la vara de la nariz, que el horrible dolor le hizo aflojar los miembros, y pude, recobrado ya el uso de las manos, descargarle un bofetón que me alivió el pecho, vindicando mi honra, según supuse. La vindicación me apagó los instintos bélicos, y salí corriendo a la carretera.

Tras de mí, a manera de jabato perseguido, salió el notario; el señorito y el cura se metieron entre los dos para evitar que se enredase el lance. Al señorito todo se le volvía exclamar consternado:

—Señores... señores... don Joaquín... a sosegarse... a sosegarse...

—Es que el señor... es que el señor me... me... –murmuraba con ahogada voz el notario.

Su lengua, trabada por el vino y la cólera, no acertaba a pronunciar palabras. Su ademán de reto me trastornó la cabeza, y desasiéndome de los brazos del cura, fui derecho a mi adversario. Éste tenía la corbata torcida, saltado el botón de la camisa y más encrespadas que de costumbre las cerriles guedejas. ¡Estaba tan feo Camilo, que me olvidé de que era un semejante! Temí sus brazos de osos, su fuerte musculatura, la vergüenza de una derrota; me bajé y más pronto que la chispa eléctrica, cogí una piedra, quedándome con ella oculta en el hueco de la mano. Él cayó encima de mí como una pesada mole, y me impulsó al borde del barranco. Sentí acortárseme el aliento bajo la presión de sus vigorosos músculos, y recibí en la nuca una recia contusión. Descargué la mano donde pude, hiriéndole, según creo, en la clavícula. Se desplomó y rodó a tumbos hasta la carretera, empedrada de fragmentos pizarrosos.

Me quedé entonces súbitamente sereno, asombrado de mi victoria. Mi diestra se abrió soltando el arma, en mi entender homicida. Mis ojos dilatados registraban la cantera. Ya el señorito, medio a gatas, ayudado por su pericia de cazador, bajaba al fondo. Expuesto a matarme, me lancé tras él, y el cura nos siguió buscando una veredilla practicable.

Mi víctima yacía de bruces, y tuve un momento de miedo y agonía, porque su postura era como un cadáver y su completa inmovilidad autorizaba la conjetura de la muerte. Pero al acercarme, al levantarlo, percibí su agitada respiración: el oso casi gruñía. Estaba imponente, con sus ojuelos cerrados, su negra barba llena de polvo y astillas de pizarra, su traje roto y manchado y la poca epidermis que solía verse de su rostro y que siempre aparecía rubicunda y florida, y más pálida ahora que la de un difunto. No obstante, fue inmensa mi alegría al cerciorarme de que alentaba, al incorporarle y ver que se tenía de pie sin fractura de miembro alguno, al oír de sus labios, que se abrieron lánguidamente, estas frases inverosímiles:

—Usted me ha de perdonar, don Joaquín... Un pronto lo tiene cualquiera... No se molesta, me sostengo bien yo solo... ¡Ayyy!

Te juro, Camilo, que no invento palabra. Las primeras de aquel bárbaro fueron así, ni más ni menos; puedes estar seguro de que no pongo ni quito un ápice. El ¡ayyy! Lo dio llevándose la mano a la clavícula, donde de fijo le mortificaba una horrible magulladura, dolorosísima por ser en parte semejante.

Si yo tuviese al notario por un gallina, no me sorprendería su conformidad. Lo raro es que he visto a este hombre dar indicios de valor, y he oído contar de batallas electorales que prueban que no es manco. Me expliqué tan extraña sumisión, o por el molimiento de la caída, o por la injusticia de su causa, que le abatió el ánimo. El caso es que el orgullo de verme victorioso sin ser homicida; el placer de subyugar a un contrario que tiene diez veces más fuerza que yo; la novedad de la situación, dado mi carácter pacífico, todo ayudó a infundirme gozo y vanidad, sin que pensase en los recursos, no muy leales, a que debía el triunfo. Empecé a preguntar a mi vencido adversario, con insultante protección, si se había hecho mucho daño, y dónde le dolía. Saqué el pañuelo y le sacudí la tierra y los fragmentos de pizarra que tenía pegados al cabello y a la ropa; y mientras, ayudado por el señorito y el cura, subía trabajosamente del barranco a la carretera, yo trepé solo, animado, hecho un Cid.

¿Y la doncella, origen del formidable paso de armas? Dirás tú. Miré a todos los lados y no la vi, ni rastro de su persona: supuse que había huido aterrada con la presunta muerte del malandrín follón. Éste notó mi ojeada circular, y con sonrisa entre resignada e irónica, me dijo en voz flaca todavía:

—No se apure, don Joaquín, no se apure, que parecerá la chica... Al paso del jaco pronto la coge usted, aunque no tiene malas piernas... Ella esperará, esperará: así esperasen las liebres... Y otra vez... —añadió tendiéndome por despedida la mano — otra vez, cuando las cosas importen, avisar a los amigos... ¡que es mejor que andar a trastazos!

—Eso es verdad –murmuró el señorito con silenciosa sonrisa.

—Cierto, sí señor, la amistad es lo primero; y ahora hagan las paces –exclamó cordialísimamente el cura empujándonos a los brazos el uno del otro.

¿Qué había yo de contestar, ni a que meterme en explicaciones ociosas, ni increíbles ni creídas? Estreché cariñosamente al que no hacía media hora trataba de ahogar; y terminó con un abrazo de Vergara la contienda que pudo parar en fratricidio.

Tú, que no ignoras mi horror al derramamiento de sangre, comprenderás si respiré libremente cuando, al trotecillo del jaco, y protegido por la capa de paja, me desvié de buen trecho del teatro de la aventura. Iba declinando el día y caían unas gotas menuditas, présagas de otro aguacero más fuerte. De pronto pegó mi rocín una huida de costado, y se alzó de una piedra una figura humana. Conocí a Maripepa, refrené la montura, y por instinto busqué en el rostro de la muchacha la expresión del reconocimiento que debía inspirarle su salvador, y el gusto de verse redimida; pero ella, lejos de mostrar júbilo, con mucha tristeza empezó a decirme que estaba *servida*, que llovía y que hasta la Fontela iba a echarse a perder su traje nuevo.

—¿Quieres mi capa de paja? –le dije.

—¿Por qué no me lleva en el caballo? –contestó ella, oponiendo pregunta a pregunta, según costumbre del país.

—Pero ¿cómo chica?

—Córrase un poco atrás, señorito.

Retrocedí en el ancho campo de albardón[124], y ella, apoyando en el arzón[125] la rama de la mano, pegó un brinco y quedó sentada a mujeriegas, muy cerca del cuello del rocín. Sin soltar de la izquierda las riendas, la rodeé el talle con el brazo derecho, extendí hacia delante la capa de paja, para que la abrigase también y bajo aquella improvisada choza, nos encontramos aislados y juntos.

Comenzó otra vez la caminata. El jaco, mohíno con su carga doble, andaba despacio, a trancos: anochecía, y el acompasado ruido de la menuda lluvia resbalando sobre la lisa superficie de las pajas, era lo único que turbaba el silencio de la vereda solitaria y el sopor de la naturaleza. El peso del cuerpo de Maripepa gravitando sobre el mío, el contacto de nuestras cabezas y del brazo con que por necesidad la

---

124 *Albardón*: Aparato que se pone en las caballerías para montar en ellas.
125 *Arzón*: Pieza de madera que forma parte de la silla de montar.

oprimía un poco para sostenerla, comenzaron a marearme y a renovar pensamientos que antes creí debidos a la aromática embriaguez del tostado... ¿Qué misterio atractivo, qué calor dulce, qué extraña electricidad se desprende de la mujer joven, que así nos turba y fascina, por más que resistamos? En vano intentaba sustituir la valla material que no existía entre Maripepa y yo con mil vallas morales. Midiendo y aun exagerando la distancia que va de una aldeana tosca, zafia, ignorante, pastora de ganado, a un hombre que presume de culto, que ha leído, estudiado y meditado un poco, y aspira a ocupar decoroso puesto en la sociedad. Así como el muy sediento bebe ansioso aunque el vaso no sea de cristal fino, ni agua fresca y purísima, yo, trastornado por la peligrosa proximidad, no conseguía representarme a Maripepa aborrecible o repugnante. Bien dicen que el que quita la ocasión, quita el pecado. ¿Quién habrá discurrido, pregunto yo, este modo de viajar que aquí se estila? Quiero abreviar, Camilo, y contarte aprisa lo poco que ya te falta por saber, o mejor dicho, lo que habrás adivinado. No estaba la muchacha de humor de renovar las recientes proezas del pinar; antes parecía que, lejos de rechazarme, se pegaba a mí como la goma del árbol. Dos o tres exclamaciones, una risa sofocada; a eso se redujo su protesta cuando empecé a perder pie familiarizándome. Entre tanto, el jaco, dándome ejemplo de formalidad, caminaba sosegadamente, pero seguidito, y puesto que era noche cerrada, me fié en su instinto seguro, y después de recorrer caminos hondos, tropezando en los altibajos y zanjas abiertas por las ruedas de los carros del país, paramos al cabo en la Fontela. Aún había salvación para mí si la puerta de la bodega se abriese y Maripepa se acogiese a sus cubas; por desgracia era muy tarde y de fijo dormían todos: no se oía ruido alguno, ni se veía la luz; hasta ni ladró el perro, que olfateaba a sus amos, sin duda. Metí al jaco en el cobertizo, y como tenía la llave del piso alto en el bolsillo y el diablo en el cuerpo, hice subir a la chica.

Volví a mi acuerdo, cual suele ocurrir en situaciones análogas: pronto para sentir el yerro, y tarde para evitarlo. ¡Qué impresión experimenté! Vergüenza, remordimientos, compasión, horror de mí mismo, abatimiento profundo. Aunque mi mayor deseo sería quitarme de delante a Maripepa, testimonio viviente de mi caída, comprendí la inhumanidad de echarla, y huyendo del dormitorio me salí a la ancha sala, en cuyo oscuro recinto di vueltas y más vueltas, tratando de recobrar un poco de sangre fría y adoptar alguna medida prudente. Por fin me alarmó el silencio que imperaba en el dormitorio, y, temeroso de que Maripepa se hubiese desmayado o cosa parecida, entré. ¡A los pies de mi cama, tendida en el duro suelo, sirviéndole de almohada una cesta boca abajo, y de su cabezal su negro dengue, Maripepa dormía a sueño suelto!

La miré atónito. No era aquella la primera vez que descansaba así; lo había hecho varias durante mi enfermedad. Entonces, como ahora, parecía un can doméstico, satisfecho del humilde lugar que ocupaba y ajeno a pretender otro más alto; para ella eran iguales el pasado y el presente: ¡cuán distintos ya para mí! Al mirarla dormir tan ciego descuido y abandono, se aclararon mis ideas y entendí lo villano de mi conducta. ¡Pensar que aquella tarde estuve próximo a hacerme reo de homicidio porque otro intentó lo que yo realicé después a mansalva, amparado en cierto modo por mi autoridad de amo de una pobre criatura! Es cierto que yo la encontré tan propicia como reacia al notario; pero eso no me disculpa, pues debí respetar la sencilla inconsciencia de una paisana candorosa que deja transparentar en sus ojos lo que las señoritas del pueblo encubren a todo trance.

¡Qué modo de dormir! Y estaba casi bonita. Su cabeza roja relucía sobre el dengue, y sus hombros desnudos eran blancos y llenitos, contrastando con la garganta morena, tostada por el sol y el aire. El resto del cuerpo no se veía, por cubrirlo el extendido mantelo. Respiraba con igualdad; tenía la boca abierta, y su postura era natural y graciosa, a pesar de la dureza del lecho. Reparé que le colgaba del cuello un cordón, y del cordón una mano chiquita de azabache dando la higa: talismán o amuleto muy usado aquí. Su rostro no estaba ni plácido ni descompuesto: estaba cerrado a toda expresión por un sueño reparador y total.

No era cosa de despertarla ni de pasar la noche en pie. Me arrojé sobre la cama vestido, y apagué el velón de aceite. No pegué los ojos, y entre el silencio nocturno escuché toda la noche un soplo suave, la respiración de mi víctima. Al amanecer me levanté sin hacer ruido y salí a vagar por el campo.

¡A la tarde vino de la cartería de Naya Manuel, que acostumbra traer el correo, y me entregó tu carta por donde sé que ya soy juez y puedo administrar justicia!

Febrero.

Del Mismo al Mismo

No insistas, Camilo, no porfíes[126]; es imposible que siga tus consejos
cuando, cegado por el interés que te inspiro, te empeñas en que me
porte indignamente a sangre fría. Si fui delincuente una vez, me dis-
culpan algunas cosas: el ardor natural de la juventud, el tostado, la
ocasión y los demás que sabes; pero en el día, después de reflexionar
maduramente, de dar espacio al pensamiento, no puede ser que yo
consienta en una infamia.

«Lárgate, vente a escape», me dices y repites sin cesar. Pues yo te
contesto que no sólo no me largo, sino que he resuelto quedarme aquí
y reparar mi delito cumpliendo como hombre honrado y decente.

Más que te hagas cruces, más que me trates de imbécil, no puedo
ocultarte que he determinado casarme con Maripepa. Ahórrame
todas las reflexiones que adivino, que ya me hice a mí propio. Sólo te
opongo *a priori* un argumento; ponte en el caso de que Maripepa fuese
tu hermana o tu hija: ¿qué me aconsejarías entonces?

Antes que tú lo digas, diré yo que esta unión es desigual con la peor
de las desigualdades, la intelectual, la de la educación, procediendo
del azar que nos reunió como se reúnen un segundo dos bolas de billar
para una carambola; que disgustaré horriblemente a mis padres, sobre
todo a mi pobre madre, tocada de la disculpable debilidad de creer
que esta borrosa piedra de armas de *la Fontela* nos sube más arriba
del nivel de la *clase media* y nos mete de patitas en la *aristocracia*; que
la mitad del mundo se reirá de mí, y la otra mitad nos mirará a en-
trambos por encima del hombro. Ya sé todo eso, y mucho más. Lo he
pensado, y lo he aceptado. Será mi expiación cargar tan terrible peso;
porque al dar a Maripepa mi nombre, no la he de esconder como se
esconde una úlcera; la he de presentar donde yo me presente, y donde
me reciban a mí habrán de recibirla a ella, y donde la echen, saldremos

---

126   *Porfiar*: Pedir una cosa de manera repetida.

ambos por la puerta misma. Me arrojo a la perpetua lucha con mi familia, con la sociedad; adelante; lucharemos, Camilo; me sobran
fuerzas para luchar con el universo, no con mi conciencia acusándome
de la más fea alevosía.

¿Quién sabe hasta dónde llegan las consecuencias de mi atentado,
y qué género de crueldad cometería yo si ahora volviese las espaldas
a mi víctima? ¿No se te ha ocurrido, Camilo, esa idea? A mí sí, y
desde el primer instante. No hay más que un modo de solventar las
deudas: pagarlas. Y puesto que me nombran juez, ¡qué diablo!, lo
menos que puedo hacer, es empezar a administrar justicia en mi
propia jurisdicción.

Lo más difícil de mi tarea serán dos cosas: convencer a papás y
educar un poco a Maripepa. Esta flor silvestre, que he pisoteado en
momentos de alucinación, está pidiendo cultivo. Me consagraré a decírselo, así derroche toda mi paciencia en el fastidioso oficio de pedagogo. Respecto a mis padres, si algo me quieres, si algo puede
contigo una súplica mía, empieza a prepararlos mañosamente, a do-
rarles la píldora (si cabe oro en píldora tan gruesa y amarga) y a in-
culcarles la rectitud que late en el fondo de mi desusado proceder.
Jamás me atreveré a escribírselo redondamente. Conviene que vayan
acostumbrándose poco a poco. A Matilde, que es buena, dile tú que
le ruego encarecidamente no se burle ni se avergüence de su cuñada,
si no quiere hacer sufrir mucho a su hermano.

Nada he dicho todavía a mis padres de Maripepa. ¿Creerás que la
pobrecilla vino dos o tres noches a tenderse en el suelo al pie de mi
cama, lo mismo que si hiciese la cosa más natural del mundo? Algo
tembloroso y sin saber qué decir, la envié a sus cubas. Me pareció que
iba triste, pero no enojada. Me miró con cándida sorpresa, y yo no
pude menos de prodigarle algunas caricias.

Lo dicho, prepara a mis padres, y entérame de lo que vayas adelantando.

Febrero.

Del Mismo al Mismo

¿Qué estoy enamorado, ciegamente enamorado? No diré tanto, no; pero se me figura que voy interesándome un poco, justa recompensa de mi conducta. Si aborreciese a Maripepa, haría lo mismo que pienso hacer, no lo dudes; sólo que, naturalmente, me costaría más trabajo. La chiquilla se muestra tan dócil, se me arrima tan cariñosa como un perro manso, me escucha con tal atención y me obedece con tal pasividad, que mi alma, que no es de bronce, va ablandándose, y no me ruborizo de quererla.

De noche sabes que la envío a su bodega, pero de día correteamos por el campo. No le consiento que vaya descalza; le he dado dinero y le han traído de Cebre zapatos a pares y medias morenas y gordas; empiezo a civilizarla por los pies, y no es lo menos difícil. Así y todo, cuando tenemos que atravesar charcos o trepar por altos, vallados y portillos, Maripepa da al diablo el calzado y reniega de las medias. En el soto, ella me busca setas comestibles, me trae plantas que yo diseco para enviar a Matilde, recoge leña menuda, y así que lía el haz, se viene a tumbar en la hierba y apoya la cabeza en mis muslos. Le revuelvo el pelo con los dedos, calculando qué efecto hará esta crin roja cuando Maripepa se vista de seda negra, modestamente, como conviene a la esposa de un juez. ¿Llegará Maripepa a ser una mujer medio presentable? Quisiera comenzar por el principio, enseñarle a leer y escribir; pero ¿quién pone escuela en medio del monte? Ella me escucha gustosa cuando le explico (lo mejor que puedo) algo de los usos y costumbres del mundo que no conoce; veo, sin embargo, en la tenaz oscilación de su cabeza, en la dilatación de sus pupilas verdes, un vago asombro incrédulo que no sé cómo disipar. Maripepa se cree un juguete en mis manos, se presta al juego, pero no se deja embobar tomándolo por serio. Piensa que le digo todo al revés, que la engaño, que me divierto con ella; no se enfada, porque juzga que sólo sirve para eso, para entretenerme un rato; mas si logro persuadirla ni hacer que se dedique a ningún estudio formal.

Un día, con un palito aguzado y poniéndole el modelo, le hice trazar letras sobre una peña entapizada de musgo. Llegó hasta la H, y no hubo quien la hiciese pasar de ahí. Le chocó la forma de la H, y estuvo haciendo *haches* un rato, después de lo cual alegó que no sabía, que no podía, que se cansaba. Y fue imposible convencerla ni sacarla de su salvaje obstinación.

Como hay un lenguaje que los dos entendemos, aunque lo hablamos de distinta manera, se distrae uno en las lecciones y falta la constante voluntad de aprender en el maestro y en la alumna. Además, la naturaleza es cómplice de esta falta de energía para el estudio. Nos vamos acercando a marzo: días hace que en los linderos embalsaman el aire las violetas; un hálito temprano corre a veces por el bosque; las aguas del río se estremecen blandamente, y a mí el corazón me da involuntarios saltos de alegría. Me encuentro tan sano, tan fuerte con esta vida silvestre y libre; la comida frugal me sienta tan bien; la respiración y la circulación son tan normales y concurren tanto al bienestar del cuerpo; la conciencia del deber cumplido me llena de tal modo el alma, que me entrego sin reparo a una felicidad inexplicable, instintiva, sólo turbada por el pensamiento de lo que dirán mis padres y la idea de que tú no acabas de resolverte a indicarles cuanto pasa.

Sólo los días de lluvia me abato un poco. Maripepa me agrada más por los montones, ágil como una cabra, en contacto con el aire y el sol, que en la cocina o en el banco, a mi lado, pero aburrida, sin saber qué hacer de las manos y acabando por dormirse de bruces sobre la mesa. No hay de qué tratar, se acaba la conversación y viene el fastidio inevitable. Así es que procuro aprovechar el buen tiempo y gozar de la primavera cuando apenas asoma; voy con Maripepa al prado, al pastoreo; la veo amasar el pan de maíz, coger leña para el horno, y aun cavar la huerta y arrancar y trasplantar la legumbre. Sólo me opuse a que trabajase un haz de tojo[127]. Verle cortar los espinos troncos, cogerlos con la horcada[128], hacerse tal vez mil heridas, me sublevó. Valiéndome de mi autoridad, dispuse que Manuel recogiese el tojo.

Aquel día también recuerdo que le pregunté a la chica:

127   *Tojo*: Arbusto de ramas con espinas y flores amarillas.
128   *Horcada*: Herramienta.

—Maripepa, ¿qué dirías si yo me casase contigo?

Me contestó solamente:

—¡Ay qué señorito!

Esta sencilla exclamación, y las inflexiones de la voz, acompañadas del mirar y del reír, me hicieron comprender que Maripepa creerá más fácilmente que el río Avieiro rueda vino, en vez de agua, que yo sueñe en darle mi nombre en los altares. Ni se le pasa tal cosa por las mientes. Para ella todo esto es una diversión, una especie de romería a que concurre, y en donde baila, sabiendo perfectamente que al otro día ha de volver a sus duras faenas y a su vida miserable.

Lo que si me da vergüenza decirte, es que, en mi concepto, el padre se ha enterado de todo y se hace el desentendido. Apenas le vemos, pues anda en labores distintas de las de su hija, y va mucho a Cebre a vender centeno al menudeo y a llevar vino a la taberna; pero cuando por las tardes nos encuentra regresando de nuestras expediciones, su sonrisa parece más aguda y socarrona que de costumbre. Además, ha venido, en dos o tres ocasiones, a pedir rebaja del arriendo, pretextando las malas cosechas, el cultivo cada día más caro y difícil, el aumento de precio de los jornales, el coste del azufre que se emplea en sanear las viñas, etc., etc. Le prometí escribir a papá, y no lo hice, a fin de reparar mi deslealtad de algún modo, le he prestado treinta duros; un caudal para mí; con él comprará unos bueyes. ¡Mis ahorros de la temporada! Bien sabe Dios y sabes tú que en mi casa no se tiran, no se pueden tirar treinta duros. Ya adivino que no les veré el pelo. Es lo que menos me importa. He regalado además un vestidito de percal a la niña pequeña, y hasta al bárbaro de Manuel una navaja. ¡Pobre gente! Quiero tenerlos propicios, para que no mortifiquen a Maripepa ni vean en mí un señorito tirano, de los que aún creerían favorecerlos dignándose darles un puntapié.

Hará tres a cuatro días sucedió un incidente, que al pronto me ha disgustado. Era por la tarde, hacía un día sereno y hermoso, aunque el cielo estaba encapotado; Maripepa y yo nos hallábamos en la era, bien ajenos a que nadie viniese a perturbar nuestra soledad. A un lado de la era, plazoletilla redonda y rodeada de un seto de zarzas y arbustos, se levanta el hórreo[129], sostenido en cuatro pilastras de granito y rematado por una tosca cruz de madera pintada de rojo. Se sube al hórreo por una escalerilla de mano, y Maripepa, bajando y subiendo,

---

129 *Hórreo*: Construcción de uso agrícola, destinada a secar, curar y guardar el maíz y otros cereales.

había sacado de él buena cantidad de habichuelas, que iba desgra-
nando sobre un paño limpio. Yo, tendido en el suelo, me divertía en
hundir las manos en las habichuelas, blancas, encarnadas o capricho-
samente pintarrajeadas de colorines. Después se me ocurrió la sandez
de tirárselas a la cara de Maripepa, y ella, que primero se contentó con
sonreír y llevar la mano al sitio donde el proyectil caía, fue
animándose, y en el calor de la broma me lanzó dos o tres al cogote,
pues yo estaba panza abajo. Medio me incorporé y le sujeté las muñecas, parando el abrazo lo que empezó bombardeo. De repente me
quedé frío, porque de detrás del hórreo salió una figura negra, aunque
juvenil. ¡El cura!

Le vi de improviso y comprendí que nos había visto también, y que
estaba entre cortado y burlón. Me puse de pie y le hice todo el agasajo
compatible con mi turbación, que era grande. Me hallaba realmente
mudo y abochornado: Maripepa no sé, porque se aplicó sus habichuelas. Me cogí del brazo del cura para disimular, y él empezó a
darme disculpas de no venir en tanto tiempo a visitarme; había tenido
un catarro, había ido a Pontevedra a buscar un pintor que le pintase
el retablo; había hecho una novena. Yo le oía como en sueños, pensando en lo que pensaría él. Al fin, con una de esas resoluciones que
solemos tener los tímidos, me lancé y abordé la cuestión de frente, na-
rrándole todo lo sucedido y participándole mi propósito de reparar la
cometida falta. Experimenté una especie de desahogo al confesarme
así. Todo me animaba a ser franco: la profesión del oyente, su juventud, su carácter alegre y conciliador, su verdadera bondad infantil.

¡Asómbrate Camilo! Esperaba el cura, no la absolución, que no iba
yo tras ella, sino una palabra de estímulo, un caluroso apretón de
manos, un «bien procede usted como hombre honrado, así me gusta;
si todo el mundo hiciese lo mismo, no andarían las cosas como
andan». No soy insensible a la opinión de mis semejantes, y hasta
donde cabe busco su simpatía; además, parece que un sacerdote está
obligado a alentar ciertas resoluciones, cuando no a inspirarlas. ¡Pues
asómbrate, indígnate, mira lo que hacen de la moral estos ministros
suyos! Masticó entre burlas y veras, dos o tres frases que sonaban más
bien a desagradable sorpresa que a otra cosa; y después, con reposados
meneos de cabeza y muchos golpecitos de la palma de la mano en el
bolsillo del chaleco, me dijo que no me resolviese tan aprisa, que estas
cosas deben mirarse y pensarse despacio, que al fin el casamiento es

para toda la vida, que la prudencia es una excelente compañera, que las determinaciones precipitadas se lloran después, que ante todo le parecía regular consultar a mis padres en persona, caso de querer dar un paso tan decisivo; y por último, que reflexionase.

—¿Hay otro medio para reparar mi falta? —le pregunté.

—Psh... —me replicaba él— falta, falta... eso de falta... Falta, sí... El diablo lo enreda, usted es muchacho, ella rapaza[130], y el fuego junto a la estopa... Ya se ve... Pero prudencia, amigo, prudencia, nada de determinaciones arrebatadas... No le ha de faltar tiempo para realizar este acto de honradez que usted dice... Poco pierde usted con esperar.

—¿Y su honra comprometida?

—¡Bah! Ya sabe usted que aquí en las aldeas no es como en los pueblos... usted acompaña a una señorita, pongo por caso, va con ella dos veces de paseo, la visita tres... cátala ya en la lengua de todos, y perdiendo, si se ofrece, una buena colocación... Pero estas rapazas, no señor. Lo mismo se casan teniendo una historia, que no teniéndola. En fin, don Joaquín, usted no es ningún chiquillo... Piénselo...

El egoísmo, la flaqueza humana, las transacciones hipócritas y cobardes con el deber hablaron por la boca de este hombre, que debiera fortalecerme y predicarme la moral más austera y pura. Casi llegué ¡qué bochorno! a sonrojarme de mi leal propósito y a juzgarme un ridículo Quijote. Afortunadamente, así que el cura se marchó, me rehíce y de nuevo templé el alma para seguir la línea recta. He decidido quitarme a mí propio todo medio de proceder mal, adelantando la boda. Ea, Camilo, valor para anunciarlo definitivamente y sin rodeos a mis padres, pues es irrevocable mi determinación ya. Sólo así, de golpe, se realizan ciertas cosas necesarias.

---

130 *Rapaza*: Muchacha.

Marzo-Pontevedra.

Del Mismo al Mismo

¡Ah Camilo! Hoy sí que te escribo corrido y avergonzado, y lo hago para que llegar a ésa no me hables ya palabra del asunto y olvides el contenido de esta carta. A la menor guasa, al menor indicio de que quieres aludir a mi historia o burlarte de ella, dejaríamos de ser amigos para siempre. Lee, pues, estas páginas y rómpelas, rompe o quema toda mi correspondencia de este invierno.

Por la fecha de la carta comprenderás que ya no estoy en la Fontela. He venido aquí a tomar el billete para llegar a ésa por la vía de Portugal. De modo que, veinticuatro horas después de leer mis cartas, me tendrás a tu lado y calmaré el disgusto de mis padres, haciéndoles creer (cuento contigo para el caso) que todo fue una pesada broma que quise darte, y a la cual tú prestaste fe.

Abreviando. Has de saber que una semana después de la venida del cura tuve aquí lo que menos pensarás: máscaras. ¡Máscaras en la Fontela! Sí, máscaras. Era el domingo de Carnaval, y estaba yo acabando de comer cuando sentí en el patio grandísima algazara[131], risas, brincos, prolongados toques de cuerno y repique de castañuelas y panderetas, y asomándome a la venta, vi con asombro hasta media docena de máscaras. Se les conocía que lo eran por unas groseras caretas de cartón y por ciertos detalles muy exagerados del traje que vestían, que no era otro sino el de los paisanos de estas localidad. Había tres hombres y tres mujeres: tres parejas muy cogidas del brazo. Las mujeres traían panderos y castañuelas; uno de los hombres una gaita, que tocaba áspera y destempladamente; otro esgrimía una vejiga de puerco hinchada al extremo de un cordel, con la cual sacudía vejigazos a sus compañeros y compañeras, y otro, por la abertura de la careta, soplaba un cuerno descomunal, arrancándole sonidos lúgubres y grotescos. En cuanto me vieron las máscaras, movieron un

---

131 *Algazara*: Ruido, griterío de gente.

alboroto formidable, y corrieron al asalto, subiendo la escalera y penetrando en mi habitación, que asordaron con sus gritos y tocatas. En un momento me vi empujado, abrazado, *vejigueado*, pellizcado y sin saber qué cara poner ante la bulliciosa alegría de los que yo juzgaba aldeanos en día de jarana[132].

Recordé los deberes que impone la hospitalidad, y corriendo a mi alacena, saqué de ella cuantas botellas de vino y licor poseía, y las ofrecí a mis visitantes. Con gran sorpresa mía no las rehusaron ni se lanzaron a apurarlas, sino que aceptaron cortésmente algunas copas, y una de las máscaras femeninas pidió un vaso de agua. Llamé a Maripepa para que lo sirviese, y empecé a reparar que las máscaras, afectando el lenguaje y modales de los paisanos, mostraban en no sé que pormenores pertenecer a otra clase social. La observación me interesó, y ya me divertía algo la mascarada. Una de las hembras, destapando la fiambrera que llevaba colgada al cuello, me ofreció con los dedos filloas, especie de tortilla delgada como una hoja de papel, redonda como una hostia y bastante grande, que aquí suele comerse en tiempo de Carnestolendas[133]; y al ver el buen ánimo con que me eché al coleto media docena de aquellas porquerías, las otras dos damiselas[134] (que ya me iban pareciendo tales) me sacaron, quieras que no quieras, al centro de la sala, y empezaron a bailar, meneando panderos y castañuelas y convidándome con muchas vueltas y mudanzas. Por no aparecer pedante me dejé embullar y di cuatro brincos, con poquísima gracia de seguro, pues ya conoces la extensión de mis habilidades coreográficas. Después de dos bailarinas se colgaron en mis brazos, pidiéndome que les enseñase la casa y la huerta.

Insistí para que se descubriesen, y no fue posible lograrlo; se resistieron, pretextando que tenían una gran broma para mí y les importaba conservar la careta. En efecto, apenas llegamos a la huerta empezaron a darme una carga terrible, me describieron, con más gracia y donaire del que yo esperaba, y en un chapurrado mitad castellano y mitad gallego, la linda figura que haríamos Maripepa y yo de bracero por Madrid, asombrando a la corte. Competían en chiste las dos máscaras, y a cada una se le ocurrían detalles risibles: ésta pintaba a Maripepa calzándose botitas de raso blanco para ir al besamanos del

---

132   *Jarana*: Fiesta, diversión.
133   *Carnestolendas*: Carnavales; Periodo que comprende los tres días anteriores al Miércoles de Ceniza.
134   *Damiselas*: Muchacha que presume de dama.

Rey: la otra recalcaba y la suponía metiendo trabajosamente las manos en los guantes y manejando el abanico al entrar en el cuarto de la Infanta. Por esta manía de considerarme a mí hombre que frecuenta el real palacio y tendría forzosa obligación de ir con su mujer a saludar a las augustas personas, y también por ciertos indicios de estatura, voz gruesa, etc., vine en conocimiento de que mis máscaras no eran sino las señoritas de la feria.

Un rayo de luz me iluminó, y comprendí quiénes debían de ser dos, por lo menos, de las máscaras varones. Sin duda alguna el barbarote que soplaba en el cuerno era el notario; el inhábil tocador de gaita sería el señorito, y no me atreví a calcular cómo se llamaría el que con tan agilidad manejaba la vejiga de puerco, por no ofender con juicios temerarios su respetable carácter sacerdotal.

Al punto me hice cargo de las chanzas que iba a tener que sufrir, de todo lo que aquellas gentes se preparaban a decirme, e hice provisión de paciencia; porque estaba visto, el cura les había informado de todo y venían dispuestos a divertirse conmigo sin misericordia. Poco me agradó la perspectiva; pero echando la mano de la reflexión, me resolví a sufrir con resignación exterior agrado cuanta matraca me diesen, apuntándola como primer partida en la cuenta del subido precio a que el mundo cobra el cumplimiento del deber. Me eché, por decirlo así, en brazos de máscaras, y ellas comenzaron a zarandearme, unas llevándome a un rincón, otras a otro, y todas diciéndome, en sustancia, lo mismo.

Lo que me dijeron... Lo que me dijeron, Camilo, no fue lo que yo suponía, y aquí empieza la parte de confidencia que más debes olvidar de toda esta denigrante historia. Me dijeron... En fin, Camilo, yo pensaba que me atacarían por ser un Quijote, y resultó que estaba siendo sandio[135]; resultó que había caído en la más ridícula majadería; que juzgaba haber pisoteado una flor, y no había hecho sino recoger de la carretera la flor pisoteada ya... Y por qué pies, ¡Dios mío! ¡Por qué inmundos y villanos pies!

Sentí que toda la sangre me afluía al rostro, y bajé la cabeza, oyendo resonar en mi cerebro vacío carcajadas afrentosas; no supe qué contestar ni qué hacer; fingí serenidad y oculté la sorpresa, dándome por enterado, y vi con satisfacción acercarse la noche a mis huéspedes prepararse a partir. Antes que lo hiciesen llamé aparte a uno de ellos, y cogiéndole la mano y oprimiéndosela con rabia, le dije:

---

135   *Sandio*: Tonto.

—Si eres persona decente, asegúrame a cara descubierta eso que me acabas de contar con ella tapada.

El máscara apartó la careta y vi la faz lánguida, enjuta y grave del señorito Limioso, que con un aire de sinceridad que hizo penetrar en mí profunda y humillante convicción, me contestó:

—Nos puede creer, Rojas, mire que no le engañamos; a fe, nos daba lástima verle tan equivocado, y nos animamos a venir hoy, más bien para sacarle las telarañas de los ojos que para pasar el rato... Ya sabíamos que se divertía con la chica; ¡cosas de la edad! Adelante; nadie tiene que meterse en los líos ajenos; pero el cura me ha contado que usted le dijera que se casaba, y eso es gordo amigo... ¡Ay! Déjeme limpiarme el sudor, que me sofoqué soplando la maldita gaita.

No obstante, así que la comparsa desfiló, entró en mi ánimo la duda. ¿No podría ser aquello una cruel venganza del notario contra Maripepa? ¿No podían estar de acuerdo todos para burlarse del señorito madrileño? Y, por último, para colmo de rubor, ¿no sentía yo a Maripepa aposentada dentro de mi corazón, y no me traían los afrentosos celos, además de sangre a las mejillas, lágrimas de rabia a los candentes lagrimales?

Tiré, pues, mis líneas, tendí mis redes, esperé y observé. ¡Me convertí en espía, me oculté y envilecí hasta atisbar... atisbar en un establo, detrás de un pesebre, recogiendo el aliento grueso y húmedo de la vaca, que rumiaba tranquila sus puñados de florida hierba! ¡Cuán poco tiempo necesité para convencerme! ¡Y yo me corría de que el notario me disputase a Maripepa! Ahora mi rival era Manuel, aquel bárbaro al cual la falta de los dedos de la mano daba un aspecto tan repulsivo.

Salí de mi escondrijo deseoso de ocultarme, a ser posible, bajo siete estados de tierra; hice la maleta y dispuse que me ensillasen el jaco para la mañana siguiente. Al traerme algunos objetos que le pedí, observé que Maripepa lloraba, limpiándose con la manga de la camisa el llanto. No pude contener el impulso de ira; la cogí por los hombros, la sacudí y la increpé. Lo confesó todo, como la cosa más natural del mundo, llorando franca y apaciblemente. Manuel es su prometido hace dos o tres años. Si no se han casado ya, es que no hay cuartos para el grosero ajuar y la comida de boda. He desempeñado papel más lúcido de lo que pensaba, pues realmente aquí el engañado fue ese bestia de Manuel. Metí la mano en el bolsillo y saqué todo el dinero que tengo, menos el preciso para el viaje; saqué también el reloj y se lo eché en el regazo de Maripepa. Después la empujé suavemente hacia la puerta. Me parece que esperaba alguna caricia de despedida; pero ya no me sería posible ni tocarle amorosamente el pelo de la ropa. La vi salir, y me quedé abismado. ¡Quién sabe lo que hubiera sido para mí esa mujer, nacida en distinta condición, educada no diré de otro modo, sino de algún modo! Tal vez la más leal de las esposas; de seguro una de las más amantes.

Al día siguiente (hoy), monté temprano, fui al Pazo de Limioso a apretar la mano del señorito bajo unas parras que entoldan su blasonada puerta, pasé por Naya y seguí a Cebre, despidiéndome con sendos abrazos del cura y del notario, y llegué a Pontevedra a las cinco de la tarde. Estoy escribiéndote porque ya no he cogido el coche que sale a Tuy. Lo cogeré mañana, me detendré un día en Oporto, y veinticuatro horas después de recibir ésta, repito que puedes ir a esperarme a la estación.

Silencio, nada de alusiones, nada de burlas, al menos por ahora, que aún sangra la herida. Sé para mí un juez indulgente. Yo sospecho que lo he de ser con todo el mundo.

La gota de sangre

I

Para compartir una neurastenia profunda que tenía agobiado —diré neurastenia, no sabiendo que decir— consulté al doctor Luz, hombre tan artista como científico, y opinó sonriente:

—Usted no necesita cuidarse... sino todo lo contrario.

—¿Descuidarme?

—Casi... tratamiento perturbador. Hacer cosas que presten a su vida violento interés. Lo que padece usted es atonía, indiferencia: le falta estímulo. ¿No podría usted enamorarse?

—Me parece que no. Las mujeres, para un rato. Y aun este rato lo suelen envenenar. Y las que no lo envenenan, empalagan. Mal remedio, doctor, mal remedio.

—¿No le agradan los viajes?

—¿Viajes? ¿El «Gladstone», el Baedeker[136], las fondas? Me sé de memoria a Europa, y como no busque aventuras a lo Julio Verne[137]... Ya no quedan más viajes emocionantes que los viajes en aeroplano...

—Pues no viaje usted por tierras; explore almas. No hay vida humana sin misterio. La curiosidad puede ascender a pasión. Para una persona como usted, que posee elementos de investigación psicológica...

Agradecí el consejo lo mismo que si hubiese de servirme de algo, y me fui convencido de que la ciencia, ante mi caso, se declaraba impotente.

Aquella misma noche, a cosa de las doce, entré en el teatro de Apolo y me senté en una butaca. Al hacerlo, pasé con el mayor cuidado por delante de los espectadores de mi fila, instalados ya. Estaba seguro de no haber molestado a nadie, y me asombró oír que uno de ellos, el que estaba más próximo a mí, me increpaba en alta voz:

—¡Ya podía usted andar con cuidado, so tío!

---

136   *Baedeker*: Se refiere aquí a las primeras guías de viaje modernas que inventó el alemán Karl Baedeker, y que tuvieron un gran auge en el siglo XIX y comienzos del XX.

137   **Julio Verne** (1828-1905). Escritor francés, célebre por sus novelas de aventuras y por su profunda influencia en el género de ciencia ficción.

Mi sorpresa subió de punto, notando que quien así me trataba era un muchacho que solía encontrarme en el Casino y en la Peña, una persona «conocida». Tal furia, sin motivo alguno, y la extrañeza que me causó, fue el primer chispazo que reanimó mi abatido espíritu. Al pronto pensé:

—¿Estará borracho...?

Pudiera confirmar la suposición al notar en el rostro de mi interlocutor la palidez y el brillo singular de la pupila, que caracteriza el periodo álgido de la borrachera. Pero reiteró el insulto, profiriendo: «!Eh! ¡Con usted hablo!» ni con la voz , ni el gusto tenían el titubeo de lo ebrios. ¿Por qué buscaba camorra aquel individuo?

La gente se fijaba, rumoreaba; los de la fila se levantaron. Éramos objeto de la atención general; alguien se interpuso. De súbito mi agresor cambió de tono, y, con transición demasiado brusca, o que me lo pareció, se echó a reír, pronunciando:

—¡Ah; Selva! Usted perdone... No me había fijado... Dispense. Lo siento mucho... Le ruego que me excuse.

Era el desagravio tan cortés como inmotivado el enojo, y me dejó igual sabor de recelo. Vago, inconsciente, pronto a disiparse, el recelo me hurgó en el espíritu y lo tonificó, despertando mis facultades y fijando mi atención antes distraída.

Mientras me aporreaba los oídos la enervante y estrepitosa música de matchichas y tangos, mi fantasías galopaba, como suelto, ardiente potro. Daba en antojárseme que todo el enfado de aquel sujeto –se llamaba Andrés Ariza –era ficción. ¿Por qué? Los actos humanos siempre reconocen algún móvil, alguna causa. ¿Qué móvil impulsaba a Andrés a fingir encolerizarse cuando yo entré sin meterme con él?

En vez de detallar los pies y piernas de las artistas, sus mallas rosadas, sus zapatos curvos de raso brillante, sus redondeces de algodón y sus trapos lentejuados, mi mirada, de reojo, se posó en Ariza, ávidamente.

No atendía a lo que pasaba en la escena. No cabía duda; algo raro le preocupaba. Su mano blanca y bien contorneada, retorcía nerviosa la vírgula del bigotillo, y de vez en cuando, inquieto, giraba la cabeza hacia mí. Yo evitaba que me sorprendiese mirándole, pero cada vez me atraía más –con atracción de carácter enteramente indefinible – el estudio de su alterada fisonomía. Un perfume intenso y capcioso, de gardenia, venía de él, cuando se movía, y el tal aroma se me subía al cerebro, como un vino compuesto, irritante. Muy violento tenía que ser el olor, para que se destacase sobre los mil de un teatro.

De pronto me estremecí... Lo que acababa de notar, no era nada que no pudiese tener explicación trivial, naturalísima, pero ya he dicho que mi fantasía volaba, y no acertando yo a sujetarla, iba arrastrando por ella. Era, en el plastrón de la camisa de Andrés, y casi cubierta por el chaleco, una diminuta manchita roja, viva como labio encendido por el amor; una reciente gotilla de sangre. Y me eché a pintar a brochazos un cuadro de tonos rojos, de asunto dramático, de locura, de venganza... ¿Quién sabe si un desafío sin testigos, un lance a riesgo, en el secreto que imponen las exigencias de la honra?

Cuando, media hora después, salí del teatro para recogerme pacíficamente a mi domicilio, cambiaron de giro mis ideas. Sin duda el raudal de aire de la calle de Alcalá, el aspecto de normalidad de las cosas que me rodeaban, el golfillo de siempre ofreciéndose a avisar el simón, las mismas desarrapadas[138] hembras brindándome, enronquecidas, los diarios, los tranvías ya espaciados, la gente dispersándose entre un mosconeo de conversaciones humorísticas, desgarradas, achuladas, me devolvieron a la cárcel de la realidad vulgar, engendradora de mi tedio. Por unos minutos se me había figurado que algo extraordinario pasaba cerca de mí, produciéndose comezón novelesco. La hora en que me dominó tal impresión no era una hora de fastidio, sino de exaltación inquieta y acalenturada. ¡Qué hervor y que devaneo, por el arrebato de ira de un señor cualquiera, por una gotezuela de sangre que pudo saltar de las narices! Desgraciadamente, la mayor parte de las cosas tienen siempre explicación vulgar y prosaica y la vida es un tejido de mallas flojas, mecánico, previsto: nada romancesco lo borda.

Encogiéndome de hombros, eché a andar. La noche, aunque de invierno y nublosa, era serena, y yo esperaba algo de ejercicio me ayudase a conciliar el sueño, rebelde de acudir antes del amanecer. Vivía yo en una de esas calles nuevas, no urbanizadas ni edificadas enteramente. Al lado del hotelito que había alquilado, existía un solar no desmontado aún, barrancoso, mal cerrado con valla de tablas blanquiazules. No era el único en la solitaria vía, donde el alumbrado corría parejas con lo demás. Las probabilidades de un atraco no me alarmaban: llevaba mi Browning[139]. No sé por qué en aquel instante

---

138 *Desarrapada:* Que lleva harapos o ropa sucia.
139 *Browning*: Pistola.

la idea, si no del atraco, de algo anormal, se precisaba y tomaba cuerpo, mientras me dirigía, alejándome del centro, hacia mi domicilio. Sin duda la efervescencia fantástica del teatro actuaba aún. No se sabe qué, tenía que sucederme: la aventura me acechaba para saltarme al cuello. Alarmado, miraba hacia todas partes, espiaba los ruidos. Y al mismo tiempo, me obstinaba en repensar en la cara desencajada, el falso enojo de Andrés Ariza. ¿Por qué fingía cólera? ¿Qué explicación tenía semejante fingimiento?

Nada justificaba mis aprensiones. A mi alrededor no había sino esa peculiar sugestión dramática que adquieren de noche las casas cerradas y mudas. Completa soledad. En Madrid, como es sabido, dura hasta muy tarde la animación en las calles céntricas, pero por las vías poco apartadas y donde vive gente rica y aristocrática, es raro que a la una y media o cerca de las dos transite nadie. Cerca de mi calle ya no vi al sereno, el bueno de Pacomio. Sin duda, como tras veces, se hallaba refugiado en cierto figón taberna donde comen los jornaleros que trabajan en los varios edificios en construcción próximos a mi casa. No me importó, pues llevaba la llave de mi verja y el llavín de mi puerta en el bolsillo.

Al aproximarme, una especie de atracción que no sé explicar me hizo fijarme en el solar abandonado, y noté que la valla presentaba un regular boquete. Varias tablas habían sido arrancadas, y se hacinaban confusas a uno y otro lado. Y, a la parte de adentro, sobre el color claro de la tierra arcillosa endurecida por la helada, observé una forma confusa, algo grande, negro y largo, con algo blanco al extremo. Me incliné, me acerqué bajándome... Era el cuerpo de un hombre, vestido de etiqueta, sin abrigo, y lo que bloqueaba, su cara cérea y el pecho rígido de su camisa. ¡Un cadáver!

El muerto, suponiendo que lo fuese, estaba completamente al borde de la valla. Si había entrado vivo, carecía al punto de cruzarla. Saqué mi encendedor y proyecté su luz hacia el rostro.

Era una cara nueva para mí, que creo conocer, al menos de vista, a cuantos muchachos frecuentan los círculos de la Corte. Representaba unos veinticinco años y resplandecía su bigote rubio. El recuerdo de Ariza me acudió nuevamente, evocado por aquel bigote: me acordé del que retorcía con movimiento tan impaciente. Me llamó la atención que el muerto no llevase corbata, ni botones en la pechera, ni chaleco. Absorto en esta conversación, me sobrecogió un ruido de pasos toscos.

Era sencillamente el sereno, que en cultivo de propina, solía alumbrarse para que fácilmente introdujese la llave en la cerradura. Zapateaba, sin aliento, y se confundían en sus explicaciones.

—Señorito... Me habían llamado en la otra calle... Abriendo estaba el señor conde de Marciela...

En cualquier ocasión me hubiese reído de la excusa, porque conocidos los hábitos del enfermizo conde de Marciela, señor metódico y valetudinario, era sumamente inverosímil que se retirase a tal hora. Pero no estaba yo para reír. Me volví hacia el astur, con un gesto de mandato.

—Tenga cuidado, no mienta. Hoy podría ser para usted un compromiso serio haber dicho cualquier cosa que no fuese la pura verdad. No trate usted de engañar a la justicia. En este solar hay un muerto.

Aterrado, «el gusano de luz», dirigió la de su linterna al punto que yo señalaba, y, cuando vio el cuadro, entre dientes, soltó una interjección.

Yo permanecía bajo el peso del descubrimiento horrible. Una duda me asaltó entonces. ¿Y si el hombre no estuviese muerto, sino borracho? Era preciso socorrerle en tardanza, abrigarle, recogerle a techado.

—Ayúdeme a levantarle –dije al sereno–. Puede que tenga vida.

—¡No le toque, señorito! –imploró Pacomio–. No tengamos líos con «los» de la justicia, no nos desgraciemos. Ya tengo visto muchos difuntos, y éste es uno más.

Me enhebré, rozando las tablas, en el solar. El sereno, protestando, aconsejando, exclamando, alumbraba. Me incliné sobre el cuerpo; palpé una mano, estaba helada. Traté de percibir la respiración. No la había. Alcé un brazo. Recayó, rígido. Tenía razón Pacomio: los auxilios eran inútiles.

—No quiero molestias, ni pasar la noche en vela –murmuré entonces, deslizando un duro al sereno–. Pida usted socorro; venga la autoridad, haga lo que sea costumbre. Repito que no mienta usted, ni oculte que yo he visto ese cuerpo. Éste es un caso de decir la verdad, para no tener disgustos.

Ya en mi casa, me acosté, y quise dormir. Cuando lo conseguí, fue mi sueño un tejer y destejer confuso, de interrumpidas escenas, en que se combinaban las dos impresiones de la noche. El incidente del teatro, el drama del solar, se encadenaban en la relación íntima que entre ambos establecía mi excitada mente. Unas veces daba en creer que el muerto y el fingido encolerizado era una sola persona; que el frío cuerpo del solar era el de Andrés Ariza. Otras, que Andrés Ariza lo descubría antes que yo y me acusaba, fundándose en la proximidad de mi vivienda al lugar donde aparecía la víctima. ¿Víctima? ¿Crimen? Despierto, no podía yo ni asegurar que lo fuese, porque no recordaba haber visto en aquel hombre lesión ni herida alguna. Y, sin embargo, la convicción del crimen originaba mi fiebre. Lo comprendía: lo único que llevaba adentro, que rompía la gris uniformidad de la civilización, era el crimen. El sabor amargo y salado del crimen había quitado de mi paladar la insipidez del tedio. Sólo el crimen podía conseguir interesarme. Me revolvía en la cama sobre espinas; por mis venas corría azogue[140]. ¿Por qué no había querido ver levantar el cadáver? Quizás para madurar mi ensueño, mi intención misteriosa. Para meditar; como meditan los visionarios, fuera de lo real que se ve, en busca de lo real que se esconde.

---

140   *Azogue*: El nombre antiguo del elemento químico mercurio.

II

No pude sorprenderme al recibir, a las once de la mañana, la citación del juez llamándome a su despacho con urgencia.

Me arreglé, almorcé frugalmente, y, tomando un coche para llegar más aprisa, me presenté al funcionario. Era un abogado joven, con pretensiones de intelectual, de esos que tienen en su despacho una fila de obras de la casa Alcán, y disertan en la Academia de Jurisprudencia, en veladas conmemorativas. Yo le conocía del Ateneo, pero esto no lo recordé hasta que le vi. Me saludó con afectación de obsequiosidad, asegurando, por vía de exordio, que me llamaba únicamente para pedirme que cambiásemos impresiones, puesto que, según afirmaciones del sereno, era yo el primero que había visto en el solar el cadáver.

—Hay otra razón para que se me interrogue –respondí, deseoso de divertirme un poco a expensas del juez, que imaginaba ser más listo que yo–. Y es que mi hotelito linda con el solar. Son dos datos cuya importancia no necesito encarecer, pues usted la adivina. No sólo conviene interrogarme, sino también a mis dos criados. Algo pueden haber visto.

—¡Por Dios! –exclamó el juez–. ¿De usted quién sería capaz de pensar...?

—Usted mismo. Tengo para mí que, por ahora soy la única pista. ¿Me equivoco?

—Vamos, déjese usted de bromas, señor Selva, y hágame el favor, porque el asunto es serio, de no regatearme su preciosa cooperación. No le pregunto de dónde venía usted cuando halló el cuerpo, porque lo sé; venía usted del teatro de Apolo donde cuestionó con un muchacho, Ariza, que ocupaba la localidad inmediata. Cuestión baladí[141]; Ariza se excusó y quedaron ustedes amigos.

—Veo que está usted bien enterado. Pregunte, y le manifestaré lo poquísimo que conozco.

---

141   *Baladí*: De poca importancia.

Así lo hice, punto por punto. El juez me escuchaba ávidamente.

—¿De suerte que usted no conoce al muerto?

—No recuerdo haberle visto jamás en parte alguna.

—¿Es cuanto puede usted decirme respecto a su personalidad?

—En absoluto.

Noté un rápido fruncimiento de cejas.

—Seguramente, Selva, tendremos que marearle a usted con motivo de este crimen...

—Pero ¿hay crimen? —exclamé con vehemencia casi gozosa.

—¿Lo duda usted?

—Al mirar ayer el cuerpo no vi en él lesión ni huella de violencia.

—Es que...

—Perdone que le interrumpa. ¡Adivino! No quiero que usted suponga que necesito la explicación. No se veía la lesión, porque le vestirían después de matarle. Debí suponerlo, cuando noté que ni llevaba corbata, ni botones en la pechera.

La cara del juez se nubló más. Empezaba a alarmarse. Su escama crecía visiblemente. Sentía en mí una fuerza que le obligaba a desplegar toda la suya, y acaso no le bastase, ante un adversario tan dueño de sí y tan experto.

—Vamos a poner en claro la situación, señor juez —continué pidiéndole permiso, con un ademán para ofrecerle un cigarro y encender otro— : usted sospecha de mí. Hace usted bien; en su caso, me sucedería lo propio. Insisto en que no hay rastros de otra pista, por ahora. El crimen no puede atribuirse a unos atracadores vulgares, porque los atracadores, si desnudan a un hombre en la calle (se han dado casos), no es para volver a vestirle. Su deber de usted es agotar los medios de establecer mi culpabilidad. Sin tardanza creo que procederá usted a tomarme una declaración en forma. Por mi parte, tengo algo que advertir y que rogar a usted. La advertencia es que si usted, por ejemplo, dejándose llevar de sugestiones que puedan partir de la opinión alborotada y reflejarse en la prensa, me mete en la cárcel, será el modo de que este crimen no se averigüe jamás.

—Como favor amistoso le ruego que me indique el porqué de esta afirmación —suplicó el juez.

—Muy sencillo. Porque me he propuesto ser yo quien lo descubra, y se me figura que sólo yo he de lograr. Quizá me ha sugerido tal propósito la lectura de esas novelas inglesas que ahora están de moda, y en que hay policías de afición, o sea «detectives» por «sport». Ya sabe usted que así como el hombre de la naturaleza refleja impresiones directas, el de la civilización refleja lecturas. Usted es una persona demasiado culta para no hacerse cargo de esto.

—Y, además, señor Selva, y perdone: usted necesita demostrar, con claridad meridiana, lo que por otra parte, todos afirmaríamos: que es ajeno por completo a este suceso sensacional.

—¡Pch!, creo que no es eso lo que me impulsa... Eso se demostraría solo, y desafío a la autoridad a que pruebe lo contrario... Pero lo mismo da; el móvil no importa. ¿Le conviene a usted que le desenrede esta madeja? Entonces, sin faltar en lo más mínimo a sus deberes profesionales, auxílieme a su vez: entéreme ahora de lo que no sea reservado, de lo que la prensa de esta noche contará a todo Madrid.

El funcionario vaciló un momento. Creía sin duda contraer serias responsabilidades. Al fin se decidió:

—Pregunte usted.

—¿Quién es el muerto? ¿Se le ha identificado?

—Sí. Se llama don Francisco Grijalba; es malagueño, y solía venir a Madrid de cuando en cuando, a pasar unos días, por los negocios de la Casa Azucarera en que ocupaba un cargo importante.

—¿Persona de sociedad? ¿Soltero? ¿Rico?

—Algo de todo eso. Un muchacho bien y que trabajaba, y al cual se le auguraba un porvenir en los asuntos comerciales.

—¿Tenía querida en Madrid, o andaba a la que salta?

—No hemos llegado aún a dilucidar ese delicado punto... Veo que usted piensa que debe aplicarse el antiguo consejo: «buscad la mujer».

—¿Tenía familia en Málaga?

—Una hermana casada, y el padre, un señor achacoso, que no podrá venir, por sus padecimientos.

—¿Cómo le mataron? ¿Qué golpes o heridas recibió?

—Dos heridas, de estoque, una de ellas bajo la tetilla izquierda, que habrá interesado el corazón. No se ha procedido aún a la autopsia.

—¿Cómo se las compusieron ustedes para identificar...?

—No ha sido difícil. ¡Oh! Nosotros ya estamos familiarizados...

Se preguntó en los hoteles de lujo si faltaba algún huésped. Contestaron en el de Londres que no parecía desde la tarde de ayer este señorito, don Francisco Grijalba. Se llamó al dueño, y en el Depósito, le reconoció.

Anoté en mi cartera. «Hotel de Londres».

—Puede usted proceder a tomarme una declaración, señor juez –advertí– después de que apure ese cigarro. Y tomada la declaración, convendrá que inmediatamente y sin necesidad de auto, porque el auto es usted mismo, se venga a mi casa a practicar un reconocimiento, a registrar mis papeles y mis armarios y todo. Al lado está el solar; convendrá también que usted lo examine detenidamente. En estos casos, nada debe descuidarse.

Nuevas brumas se condensaron en la frente de aquel hombre, que no sabía si ver en mí al criminal cínico, descarado y lleno de osadía, o a un ser superior, «dilettante» de emociones, capaz de darle lecciones en su profesión misma, a pesar de la biblioteca Alcán y las disertaciones académicas.

—Bien –profirió– ; no veo inconveniente alguno en seguir la marcha que usted me indica, pues es la misma que yo me proponía; se lo digo a usted en confianza. A sus criados de usted se les interrogará, así que evacuemos la diligencia del registro.

Momentos después entraba el escribano y se me tomaba declaración. Dije la verdad estricta, lacónicamente.

—¿Qué hizo usted y por dónde anduvo todo el día de ayer? Fue una de las preguntas.

—Por la mañana, a las diez, estuve en casa del doctor Luz, con quien consulté. A las once y media volvía casa, y nada de particular hice, hasta las doce y media, hora en que me sirvieron el almuerzo. A las tres fui al Casino y leí la prensa y charlé de política con algunos socios. A las seis salí del Casino y estuve en la tienda del anticuario Roelas, en la calle del Prado. A las ocho comí en la Peña, y como en todo el día no había hecho ejercicio y me sentía muy aburrido, y de muy mal humor, paseé sin objeto por las calles, desentumeciéndome. A las doce menos cuarto entré en Apolo, para desde allí, vista la última función, retirarme a mi cama para dormir.

—Fíjese usted bien. Se le va a leer su declaración –advirtió el juez–. Ante todo, le ruego que recuerde si habló con alguien o le vio alguien que le conozca, en esas dos horas, de diez a doce.

—Ya –observé–. Ésas son las horas en que se ha cometido el crimen. Cuando yo ocupé mi butaca de Apolo, el cuerpo de don Francisco Grijalba estaba en el solar. Los médicos suponen que la muerte ocurrió de once a once y media ¿no es eso?

—Eso es...

—Pues no puedo nombrar a nadie con quien haya conversado, ni que yo conozca y me haya visto, a esas horas. Yo llevaba alto el cuello del mac-ferlán[142], un tapabocas de seda blanco, muy subido por temor a las neuralgias, y el sombrero calado; además en la calle, huyo de los pesados que se nos agregan para quitarnos la soledad y no darnos compañía. Lo probable será que no haya coartada, señor juez.

El funcionario parecía reflexionar. Al fin decidió:

—¿De modo que usted ha dicho cuanto sabe?

—Sin quitar punto ni coma.

—¿Se confirma usted en que no conocía al muerto?

—Ni de vista.

Me leyeron la declaración, que firmé; y, ya extraoficialmente, el juez me interpeló:

—¿Insiste usted en que descubrirá la verdad sobre este crimen, que tan misterioso se anuncia?

Un momento dudé. Iba a comprometerme a algo que probablemente no podría realizar: tal vez antes, al jactarme de descubrir el crimen, había procedido a impulsos de esa fanfarronería o gasconada que tanto abunda, aquí donde el individuo, no auxiliado por la sociedad, cree llegar a todo por sus propias fuerzas, y llega a veces. ¿Qué medios tenía yo para desgarrar el denso cendal? Y, sin embargo, allá en mi interior advertía dos estímulos: el primero, que descubrir el crimen quizás me interesaba personalmente, y, a no descubrirlo yo, la Justicia llevaba trazas de caer en una zanja honda; el segundo, que creía saber –de un modo oscuro, borroso, por artes singulares o por presentimientos casi increíbles– «algo» del sombrío hecho...

—¡Qué diablos! –reaccioné mentalmente–. Soy hombre de inteligencia y cultura, desocupado, y que además siente el inexplicable golpeteo de la corazonada... El drama me ha interesado en su primer acto; he de intervenir en el desenlace. El caso es que desde ayer no me aburro... ¿Cuándo empecé a no sentir el peso del fastidio? ¿Cuándo solté el yugo de plomo?

Recordé. No me aburría desde el punto en que en el teatro, Andrés Ariza me injurió. Volví a ver su rostro demudado, alteradísimo, y la centella de granate de la gota sangrienta sobre la blanca pechera volvió a herir mis ojos... Resuelto, me encaré con el juez.

—Insisto en que lo pondré todo en claro, si se me ayuda con buena

---

142 *Mac-ferlán*: Abrigo sin mangas.

voluntad, con amplitud de espíritu, dándome facilidades, atendiendo a mis indicaciones, y no prendiéndome todavía.

—Dispuesto estoy a hacerlo –concedió el juez– pero usted no ignora que sobre mí pesan deberes y responsabilidades. No me pida usted sino lo que quepa en mis atribuciones.

—Usted verá. En la medida en que me auxilie, prosperará mi indagatoria.

—¿Está usted conforme en que procedamos al registro de su casa inmediatamente? Lo ha solicitado usted –respondió de un modo evasivo el funcionario.

—Y vuelvo a solicitarlo. Si usted quiere, salgo delante, tomo un coche, y usted, señor juez, en otro, me sigue. A mi puerta le aguardo. No conviene que desde aquí nos vean ir juntos. Se nos vendrían encima mil curiosos.

Convino en ello, y me despedí «hasta ahora». Afuera, en los pasillos, aguardaba un grupo de reporteros judiciales –alborotados con lo que el crimen parecía que iba dar de sí, y la tela de artículos e informaciones que anunciaban– que intentó detenerme. Cortésmente, me escurrí. No ocurría nada que mereciese referirse, les dije con amables fórmulas: todo seguía envuelto en un misterio impenetrable. Dos fotógrafos, entretanto me enfocaron. La luz era escasa y espero que por tal retrato no será fácil reconocerme.

III

Al acercarme a mi casa, noté que bastantes papanatas permanecían parados delante del solar.

Se precipitaron a ver como bajaba del coche. Minutos después llegaba el juez con el escribano, y, en otro coche, dos sujetos bien portados, pero que tenían ese aire basto y burgués, esa falta de flexibilidad en el modo de llevar la ropa que caracteriza a la policía. Sus gabanes[143], sus sombreros, eran de líneas duras. No hice tal observación hasta que estuvimos dentro del hotel, pues fuera había oscurecido, y en el recibimiento iluminado fue donde nos saludamos.

—Los señores son la policía –dije al juez–. Sean bien venidos.

Uno se adelantó y se me acercó, con afectación cordial. De cerca, sus ojos eran sagaces, buscones. Después, supe que, entre los de su profesión, pasa por ser quizás el más entendido y de más fino olfato. Lo sensacional del crimen, el revuelto que estaba iniciándose en Madrid, indujeron a que, desde los primeros pasos, se acudiese al renombrado Cordelero, poniendo en sus manos el asunto.

—Adelante, señores –me apresuré a decir.

Mi casa es una cómoda vivienda de soltero que ocupa posición desahogada y tiene gustos de arte y literatura. Está en perfecto orden, y mandé al criado, Remigio, y a su mujer, Teresa, mis dos antiguos y leales servidores, que franqueasen mis habitaciones. Los dos sirvientes tenían caras de desenterrados, en que traslucía sin disimulo su terror a la justicia. Obedecieron, taciturnos, y, entregadas mis llaves, fueron abriendo puertas y muebles. Harto debían de saber que allí no se había cometido ni sombra de acción criminal y, sin embargo, comprendí el temblor de sus almas. Registramos el comedor, el saloncillo, un gabinete donde tengo el piano, la cocina, las dependencias. Todo revelaba una vida pacífica, legal. Subimos al segundo, donde están los

---

143 *Gabanes*: Abrigos.

dormitorios y el baño. Fuimos derechos a mi alcoba, donde guardo mis papeles, en un secreter Imperio, cuya llave presenté al juez. Mientras éste la hacía girar, Cordelero, que permanecía en segundo término, se acercaba a la ventana, y rápido, recogía del suelo un paquete.

—¿Qué es esto? –preguntó, como si hablase consigo mismo.

Me volví, y vi con extrañeza un envoltorio cubierto de tela oscura y amarrado con cinta negra, de seda.

—¿Qué es ésto, Teresa? –pregunté a mi vez, dirigiéndome a la criada– ¿Quién de ustedes puso ahí ese envoltorio?

—No sabemos qué es, señorito. No lo hemos puesto.

Cordelero colocó el paquete sospechoso, muy cuidadosamente, encima de la mesilla donde suelen servirme el desayuno, y me interrogó con la mirada antes de desatarlo.

Al signo afirmativo que hice, soltó los nudos de la cinta, separó la cubierta, de percalina sedosa y apareció un abrigo de paño, fino y elegante corte, muy doblado, y dentro de él varios objetos: una cartera olorosa, de cuero inglés, un pañuelo, un reloj extraplano con su cadena, unos botones de pechera (ojos de gato y rubíes calibrés), unos guantes blancos, una petaca lisa con trébol de esmeraldas.

El juez me miraba, más encapotado que cielo de tormenta.– Cordelero –supliqué– voy a pedir a usted un favor. Este hallazgo extrañísimo debe aprovecharse, venga de donde viniere. No toque usted a los objetos de metal y cuero. Es del mayor interés que se tomen las improntas digitales que sus superficies conservarán de seguro. La huella de los dedos del criminal o de su cómplice están ahí.

El policía me miraba, con expresión mixta de triunfo y de asombro. Para él, era aplastante contra mí aquello de haber descubierto en mi casa el abrigo y los efectos de la víctima, después de hallarse su cuerpo en el solar. Y, a la vez, comprendía que mi observación era exacta y conforme al último figurín policíaco: allí estarían las improntas, las huellas de las yemas del asesino.

—No se tocará... –barbotó–. Señor juez, hay que tomar nota de lo que aquí aparece...

Se adelantó el criado Remigio. Su voz entrecortaba y la empeñaba un sentimiento de indignación.

—Con licencia de usía, señor juez, ese paquete lo han tirado desde el solar a este cuarto: que me degüellen si no es así (y se pasaba la mano, de refilón, por el pescuezo). El señorito nos tiene mandado que la ventana de su dormitorio esté abierta siempre. Ya le tengo dicho que un día le darán un disgusto, que ese solar es muy mala vecindad; pero quien manda, manda. Él dice así, dice:— Más quiero que un día me roben, que respirar siempre aire malo— ¿Verdad, tú, Teresa que es lo que dice el señorito? Y hoy, cuando viene a cerrar, de noche, tan cierto como que soy Remigio Camino y nací en Lugo, entré a oscuras y sólo con la vislumbre de la luz del pasillo, cerré y me salí. El paquete lo tiraron desde afuera, y estaría ya dentro.

La explicación del fámulo tenía todas las trazas de verdad. Miré a Cordelero con sonrisa irónica. El apartó la cara, malhumorado. «¡Mi pista» era tan lucida, tan aparatosa, tan cómoda! Siendo yo el asesino, no había que quebrarse los cascos sin riesgo de plancha policíaca. Ya me tenían entre sus uñas...

Terminado el registro, y sellados, por indicación mía, los papeles, me volví hacia el juez.

Desearía —rogué— hablar con usted y con el señor Cordelero reservadamente, un cuarto de hora.

Salieron los comparsas —escribano, criados, el policía que secundaba a Cordelero— y ofrecí asiento a mis interlocutores.

—En estas primeras diligencias —afirmé— se ha perdido un tiempo precioso, y lamento no haberme quedado a presenciar el levantamiento del cadáver por el juez de guardia. En el solar se habrían podido descubrir huellas del pie de los asesinos, que trajeron ahí el cuerpo desde el sitio en que se cometió el crimen.

—¿Por qué dice usted asesinos? —rezongó[144] el policía—. ¿Está usted convencido de que son varios?

—Son lo menos dos, hombre y mujer. Y figúrese usted lo que valdría sorprender las huellas de un gentil piececito. ¡Ahora, ya es inútil: cien pisadas las borraron! En fin, al grano, señores. Ustedes parten de la idea que yo soy el culpable. Hace unas horas, no lo extrañaba: no existía más apariencia que la mía: lo reconozco. Pero ahora, después de que hayan aparecido en mi dormitorio el abrigo y demás prendas de la víctima, hallo sumamente candoroso que no hayan cambiado ustedes de rumbo. Para quien tenga nariz, tal hallazgo es prueba refulgente de mi inocencia. Recuerden ustedes que yo mismo pedí el registro, y vean si, de ser culpable, no hubiese

---

144 *Rezongar*: Quejarse.

lanzado el paquete a una alcantarilla, que es lo de rigor. Señor Cordelero, le creí a usted más largo. Todo esto viene de que la prensa, por la mañana, empieza a asirse a mí, y abunda en reticencias acerca de dos hechos: que yo descubriese el cadaver, y que mi casa linde con el solar. La turbamulta me cree culpable; y los verdaderos culpables, en vista de eso, y de que estas prendas les comprometían, han discurrido venir a boca de noche a meterlas por mi ventana. Probablemente su plan era dejarlas en el solar; vieron la ventana abierta, e hicieron puntería. Y se fueron riendo. Se fue riendo, debo decir, porque no vendría sino uno. Esto reviste un carácter de trama burda, que no puede engañar a un funcionario judicial ni a un policía tan experto.

Cordelero no sabía lo que le pasaba. La evidencia de mis observaciones le confundía. Entreveía un mundo de ciencia policíaca y una escuela de arte, a la europea, que le avergonzaban por no conocerlas.

¿Por qué dice usted –preguntó– que los criminales son un hombre y una mujer?

Me di el gustazo de desafiarle con un sonreír compasivo; y el juez se precipitó, deseoso de manifestar que comprendía más que el desconcertado sabueso.

¡Porque... amigo Cordelero, eso se cae de suyo! La víctima ha sido asesinada estando en la cama... Y como no fue asesinada en el hotel donde vivía, mujer tuvo que andar por el medio...

—Mujer anda por medio siempre –afirmé– pero a veces se queda entre bastidores. Aquí, me atrevo a jurar que tomó parte activa. Ese paquetito fue liado por una mujer. El pedazo de lustrina[145] que le envolvía no es cosa que tenga en su casa ningún hombre; sólo las mujeres conservan retales así en sus armarios. Acaban ustedes de ver los míos. No se parecen a los de una dama. La cinta es un accesorio que tampoco guarda ningún hombre. ¿Qué dice usted Cordelero?

—Usted me permitirá –contestó, involuntariamente mortificado– que me reserve mis impresiones.

—Resérvalas enhorabuena. Yo juego limpio y le doy a usted los triunfos. Los señores asesinos, sean quien fueren, se han permitido procurar que recaigan en mí las sospechas. Voy a borrarles la telaraña: voy a descubrirles, y esto ha de ser en plazo breve. A lo sumo... invertiré tres días, a contar desde este instante. Y, si cumplo mi propósito, que lo cumpliré, deseo que recaiga en el señor Cordelero

---

145   *Lustrina*: Tela de seda con mezcla de oro y plata.

toda la gloria. Diré a quien me quiera oír que fueron ustedes, el señor Cordelero y el digno señor juez, los que alumbraron las oscuridades de la instrucción. En cambio, impongo dos condiciones. La primera, que trabajen, cuanto más, mejor, por establecer mi culpabilidad. La segunda que me averigüe usted, señor Cordelero, esta misma noche, por los medios que tiene a su alcance, los nombres y el género de vida de las personas que habitan en las dos calles que desembocan en ésta. A los moradores de mi calle les conozco, y sé que no hay nada que aprovechar por ahí. Si usted tiene la bondad de traerme la relación mañana por la mañana, a mediodía me pondré en campaña... y milagro será...

La proposición me parece razonable, Cordelero –intervino el juez–. Selva no puede hacer más.

—Y vigile usted mi casa y mi persona entretanto; no se me ocurra escaparme en el extranjero –añadí con el gesto de fina chunga[146] que me placía adoptar–. Pero active esto de la lista. Y si usted no pudiese hacerlo, lo haré yo... sólo que entonces necesito un día más.

Cordelero protestó.

—¿No se ha de poder hacer? ¡Inmediatamente!

Parecía un perro que no sabe si le ofrecen un hueso o un latigazo.

Mis criados declararon a su vez. Creyeron hacer una habilidad encerrándose en monosílabos y medias palabras.

---

146 *Chunga*: Broma.

IV

La noche fue agitada, como la anterior, y volví a soñar cosas incoherentes, no sobre el crimen, sino sobre la insignificante incidencia del teatro Apolo. Veía a Andrés Ariza precipitándose contra mí con el puño cerrado, en el cual, como si fuese un apache, ocultaba una llave inglesa armada de un pincho agudo, de esos que causan herida mortal. Cuando yo iba a gritar «¡socorro!» Ariza escondía la mano y me tendía la otra, dándose mil satisfacciones. La pesadilla duraba aún al entrar Remigio, con la misma cara larga de la víspera, a anunciarme que ya estaba ahí «ese señor».

—Que entre, hombre... No estés tan afligido, no nos ahorcan... y tráeme el desayuno.

Siempre ceñudo, Cordelero sacó su lista, e intentó leerla. Un movimiento mío le detuvo.

—Tengo que pedir a usted mil perdones; le hice trabajar demasiado y en balde. Debí decirle que no eran necesarios nombres ni informes de los inquilinos que viven con su familia, y son gente respetable y formal. Permítame usted –añadí cogiendo la lista– : Don Antonio Díaz Otero y señora... no hay caso. Marquesa de la Islaverde... esa señora viuda y caritativa... tampoco. Conde de la Baldía... setenta años, reumático... menos. General Escalante. ¡Bah! El general es una persona muy seria. A ver, a ver... Aguarde usted... Doña Julia Fernandina... ¿No es ésta la que llamábamos Chulita Ferna, la famosa hija del conde de la Tolvanera? Chulita... ¡Vaya! ¿En el número 15? Espere usted... Bueno. Mil gracias, señor Cordelero. Si usted me lo permite, guardo esta lista, y me voy derecho al Hotel de Londres, donde la víctima se hospedaba.

—Ya se han hecho allí averiguaciones. No me toca exponérselas a usted, pero eso a mí no se me escapó, señor de Selva.

—Lo supongo. Pero en fin, amigo, más ven cuatro ojos que dos. Lo que le suplico, en cumplimiento de lo estipulado, es que me acompañe al hotel, para que no tengan reparo en facilitarme indicaciones. Es más, si usted quiere, será usted quien dirija las preguntas. Ya sabe usted que toda la gloria del descubrimiento, en el señor Cordelero recaerá.

Me miró, entre zaíno y escamón, y se asustó el híspido bigote.

—Lo que encargo es reserva –añadí–. ¡Un cuidado infinito con la prensa! ¡Sobre todo al principio! No convienen espantaliebres. Deje usted que sigan acusándome. Nada de nuevas pistas. Me arrojé de la cama; me vestí en un vuelo, y salimos por una puertecilla que se abría sobre el diminuto jardín de mi hotel y comunicaba con otra calle. Y bien nos avino, pues ante la verja hacían centinela tres reporteros de diarios, que vanamente habían intentado corromper a Remigio y llegar hasta mí.

En el Hotel de Londres preguntamos por el dueño. Salió solícito, y se puso a nuestras órdenes.

—Ya estuvo aquí el señor ayer, horas después del crimen

—advirtió señalando a Cordelero –y ha preguntado mil cosas...

En fin, vuelvan a preguntar, que la verdad diremos. Nuestro afán es que todo se averigüe. ¡Pobre señorito Paco, tan simpático! ¡Hay que reprimir la «inmoralidad»; los tiempos están perdidos!

Cuando habló así el hostelero, ponía yo en tensión mis facultades, y, allá en lo recóndito de mi ser espiritual, sentía algo tan anómalo, que apenas acierto a definirlo. Era como si la intuición confusa y vaga cristalizase de repente, y su punta afilada me hiriese, arrancándome un grito. «Ahí, ahí» parecía que exclamaba, en la sombra, una persona desconocida, distinta de mí mismo. La inspiración debe de revelarse de tal manera, por una especie de dolor exaltado, al impulsar a los actos que no tienen que ver con la razón, con sus cálculos lentos y sus vuelos cortos. De este escondido fondo psicológico salió la voz que pronunció como en sueños:

—Es cierto; le han preguntado a usted mucho; pero es preciso completar la indagatoria, enterándose de cuándo vino aquí por última vez a visitar o buscar al señorito Grijalba, ese amigo suyo... el señorito de Ariza.

¡Verdad que viene de lo alto, verdad suprema! A mi interrogación, lanzada al azar, desde lo desconocido, el fondista, con la mayor responsabilidad respondió:

—Deje usted que recuerde... El caso de la muerte del señorito Francisco ocurrió un lunes... El sábado había estado aquí el señorito de Ariza; pero no subió; mandó recado de que el otro bajase. Por eso me enteré.

—¿Venía mucho? –insistí, tembloroso, radiante.

—No, señor... venía rara vez... Pero ¿se pone enfermo el señor? Tiene un color muy «malísimo».

—¡Quia! Es que encuentro muy frío este locutorio. Siga, siga, ¿dice usted que venía poco? El caso es que se veían.

—Como verse, no digo que no se viesen. Yo sólo me entero de lo que pasa aquí; fuera, cada huésped tendrá sus amistades.

—¿Qué negocios traía ahora el señorito Paco? ¿Lo sabe usted?

—Vamos, como saber de fijo, de fijo... no. Pero serían, como siempre de esa Sociedad, la Azucarera, que representaba. Ya, otras temporadas que estuvo, trabajó en recoger créditos.

—¿Sabe usted si las sumas que cobraba las giraba a Málaga, o las depositaba en alguna parte?

El fondista trató de hacer memoria.

—De eso me preguntó también el señor Cordelero... Yo, ciertamente, no sé... Lo único que puedo recordar, es que pedía a veces comunicación por teléfono con el Banco. En el Banco debía depositarlas.

—¿Puedo ver la habitación del muerto? –interrogué.

—Esta sellada por el Juzgado –advirtió el policía, severo–. Sin autorización...

—En este caso, retirémonos. Poco fruto ha dado esta indagación –agregué hipócritamente.

Corrimos al banco. Una fiebre dulce encendía mis venas. En vano me dirigía a mí mismo exhortaciones para moderar la fantasía, para no agigantar las cosas. El júbilo de hallar el nombre de Ariza mezclado con el sombrío drama, me enloquecía. Desde el primer momento, como guió a los Magos una estrella, me había guiado a mí la gota de sangre. A su rojo brillo, ¡qué de horizontes! El negro crimen parecía esclarecerse ya. Y no obstante, ¿que había averiguado yo de positivo? Que Ariza, como otros muchachos alegres de Madrid, era amigo de la víctima... Y no más; ¡y bastaba! Porque la fatalidad parecía haber puesto a Ariza en mi camino, y él, temerario, había cruzado su destino con el mío, igual que se cruzan dos espadas de combate...

En el Banco, el director nos recibió, después de hacernos esperar un poco.

—Comprendo –dijo con verbosidad, después de los saludos y primeras frases– por qué interviene usted en ese asunto, señor Selva; una serie de funestas coincidencias le pone en el caso de vindicarse. Para mí, está usted vindicado. Si fuese usted culpable, el muerto no habría sido encontrado nunca en el mismo solar que linda con la casa de usted.

—Gracias por esa opinión, señor director. La policía piensa lo mismo, puesto que me permite asociarme a sus trabajos.

—Que serán muy arduos. Rodean a este crimen sombras tales...

—No lo crea usted. Las sombras no están en los crímenes, sino en los entendimientos. Apenas hay crimen sin rastros claros y elocuentes. Muy poco tardará en descubrirse el que ahora nos preocupa. Faltan algunos datos. Necesitamos saber qué sumas ingresó aquí la víctima.

—Tres veces, en quince días, trajo partidas considerables.

Todo se transfirió a la cuenta corriente de la Sociedad anónima, en la sucursal de Málaga. En total, importaría lo ingresado unas cien mil y pico de pesetas.

—¿Cuándo ingresó la última cantidad?

—Aguarde usted...

Pidió la fecha por teléfono a las oficinas, y la respuesta fue seis días antes del crimen.

—¿Cree usted, señor director, que Grijalba hubiese hecho efectivos ya todos sus créditos atrasados?

—No lo creo. Se hubiese vuelto a Málaga.

—Importa mucho precisar ese detalle. No necesito sugerir el porqué a una persona que tan sagazmente sabe hacerse cargo.

El director se acercó al teléfono nuevamente, y dio una orden.

—Que venga el señor Durán.

Momentos después el señor Durán se presentaba. En su ceceo, en su habla graciosamente contraída, revelaba ser paisano del muerto.

—Señor Durán –instó el director–, perdone que le molestemos, pero los señores, aquí presentes, tienen que hacer algunas averiguaciones respecto al crimen de la calle de... Durán se encogió de hombros.

—Eze crimen poco tiene que averiguá[147]... El criminá es Zelva; ¿quién va a zé?

Hice disimulada seña al director de que callase, y sonriendo afablemente, asentí:

—Entendamos como usted que el criminal es Selva. Todo le acusa; pero el deber nos impone que esclarezcamos algunas particularidades.

---

147   A partir de aquí se reproduce el habla de un andaluz, en concreto, se muestra el uso del seseo.

¿Era usted amigo del muerto?

—Venía a verse a consultarme, porque yo conozco a to Málaga y a toa la gente del negosio de aquí.

—¿Había realizado el señor Grijalba la totalidad de sus créditos?

—No, señó; digo, si me dicho la verdá. Siento veintisinco mil y ochenta peseta había realisao, pero el taho de cobro era mayó. Le quedaban por realizar unas siento sententa y do mil.

—¿De un solo deudor o de varios?

—Epérese uté... De la casa Bordado y Compañía. Parese que andaban mu reasios. Había diferensias de apresiasión en el total del crédito.

—¿No sabe usted si pagaron al fin?

—Lo vamo a sabé ahora mismo, si el seño diretó me permite que telefonee tomando su nombre...

—Desde luego...

—Mil cuarenta... Bordado... Al jabla, bien... Pregunta el señó directó del Banco si se hiso efectivo el crédito que contra esa casa tenía la Sosiedá Asucarera de Málaga... ¿Ah? ¿Que ya comprende a qué viene la pregunta? Perfectamente algo de eso habrá... ¿Qué sí? ¿Cuándo? ¿Eh? ¿Er lunes? Aguarde uté... ¿A qué hora? ¿A las tre de la tarde? Grasia... Un horró, pobresiyo Grijalba... ¿Que etán ahí los documento justificativo de que Grijalba cobró y puén verse? Ya lo suponemo, ¡una casa tan repetable como utés! Perdonen... Grasia.

—¿Qué tiene usted, señor Selva? —exclamó aturdidamente el director—. Se ha puesto usted muy encarnado... ¿Se siente usted malo?

—No, señor... Es lo contrario. ¡Es alegría! Recuerden ustedes bien lo que acaban de oír: las ciento setenta y dos mil pesetas las hizo efectivas el señor Grijalba el lunes, día de su muerte, a una hora en que no podía ingresarlas en el Banco ya.

Al volverme hacia Durán, para encomiarle la buena memoria respecto a un extremo grave y de cuantía, le vi tan azorado y confuso que me eché a reír, pues me rebosaba la satisfacción orgullosa.

—¿Qué es eso, señor Durán? ¿Está usted cohibido porque acaba de enterarse de que soy el Selva a quien usted considera autor del crimen? ¡No se apure, qué tontería! Yo desde afuera, diría lo mismo que usted. Lo bonito de estos casos es que parezcan una cosa y sean la contraria. ¿Verdad señor Cordelero?

V

M e despedí del enfurruñado[148] policía, y volví a pie a mi casa, suponiendo que no me perdería de vista, desde lejos. Durante el no muy largo trayecto hervía mi imaginación reconstruyendo la historia de la única mujer de la vecindad que podía haber intervenido en el suceso. ¡Julia Fernadina, Julia Fernadina...!

Era hermana de la actual condesa de la Tolvanera; pertenecía a familia virtuosa, muy grave, muy ilustre... ¿De dónde? ¿De Andalucía? Sí, de Andalucía... ¡Hasta juraría yo que de Málaga...! ¿Cómo Julita, la niña de la mejor sociedad, se había convertido en la Chulita Ferna, astro de la galantería equívoca? Como sucede en estos casos; empezando por el amor juvenil, loco, poco sagrado, y acabando por el vicio y la decadencia... A los veinte y tantos años, escandalizando a la «high life» andaluza, la aristocrática joven se fugaba con un maestro de francés. En París abatieron el vuelo los tórtolos. De la vida parisense de Chulita se contaban horrores. Su padre hizo cuanto pudo por desheredarla, pero al morir agobiado de vergüenza, algo de su cuantiosa hacienda quedó a Julia, que vino a Madrid y se montó con lujo. Ninguna señora la trató pero hubo dos o tres como ella, caídas y expulsadas de la sociedad, que asistieron a sus tertulias, en compañía de bastantes muchachos de la crema, y de conspicuos aficionados al género. Diversos hijos de familia, y aun padres de lo mismo, se gastaron con Chulita un riñón. Después empezó a palidecer su estrella, aunque no cambió su conducta; sólo que en vez de exhibirse en fastuosos trenes, vivía casi en el retiro, como viven, en la linde de los cuarenta, muchas de estas que podríamos llamar monjas recoletas del demonio. No por recoleta haría penitencia. Seguía desplumando a lo pájaros gordos y con enjundia si los encontraba, y asociada a algún mozalbete ¿Quién era el socio más reciente? ¡Si yo estaba seguro de haberlo oído en la Peña!

---

148 *Enfurruñado*: Enfadado.

Mi memoria se tendía como una cuerda de guitarra cuando aprietan la clavija. Evocaba el tipo de belleza de Chulita, menudo, delicado, cuerpo de una gracia serpentina, cabecita pequeña, género Goya, del que ahora se llama «inquietante». Sus ojos eran flechadores y ojerosos, y al encarecer sus encantos, más o menos íntimos, se solían detallar su pie, muy arqueado y estrecho. Lo que tenía yo presente era la boca, cruenta en el rostro descolorido. Aquella boquirrita bermeja me había sugerido, en ocasiones, ideas no muy santas. Actualmente, la semejanza de la boca con una herida fresca, me recordó las dos del cadáver de Grijalba, el pecho blanco, juvenil, con agujeros lívidos. ¿Sería en casa de Chulita donde el crimen se había consumado?

Por un momento, y a pesar de los éxitos ya conseguidos, comprendí que me había excedido en el comprometerse a poner de manifiesto, en tres días, la urdimbre de la negra tela. Mientras me desalentaba, en los rincones de la subconciencia seguía trabajando el recuerdo. El fonógrafo en que archivamos las impresiones pugnaba por emitir una; ansiaba hablar. El fenómeno era curioso; algo que tenía olvidado porque cuando lo oí no revestía para mí la importancia, al adquirirla ahora tan capital, sordamente volvía ahora a la superficie.

Me veía en la Peña, a la una de la madrugada, soltando distraídamente los diarios, mientras que a mi lado, clavel blanco en ojal y cigarro en boca, Manolo Lanzafuerte y Pepito Arahal charlaban, como siempre de mujerío. Se mezclaba allí los recatados deslices de altas damas y nobles dueñas, con las estrepitosas aventuras de busconas y daifas; se recontaban ruinas, escándalos, daños, campanadas estrepitosas y mansos acoquinamientos. Y el nombre de Chulita salió a relucir.

—¿Chulita Ferna? ¡Hombre, pues es verdad! Desde que ha tronado con Perico Gonzalvo, no se sabe...

—Estará con algún pollete[149]. Gonzalvo es ya tan viejo que no puede con el rabo, y además, no hay guita.

Intervenía entonces Tresmes, el escéptico Tresmes, que daba siempre la nota del desengaño, y murmuraba burlón:

—Con un pollete está, porque cuando se ponen fondonas...

—¡Fondona Chulita! –protestaba Arahal–. Hombre, no entiendes el asunto... La he visto anteayer; iba en un cochecillo, hacia el Hipódromo. Había que quitarse el sombrero. Más guapa que nunca. Es de

---

149 *Pollete*: joven.

las aniñadas; tiene un secreto. No representa ahora arriba de veintiséis
años.

—Pues, hijo, échala encima quince o veinte.

—Lo que os dé la gana. Eso de la partida de bautismo es pamplina
para los canarios. La edad de las mujeres está en la cara y en la
serranía. Chulita vale por doce de esas niñas peinadas a lo serafín, que
saben a calabaza cocida. ¡Es mucha hembra!

—¿Por qué no te has arreglado con ella tú? —preguntó con fisga
Tresmes.

—¡Ay, ay! —gimió Arahal imitando el cante jondo— ¿Sois simples
como pájaros fritos, o sois desmemoriados? Chulita, para mí, pertenece al pasado ya... ¡Si estáis hartos de saberlo! No digas que no,
Manolo.

—¿Y por qué la dejaste?

—Porque llegué a tenerla miedo...

—¿Miedo?

—Yo me entiendo... Es temible. Derrite el dinero y derrite el
tuétano. Buen es que no sean de pasta flora; los ángeles, para el que
le gusten; pero tanto, tanto... En fin, si os queréis enterar...

—¡Bah! Enterados estamos, hijo... Que diga Tresmes, ya que lo
sabe, quién es el de ahora.

—Que lo diga... Que lo diga...

—¡Que lo diga! —cavilaba yo, ansioso, con la fatiga del que olvidó
lo más interesante... Y, como centella deslumbradora, después del momento congojoso, el nombre saltó, brotó con ímpetu...

—¡Andrés Ariza! ¡Andrés Ariza!

Me quedé absorto. Me paré, me recosté en una esquina. Todo se con-
firmaba. Ya no podía quedarme ni sombra de duda, ni señal de incertidumbre. Veía el crimen como si lo estuviese presenciando: en sus móviles, en su trama, en su desarrollo. Era la degradación clásica de la
caída moral, hasta las profundidades abismales. La pareja apurada por
ahogos de dinero; las combinaciones infructuosas para granjearlo; la
hipótesis criminal empezando a agitarse y rebullir, como gusano venenoso, en su pensamiento: la llegada del amigo provinciano, que
viene a realizar fuertes sumas, créditos de importancia, y es fácil de
atraer; porque acaso desde hace tiempo le envuelve el hechizo de
Chulita; la emboscada preparada para el instante en que el dinero no
puede ingresar en el Banco; los pormenores del hecho atroz, el velo de

misterio que se tiende, espeso y tenebroso en derredor de la verdad...
¡Y todo lo había yo descubierto, sólo con la fuerza de mi instinto con
el romanticismo de mi fantasía, combinando los sucesos reales, visibles,
para encontrar la clave de los recónditos!

No se trataba ya sino de confirmar lo adivinado. Para ello tenía yo
que jugar un poco al «detective» y servirme de medios un tanto ex-
travagantes, con espíritu de novela jurídico-penal. El primer paso
consistía en la entrevista con Chulita Ferna. Lo que esta entrevista
hubiese de ser me lo dictarían las circunstancias, la casualidad amiga,
el azar, terrible numen que tanto me iba protegiendo.

En mi situación, ¿qué haría un detective profesional? La cosa es
obvia: empezaría por disfrazarse. Apenas lo hube imaginado, empecé
a dar vueltas a la idea del disfraz. Quería uno que me permitiese recobrar mi personalidad a todo momento, sin la ridiculez de las barbas
postizas y la blusa de albañil, sin renunciar ni breves instantes a la ex-
terioridad de la clase social a la que pertenezco. Chulita me conocía
muy poco, de vista, de años atrás. Yo no la tenía inscrita, como Pepito
Arahal, en los anales de mi pasado. No era, pues, necesario realizar
una gran transformación. Entré en una barbería y me hice rasurar
barba y bigote, según los últimos cánones de la moda. Adquirí en una
perfumería una cajita con pasta para comunicar a la piel un ligero
tinte rojizo, y me dirigí a mi casa con propósito de estrenar un terno[150]
que acababa de recibir de Londres. Adquirí la certidumbre de que
Cordelero seguía vigilándome, y de que no se me perdía la vista,
porque dos sujetos, de indudable traza policíaca, que se hacían los
transeúntes alrededor de mi hotel, no ocultaban un movimiento de
asombro al verme entrar afeitado, y otro más marcado aún, hosco y
violento, al verme al poco rato salir convertido en inglés elegante. No
supieron disimular su alarma; y, persuadidos de que iba derecho al
tren, me siguieron, ya sin disimulo, quizás resueltos a echarme mano.
No sería pequeña su admiración cuando comprobaron que me
dirigía, sencillamente al número 15 de la calle inmediata, y, previa,
una pregunta al portero, subía las escaleras despacio, como quien va
de visita.

Al llamar en el piso entresuelo de la mundana, salió una doncella
pizpireta, cuya respingada carilla y gesto picaresco, reñían con las té-
tricas que me guiaban allí.

---

150   *Terno:* Traje compuesto de tres piezas: chaqueta, chaleco y pantalones.

—¿Espera la señora al señor? –preguntó con mezcla de reserva y de melosidad.

—Por lo menos sospecha mi venida –contesté, intrépido–.

Traigo un regalo del señor Ariza; un recado urgente.

Era arriesgado, pues Ariza podía encontrarse allí mismo; pero sólo con audacia se avanza en ciertas situaciones.

—Pase el señor –se apresuró a conceder la doncella–. ¿A quién anuncio?

Di un nombre inventado, mixto de inglés y español, y me introdujeron en la sala, refinadísima y con notas de arte delicado, de Chulita. Desde la puerta, un perfume insinuante se me coló por las narices, dominándome el sentido. Era el aroma trastornador de la blanca y carnosa gardenia.

VI

Soy muy sensible a los perfumes, y si no me dan jaqueca, la menos me encalabrinan[151] los nervios y me producen una excitación malsana. Aquel aroma, ya percibido en el teatro de Apolo, me recordaba la gotezuela de sangre. Entré en la sala bajo el influjo de tal olor, que delataba y acusaba a Chulita. Como efluvio ya percibido y lejano, acudió a mi sensibilidad íntima la reminiscencia de otra sensación. Se me figuraba que también el muerto, y los objetos lanzados a mi dormitorio, que habían pertenecido al muerto, exhalaban ese olor, que yo, desde el teatro, traía como una obsesión, en mis mucosas. Esperando, ocupé un sillón, de forma muy elegante, igual que el resto del mobiliario. El retrato de Chulita, hecho por un panelista de moda, se ostentaba sobre el sofá. El artista, muerto muy joven, había traducido fielmente aquella expresión enigmática de los oscuros ojos, aquella sangrante frescura de la boca, y, además, el modelado exquisito de un busto perfecto, diminuto como el de una niña, diabólicamente virginal, que señalaba el ceñido traje, de forma imperio, de gasa rojiza realzado por el cinturón y bordados de plata oxidada. ¡Ah mujer, señuelo del espíritu del mal! ¡Bajo esa gracia tuya late el hervor de la gusanera del sepulcro!

Cinco minutos tardaría en presentarse la pecadora. Durante ese corto plazo yo había trazado mi plan de campaña.

Era, como todos los míos en ese asunto, un ataque por sorpresa, en que fiaba la victoria a lo brusco de la acometida. Convenía no dar tiempo a que la astuta se pusiese en defensa. Importaba cogerle la acción, con hábil maniobra, con rapidez fulminante.

Me levanté y la saludé hasta los pies. Venía risueña, infantil, divinamente ataviada con un traje de interior, de crespones y cintas fofas, representando los veinticinco, a lo sumo, pero doloridas orejas color de malva orlaban sus ojos de sombra. Un azoramiento reprimido y nervioso se revelaba en la retracción voluntaria de la mano que me tendió, y que estaba fría y madorosa a la vez.

---

151 *Encalabrinar*: Aturdir, molestar un olor o perfume.

—Le he anunciado que vengo de parte de Ariza... Perdone usted, señorita, este pequeño engaño, cuyo objeto era ser recibido prontamente –dije con pronunciación no extranjera, sino levemente extranjerizada–. Vengo por cuenta propia. Soy malagueño, criado en Londres, y conozco mucho, y desde hace bastantes años, a la familia de don Francisco Grijalba, que ha sido asesinado, como usted no ignora.

Un tinte terroso se esparció por la cara de Chulita, y sus pupilas giraron, como si la cegase un rayo de luz demasiado fuerte.

—No comprendo, señor mío, que relación...

—¡Ay!, señorita, veo que se encuentra usted muy atrasada de noticias... –exclamé, sin asomos de ironía–. Ya me lo temía yo; los que tenían obligación de velar por usted son las que la abandonan, llegado el momento crítico. No se comprende que, amándola a usted, Ariza proceda de tal modo. Usted ignora la tormenta que se ha formado y va a estallar, y a caer sobre su cabeza de usted. En Málaga y también aquí, la gente empieza a señalar como culpables de la muerte de Grijalba... ¿no adivina usted a quién?

—¿Cómo quiere usted que adivine? –contestó, rehaciéndose y flechándome su relampagueante mirada, en que la soberbia era, lo comprendí– disfraz de un pavor hondísimo.

—¿Es posible que nada sepa usted? ¡Que indignidad, tenerla a usted en la ignorancia de lo que tanto importa! Ya, desechada una falsa pista se sigue otra; todo Madrid, soliviantando por este crimen del gran mundo, señala a usted y a Ariza como autores de la tragedia.

Un movimiento confuso, un balbuceo cortado salió de sus labios de grana, que amorataba en aquel momento el reflujo de la sangre al corazón. Vi que estaba bajo la presión de terror del animal cogido en el lazo, bajo el dominio del puro instinto, y comprendí que, por unos minutos, era mía. Decidí aprovecharlos.

—Va usted a ser presa sin tardanza. Ariza, ¡esto es lo peor!, en vez de prevenirla a usted, se ha marchado, nadie sabe adónde. Se le busca, pero no se ha dado con él...

Era aventurado el golpe, pues Ariza podía, en aquel mismo momento, llamar a la puerta. Yo contaba con la casualidad, próvida oportuna. Hice bien: Chulita no dudó; se vio perdida; quiso gritar y no pudo; se llevó la mano a la garganta, y aumentaba su palidez hasta un tono mortal cerró los ojos, desvaneciéndose.

Entonces hice algo osado, más loco. La tomé en brazos, y avancé

con mi carga casa adentro. Como había supuesto, el gabinete y la
alcoba estaban seguidos, en pos de la sala. No dividían a la alcoba del
gabinete sino dos altas columnas, detrás de las cuales colgaba una
cortina de espléndido encaje de Bruselas, hecha expresamente sin
duda, pues ostentaba el monograma de Julita y la corona condal de
Tolvanera (no sin derecho, pues la hermana de Chulita no tenía hijos).
Vi esto en un relámpago de ojeada; mis facultades parecían haberse
centuplicado[152]. La inspiración acudía. Preparaba mi drama mentalmente, como el artista su creación. Levanté la cortina riquísima, y apareció el lecho, de madera blanca con tallas doradas admirables de
rosas, carcajes y palomas, velado también de encajes, mullido de
sedas... Era allí, en aquel nefando[153] altar de galantería y depravación,
donde había sido sacrificada la víctima. Me representaba la escena:
Grijalba dormido e inerte, Ariza clavándole su estoque, atravesándole
el corazón, y a pesar de lo corto de la hemorragia de tales heridas, recibiendo, sin saberlo, en la pechera, la marca, el estigma del crimen;
la gota de sangre que me había iluminado como un astro rojo...

Deposité a Chulita encima del lecho. Continuaba el síncope. La di aire
con mi pañuelo, y como no volvía en sí, busqué la complicada abertura
de su corpiño, y desabroché y arranqué cintas, y desvié telas para que res-
pirase, y de una mesilla con chismes de plata, tomé, precipitadamente un
pulverizador. Del pulverizador salió un agua impregnada de aquel
mismo capcioso, embriagador perfume que se respiraba en torno, y cuyo
vaho jaquecoso vino a mí en el teatro, saliendo de las ropas del asesino...
Un olor es una cosa viva, o al menos un duende que se nos mete en el
ánimo y lo conturba, y lo posee, y lo embriaga. Yo perdí la razón y me
entregué a la sugestión del perfume. Abrió ella lentamente los ojos,
suspiró, y con impensado movimiento echó a mi cuello los brazos... Una
sonrisa silenciosa florecía en el rojo cáliz de su boca sangrienta, y en el
negro abismo de sus pupilas, un reflejo infernal me atraía y me espantaba.
No era la mujer y sus ya conocidos lazos y redes lo que causaba mi fas-
cinación maldita; era la idea de que aquella boca estaba macerada en
amargo licor del crimen, en la esencia de la maldad humana, que es
también la esencia de nuestro ser decaído, y al morderla gustaría la
manzana fatal, la de nuestra perdición, y nuestra vida miserable...

Ella, muy bajo, repetía:

---

152 *Centuplicar*: Hacer una cosa cien veces mayor de lo que es.
153 *Nefando*: Horrible, repugnante.

—¡Sálvame! ¡Ese infame me ha abandonado! ¡Ya lo temía yo! ¡Se llevó el dinero! ¡Él lo hizo todo, todo! ¡Tú no sabes como quiero yo! ¡Mi amor es una brasa viva! ¡A él lo aborrezco! ¡No me dejes ir al patíbulo! ¡Sálvame, amor, amor...!

Esto entrecortado, esto suspirado, entre las ondas mareadoras de su aroma insidioso, de sus ropas y de su piel de tafetán, entre el nudo serpentino de sus brazos y el embrujamiento de sus labios en que las mieles antiguas habían dejado múltiples sabores de perversidad y de anatema. Y la promesa me fue arrancada:

—No tengas miedo, te salvaré...

Por orden mía me hizo después el relato del crimen. Todo combinado por Andrés: ¡todo!, repetía, rebajándose ante mí con la vileza de querer trasladar la culpa, porque sería noble defender el otro; pero Chulita parecía más mujer al temer y mentir... Y yo la miraba compasivo.

Me olvidaba de que, poco antes, había entrado en la morada de Chulita dispuesto a tenderla un lazo que la perdiese; a adquirir las pruebas de su crimen. Fue el filtro de las épocas poco varoniles, el del olvido y la indulgencia, lo que corrió por mis venas durante un momento, un momento irreparable. Acababa de comprometerme a salvar a la mujer, y mi compromiso me hacía, en cierto modo, cómplice de los reos. El eje de mi conciencia había girado, cambiando la orientación de mi espíritu. Una parte del pecado me correspondía ya. La horrible manzana había crujido entre mis dientes, y su ceniza me obturaba[154] la garganta, me cegaba los ojos. Yo me recostaba allí donde habían asesinado la cortesana y el perdido, y su crimen me entraba por los poros que me subía al cerebro, serpeaba por mis nervios, cuya vibración sensual duraba aún, y me envolvía en un aire de insensatez, tal, que sin saber lo que hacía, abrí la ventana del gabinete y expuse mi frente al aire puro y helado del exterior. Era una imprudencia incalculable; podían verme en aquella casa donde, acaso al día siguiente, se concentraría la curiosidad de todo Madrid. Pero el baño de aire restauró algún tanto mi conciencia y me prestó lucidez. Me insulté por dentro, me desprecié... y como David, me arrepentí. ¡Miseria humana! Me acerqué a la criminal. Estaba pasándose un peine de plata y concha por los cabellos, admirablemente sin tintura, y me sonreía victoriosa, alegre con un triunfo más, aunque todavía

---

154　*Obturar*: Cerrar.

agobiada de terror infantil. Retozando, la dije al oído, como si se tratase de un juego:

—¿Ves?, por aquí, por este pescuezo tan redondo y tan suave, donde nacen los ricitos crespos te echará el verdugo la argolla...

—¡No! ¡Has prometido salvarme! –gimió, próxima a desvanecerse otra vez.

—Pues si he de cumplir mi promesa, conviene no perder un minuto, Chula... Vas a contarme cómo fue, sin omitir nada, diciendo la verdad, ¿entiendes? Si mientes, ¡peor para ti! Y después recogerás tus joyas y el dinero que tengas; yo te daré el que te falte, y de aquí a la frontera francesa. ¡Habla, habla!

VII

Me parecía como si oyese algo que supiese de antiguo. Mi adivinación había ido derecha a la verdad.

—Yo –declaró Chulita– no conocía a Grijalba, pero él, que era de mi tierra, me vio en el teatro y se encaprichó. Andrés, ¡el malvado Andrés!, andaba tan mal de dinero; la cosas habían llegado a un punto tal, que no tenía solución. Dirán que yo gasto... Él jugaba, jugaba y perdía. Se desesperaba. Me habló de marcharse a América, de pegarse un tiro, ¡qué se yo! Oye, eso de mis joyas... Ninguna me quedaba ya. Todo empeñado, vendido, ¡hasta los muebles!, excepto éstos, sin los cuales no me podía arreglar... Pero mira...

Abrió una puerta contigua al gabinete, y vi una habitación desmantelada, con una silla paticoja y una mesa ordinarísima.

Eso era el comedor... Tenía preciosidades... Tallas, tapices, plata repujada, alfombras. Todo marchó... Un día me dijo que podíamos salir del paso, que había llegado su amigo Grijalba, hombre de dinero, y que, ciegamente prendado de mí, me adelantaría seguro la suma que le pidiese. Y Grijalba vino, presentado por Andrés. Parecía entusiasmado; pero cuando llegó el instante de pedirle el adelanto de la cantidad, se mostró tacaño, se escurrió, pretendiendo que era aún un modesto empleado, pero que, al año próximo, le asociarían a la Azucarera, y tendría medios de mostrarse más generoso. ¡El año próximo! ¡Años próximos a Chulita! Nunca he sabido yo lo que es el año próximo... Para mí no hay más que el momento presente... De ningún otro estamos seguros. ¡Bah! ¡La vida es corta! Y tampoco hay más amor que el presente, el que acaba de quemarme el alma, ¿has entendido? Y yo no me voy de Madrid, serrano, si no me juras que te reunirás conmigo en el extranjero...

—Adelante, Chula, adelante...

—Entonces, Andrés empezó a persuadir de que teníamos otro

medio de sacar partido de Grijalba. Él venía a realizar importantes
créditos. Cosa de millones, según parecía. Si conseguíamos atraerle
aquí un día en que acabase de cobrar; era muy fácil sustraerle la
cartera, sin que pudiese reclamar; y hasta haciéndole creer que la
había perdido en otra parte. Era una cuestión de habilidad. Pero Grijalba, muy precavido, depositaba sin tardanza en el Banco. Ya deses-
perábamos del golpe cuando una tarde se me presentó Andrés; venía
como loco y hablaba como en sueños.

—Ha cobrado hoy ciento setenta mil pesetas de la casa Bordado y
Compañía... No ha tenido tiempo de ingresar... Como es tan descon-
fiado, no lo dejará tampoco en el hotel... ¡Y vamos a arreglar que pase
aquí la noche!

Lo arreglamos. Andrés no aparecía; rara vez aparecía estando Grijalba. Se ocultaría. Mi doncella, lo mismo que en otras varias
ocasiones, por lo cual no tenía que extrañarlo, fue enviada fuera, a
dormir en casa de una prima suya. Andrés vino al anochecer; no le
vio subir nadie. Los porteros estaban cenando. Momentos después, y
sin ser tampoco visto, Grijalba. Le serví aquí mismo una cena
fiambre, y procuré que bebiese la mayor cantidad posible de Champagne y de licores posibles. No diré que se achispase[155], pero algo se
mareó. Contribuyó al mareo un cestillo de gardenias que me había
enviado y que puse cerca. ¡Olían tan fuerte! Andrés se agazapó en esa
habitación sin muebles. Esperaba a que yo registrase la ropa de Grijalba, sacase la cartera debajo de la almohada; se veía que no pensaba
sino en su cartera. Aquello me indignó: era un desprecio para mí.
¡Tanto preocuparse de su cartera! Yo no lo comprendo: lo primero es
el amor. Salí con un pretexto y advertí a Andrés de lo que ocurría. Le
vi fruncir el ceño, morderse el bigote y reflexionar. —Apaga la luz –
me dijo– y enciende de golpe cuando yo esté dentro.– Le obedecí. Yo
era una máquina. Andrés se quitó las botas: no le oí entrar. – Enciende
–murmuró su voz, como un soplo. Di vuelta a la llave... No tuve
tiempo sino de ver un relámpago, el brillo del estoque desnudo que
fulguró dos veces, al herir a Grijalba que se incorporaba, atónito. La
primera herida le arrancó un grito; la segunda, nada, porque había
pasado el arma a través del corazón. Cayó sobre la almohada, inerte.
¡Qué pronto se muere uno! Por algo digo yo que todo vale poca cosa...
Ya ves... Andrés registró y se guardó la cartera. Después volvió a cal-

---

155 *Achispar*: Ponerse alegre con el efecto del alcohol.

zarse –venía descalzo–. Luego se miró los puños y la pechera, receloso de alguna mancha. No la había...

—Sí la había –respondí a Chulita solemnemente–. Tanto la había que yo la vi, y por ella he llegado a descubrir cuanto ha de dar la vida: nada se oculta: todo lo señala, todo lo revela «aquellos» que nos castiga siempre a proporción delito...

Un estremecimiento profundo pasó por el cuerpo de la narradora. Un escalofrío sobrenatural heló sus venas en un segundo.

—Cada uno tiene su suerte... Yo ya no puedo mudar de vida... Yo no puedo ser buena...

Acercó su boca a mi oído, como había hecho yo con ella momentos antes, y balbució:

—¡Estoy en poder del Malo desde hace tiempo! ¿No sabes que mi padre murió de la pena que le di con mis locuras?

Con infantil volubilidad añadió:

—¡Pero sálvame! ¡Tengo miedo, mucho miedo!

—Sigue...

—Me dijo entonces que era preciso esconder el cuerpo, sacarlo de casa. La parte más difícil. Me entró una angustia. Bebí, para reanimarme, una copa de cognac. Andrés no hacía sino repetir: «Démonos prisa, démonos prisa». Le vestimos en un vuelo; se le manejaba bien, porque estaba flexible aún. Le salía de la boca una espuma encarnada que limpié con un pañuelo. Nos olvidamos de cubrirle con el abrigo, porque él lo había dejado en la antesala. Yo cogí mi llavín y di luz a la escalera. Antes miré por la vidriera si andaba rodando el sereno, lo cual sucede rara vez si hace frío. Todo estaba solitario. Ayudé a Andrés a bajar el cuerpo al portal, y abrí la puerta de la calle. Por fortuna tengo bien la escalera. Andrés me mandó que cerrase y subiese.

Quería yo acompañarle, pero me dijo que una mujer llama más la atención. Bastaba él. Cinco minutos después volvió.

—Lo he dejado en el solar ese, al lado del hotel. Creo que tardarán en encontrarlo...

Se atusó, se miró al espejo. No se gastaría hora y media en todo lo que te he contado, desde la llegada de Grijalba hasta que descansó en el solar su cuerpo...

—Conviene –advirtió– que me vean en algún sitio público; voy a hacerme presente... Tú lava si hay manchas: tienes horas disponibles–. Y se fue.

Cuando dijo así, Chulita, sonreí. ¡El fingido enojo del teatro de Apolo! ¡Un medio de exhibirse, de preparar testigos que afirmasen que casi a la misma hora en que el crimen pudo haberse cometido, él, Andrés Ariza, se encontraba en un teatro, lejos del lugar en que ocurría la tragedia!

—¿Y después Chulita?

—Me quedé sola. Cada vez me persuadía más de que todo era mentira. ¡Qué disparate! ¡Un muerto, que parecía haberse deshecho en humo! ¡Un muerto en mi alcoba! ¡Yo vistiéndole, yo llevándole por la escalera abajo! Pero Andrés, al desaparecer, me había encargado que mirase si había sangre. «La sangre es la que habla», repetía. Miré, en las sábanas hallé señales. En el suelo, nada. El estoque era más fino que una aguja. Lavé las sábanas, que poco tenían, y no quedó otra huella que el reloj, los gemelos y demás. De madrugada Andrés vino; envolví cuidadosamente estos objetos y se los llevó para hacerlos desaparecer.

—Quien debe desaparecer inmediatamente eres tú –exclamé, enterado ya de cuanto quería–. Vístete de trapillo; ponte sombrero pequeño, velo tupido, y dentro de una hora, si no recibes aviso en contra, vete a la esquina de la calle de... Allí te aguardará un automóvil alquilado por mí, que te llevará a Francia. Toma un poco de dinero; el mecánico te entregará un sobre con alguno más. Si puedes, no vuelvas a pecar...

Me clavó sus ojos orlados y que sabían volverse inocentes en su deliquio de pasión, y murmuró:

—¡Reúnete conmigo en Francia... Aunque sólo sea para convertirme!

VIII

Puesta en Salvo Chulita, faltaba hacer otra cosa. Desde que había reconocido con bochorno mi flaqueza, mi propia insania[156]; desde que me sentía capaz de sufrir la atracción del abismo, me revolví relativamente misericordioso; quería evitarle a Ariza, por lo menos, la afrenta pública.

Informado del domicilio del criminal, al preguntar por él en la casa de huéspedes –no muy decorosa– a que le había traído sin duda su crítica situación económica, me advirtió la patrona, encogiéndose de hombros:

—¿El señorito Andrés? ¡Pues si hace más de tres días que no aporta[157] por aquí!

Me retiré sin demostrar extrañeza. Aun cuando la prensa no había hecho alusiones que pudiesen alarmar al criminal, era lógico que anduviese azorado. Lo que yo le había contado a Chulita, acerca de la desaparición de su cómplice, era invención, pero en buena ley, no parecía sorprendente que levantase el cuerpo el culpable.

—¡Vaya un policía que hago! –pensaba yo–. Soy un torpe con estos retrasos y preparativos. Lo primero que se mandaba antaño, era «prender los cuerpos y asegurar las personas» de los sospechosos. Con mis romanticismos, a la una he librado de la justicia, y al otro probablemente también. Apenas se reía Cordelero... En fin, aunque tarde, hagamos lo debido. Voy a declarar ante el juez la verdad entera. Acaso Ariza no haya salido aún de España.

El juez me oyó con admiración. Mi relato era dramático y tenía el sello inconfundible de lo auténtico. Lo único que no le dije fue que Chulita seguramente, no se encontraba ya en tierra española.

—Le aconsejo a usted, señor juez –añadí– que me permita continuar dirigiendo este asunto bajo cuerda, a fin de que no se pierda un minuto. Los culpables, al pronto, han estado seguros porque la Justicia seguía una pista falsa. Ha sido bueno que se me acusase. La

---

156   *Insania*: Locura, perturbación de las facultades mentales.
157   *Aportar*: Llegar.

opinión empezaba a extraviarse, y la prensa a señalarme y claramente, a azuzar al vulgo contra mí. Pero, de un momento a otro, Ariza, que tiene el dinero, puede evaporarse.

—Se van a tomar todas las medidas... Usted nos aconsejará...

Se puso la policía en movimiento, con gran reserva. Respecto a Chulita, sabía yo que no sería fácil capturarla, y, que además, no lo intentarían aún. A las doce de la mañana del día siguiente, tampoco Ariza había parecido. Vino a comunicármelo el siempre receloso Cordelero, y comprendí que a pesar de lo significativo de esta desaparición, aún no había llegado a su espíritu la persuasión de mi inocencia.

—¿Cómo se explica usted que no parezca el señor de Ariza? —me preguntó huraño.

—O él se esconde bien, o ustedes le buscan mal —fue mi respuesta.

—Quisiera ver cómo le buscaba usted— retó el policía.

—Pues bueno —contesté, picado en el punto sensible del amor propio... en la vanidad del aficionado que quiere dar lecciones a los profesionales—. Voy a rematar la suerte, amigo Cordelero. Voy a encontrar a Ariza. Ustedes, por su lado, trabajen; yo, por mi cuenta. Sólo les pido un favor. Que hoy no me vigilen, y mucho menos que vigilen la casa de doña Julia. Que nadie aporte por allí. Es indispensable. ¿Concedido?

—¡Si a usted ya no le vigilamos! —protestó él.

—Basta. Libertad y soledad, al menos en unas horas.

De nuevo, llamé en mi auxilio a la extraña facultad de semi-adivinación que, sobre una base insignificante de lo real, me había guiado a través del laberinto del sombrío crimen, llamado, en apariencia, a no salir de las tinieblas, como tantos otros que en Madrid se cometen. Mis inducciones de psicólogo me sirvieron para combinar un proyecto, a la vez poético y sutil. Me apoyé en la idea de «la querencia». Como el toro, el criminal la siente. Raro será el criminal que no ronde los lugares donde ha delinquido. La misma zozobra de la persecución les incita a llegarse a donde suponen que sucede algo que puede importarles. Hay un anzuelo clavado en su alma, y el misterio tira del cordel y les atrae. Son peces asegurados por el pescador... Y en Ariza, a la querencia del crimen se unía la de la mujer. El pez picaría...

Me embosqué en el portal de Chulita, habiendo antes sobornado a la portera con mi propina untuosa. Estaba resuelto a no moverme de allí en bastante tiempo. Diestramente, me enteré de que, en la casa, la desaparición de la mundana no había preocupado a nadie, porque ella, cauta, dejó dicho a su doncella que iba a pasar un día en Aranjuez, de broma con amigos, y no siendo el caso insólito, nadie se preocupó, y se la esperaba aquella noche o al día siguiente. La policía, siguiendo mis instrucciones, no había aportado por allí. Me instalé en un sofá desvencijado, en la portería, y aguardé en acecho, paciente. En el bolsillo de mis abrigo tenía un paquete de pasteles y emparedados para entretener el hambre, si se prolongaba la guardia. A las cuatro de la tarde, nada aún. Entraban y salían gentes. De Ariza, ni señales.

Poco a poco fui despachando mis pasteles, devorados a la sordina, con glotonería de hombre sujeto a un ayuno que agudizaban en emociones intensas. Anochecía, y rogué a la portera que diese luz. La mujer principiaba a mirarme con suma desconfianza; una nueva propina, copiosa, la anestesió. Las seis y media serían, cuando mi corazón pegó el salto profético... Ariza, recatado por un abrigo y un tapabocas, penetraba en el portal.

Me adelanté y le cogí por el cuello.

—Ahora –le dije en voz contenida– no te me escapas. No intentes resistir: la calle está llena de agentes ocultos en los portales, y a un grito, saldrán.

—Pero, ¿quién es usted? –Preguntó, echándose atrás y desprendiéndose de mis manos–. ¿Qué me quiere usted? Suélteme, o...

—Salgamos –ordené.

Me vio entonces la cara y exclamó:– ¡Selva!

—Selva, sí, aquél con quien has querido cruzar tu destino. ¿No sabes que ese cruce es peor que el de dos espadas? Me has injuriado en Apolo para atraer la atención del público, y que constase que allí estabas: has llevado al solar contiguo a mi casa el cuerpo del asesinado, y has arrojado a mi dormitorio el paquete con los objetos comprometedores. ¡Has hecho mal! ¡Yo no soy hombre con quien convenga divertirse, señor asesino! Has despertado en mí la sagacidad del perseguidor y del vengador. He descubierto el crimen; y como me repugna llevar al patíbulo o siquiera al presidio a una mujer, yo he asegurado la fuga de Chulita, que está prendada de mí.

Escuchaba Ariza con expresión imposible de describir. Sus ojos llameaban en la semioscuridad de la calle, cual los ojos eléctricos de los gatos.

—No entiendo, no sé de que crimen habla usted... –repetía estúpidamente; pero sus pupilas ardorosas desmentían sus palabras.

—No vale ya ese recurso. –Y dejé de tutearle–. Acepte usted serenamente la suerte. Tenga valor; es lo menos que puede tener.

—Tengo valor para comérmelo a usted –gritó; y sus puños me amenazaban.

—Pierde usted el tiempo... Mi intención para usted es buena, a pesar de que usted, imprudente siempre, todavía busca quimera conmigo. A una voz que yo diese tendría usted a la Policía encima; pero no la daré, a menos que usted me fuerce a ello. Al contrario; mi deseo es facilitarle a usted tiempo suficiente para... No; no es eso –exclamé leyendo en sus ojos–. Escaparse, no. ¿Me toma usted por algún necio? Yo no protejo así más que a las mujeres; los hombres, que tengan alma. Usted no es un criminal de oficio. Usted ha sido de antiguo, a pesar de sus vicios, un caballero. Y un caballero tiene que creer que hay cosas que importan más que la seguridad y la vida. ¿Me equivoco?

Ariza callaba. Sus ojos giraban, como si buscase en el suelo la grieta que debía de tragarle, sustrayéndole a mi presencia.

—No se equivoca usted –dijo al fin–, pero no comprendo por qué le importa mi honor.

Sonreí y lancé la frase, altivamente.

—Por espíritu de clase.

Miró de nuevo en derredor suyo. Puesto en el terrible trance, sin duda cavilaba en medios, en sitio, en algo que el natural instinto le impulsaba a no encontrar de buenas a primeras.

—No tengo armas –dijo al fin.

—¿Y el estoquito? –pregunté–. Hiere muy limpio, aunque en su pechera de usted había una gota de sangre, ¡sépalo usted, Ariza! ¡La sangre habla, como usted le advirtió a su cómplice!

—¡Maldita sea! tartamudeó –. En fin, acabemos... Le he dicho que no tengo armas.

—Llevo siempre mi Browning –respondí–. Ahí va.

Inmediatamente sentí un escalofrío. La cara de Ariza era trágica, y me apuntaba a la altura de la frente, con mi propia pistola. Me dominé gallardamente, me crucé de brazos, y le desafié con la mirada.

Entonces, de súbito, bajó el arma y echó a correr enloquecido. Se detuvo en una plazoleta próxima. Un soldado; el dueño del figón donde pasaba las noches mi sereno; el dependiente medidor, le vieron acercar el arma a la sien, disparar, caer boca abajo...

Cuando se registró su cuerpo se halló, en un bolsillo interior, la suma, algo incompleta. El bastón de estoque apareció en su propia habitación en la fonda, oculto bajo la alfombra, a ras de la pared.

Después de esta aventura he comprendido que, desde mi cuna, mi vocación es la de policía aficionado. Las sensaciones que experimenté con motivo de mi indagatoria, fueron de primer orden, por lo intensas. Me di cuenta de que el fastidio no volvería a mí, si me dedicaba a una profesión que tan bien armoniza con mis gustos, y, me atrevo a decirlo, con mis condiciones y aptitudes, o dígase mis inspiraciones atrevidas y geniales. Resuelto a ejercerla, me voy a Inglaterra, a estudiarla bien, a tomar lecciones de los maestros. Y tendré ancho campo en este Madrid, donde reinan el misterio y la impunidad. Traeré al descubrimiento de los crímenes elementos novelescos e intelectuales, y acaso un día podré contar al público algo digno de la letra de imprenta.

www.ingramcontent.com/pod-product-compliance
Lightning Source LLC
Chambersburg PA
CBHW020653030726
47498CB00002B/491